中小学『学科育人』的实践行动与理论思考

何永红　主编

上海三联书店

目 录

第一章

学科育人的内涵挖掘与变革需求

“一年之计，莫如树谷；十年之计，莫如树木；百年之计，莫如树人。”[①]于漪老师说，在课堂里“一个肩头挑着学生的现在，另一个肩头挑着国家的未来，今天的教育质量，就是明天的国民素质”。当教育新时代来临，“培养什么人，怎样培养人，为谁培养人”，是所有教育工作者必须思考和解决的根本问题。

何谓“不朽”，就有先者提出“太上有立德，其次有立功，其次有立言，虽久不废，此之谓不朽”。“修身、齐家、治国、平天下”，只有具有正确价值观的高道德素养人才才能担当祖国建设重任。“立德与树人”是中华民族传统文化中非常重要的思想精髓。党的十八大报告首次将“立德树人”作为教育的根本任务提出，这不仅是对传统文化的继承，同时也是对“育人为本、德育为先”的教育理念的进一步深化。

第一节　新时代学科育人的内涵溯源

“立德树人的内涵主要包括何为立德、何为树人，立什么德、树什么人，怎么立德、怎么树人，以及立德树人之间的关系等方面。”[②]习近平总

① 李山译著. 管子：中华典藏书(升级版)[M]. 上海：中华书局，2016：39。
② 王群瑛. 把立德树人作为教育的根本任务[J]. 中国高校社会科学，2018(6)：15—18。

书记对此有深刻的阐释：“人才培养是育人和育才相统一的过程，而育人是本。人无德不立，育人的根本在于立德。这是人才培养的辩证法”①。我们所培养的未来人才要有坚定的理想信念，在心中厚植爱国主义情怀，具有良好的品德修养，学通古今、丰富学识，明事理、勤奋斗。

立德树人符合我国人才培养的要求，然而“立德树人”所强调的如何“立”和如何“树”，是教育工作者需要深入研究的命题。种种历史已经证明，传统应试教育注重的灌输和考试，并不能够很好的“立”和“树”。作为教育工作者要在研究受教育者成才规律的基础上，继承传统优秀文化，创设良好的育人环境，在无时无刻的浸染熏陶中成功育人。

一、学科育人的内涵挖掘

1. 学科育人的内涵定义

以“学科育人”为题名在中国知网进行检索发现，共有中文文献数百条。较早见于 2001 年山西教育学院学报，2001 年—2009 年早期的“学科育人”主要围绕“学科育人价值”进行探讨，2010 年开始主要在各个学科中探讨“学科育人价值的挖掘”以及“具体学科育人实施途径和方法”。随着学科育人的价值进一步挖掘和研究，从 2014 年至今围绕“学科育人”

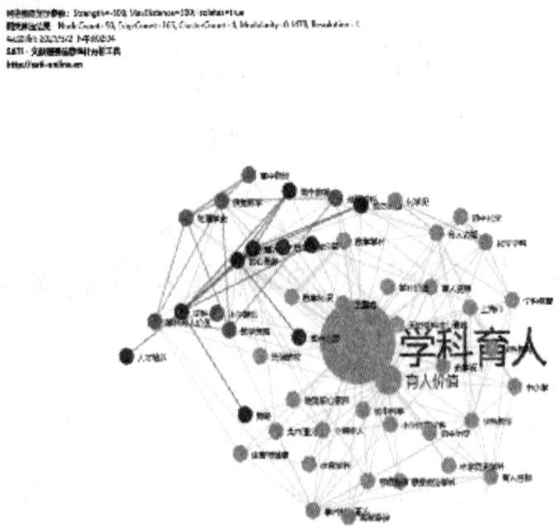

图 1－1 “学科育人”关键词图谱

① 习近平. 在北京大学师生座谈会上的讲话[Z]. 人民日报，2018 年 5 月 3 日。

的研究呈现逐年增长的趋势，在一定程度上反映了教育研究者对此研究点的关注。

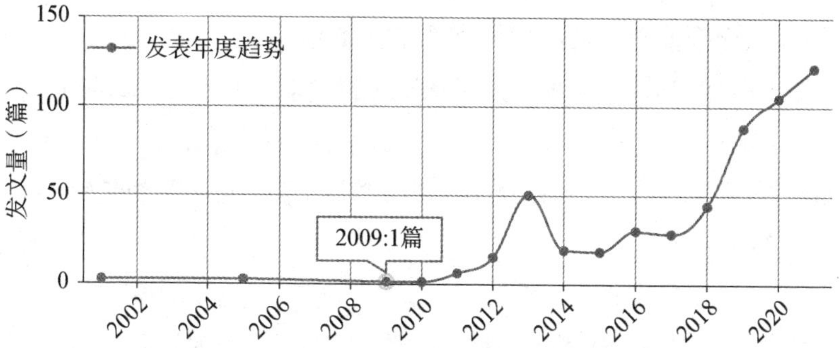

图 1－2　“学科育人”中文文献发表年度趋势图

那么学科育人具体内涵如何？如何在教育实践中落实学科育人？郅庭瑾认为“学科育人指的是在显性知识传授的同时，对受教育者在理念确立和价值观特别是道德价值观养成等隐性影响方面产生有益而长久的影响。”[①]依托不同学科的特色，在学生知识获取、各项能力发展的过程中，丰富学生对生命内涵的理解，体验幸福生活，从而建构健全的人格，获得广域的人生视野。程晓堂认为“学科育人是指学习者在学习学科知识和发展学科能力之外，在心智能力、情感态度、思想品德、社会责任等方面的发展”[②]。叶澜认为：“学科、书本知识在课堂教学中是‘育人’的资源和手段，服务于‘育人’这一根本目的，‘教书’与‘育人’不是两件事，是一件事的不同方面。在教学中，教师实际上通过‘教书’实现‘育人’，为教好书需要先明白育什么样的人。”[③]她认为，学科对于学生发展的价值有两个层面，第一个层面是学科本身的领域知识，第二层面在于学科学习中所蕴含的带领学生认识世界、解决问题的独特视角、思维方法和逻辑，这一层面的价值更有意义[④]。郭元祥认为：“从知识价值论的表达与理解来看，知

① 郅庭瑾. 论学科育人的时代挑战与现实回应[J]. 现代教学，2013(7—8)：11—13。
② 程晓堂、赵思奇. 英语学科核心素养的实质内涵[J]. 课程·教材·教法，2016(5)：70—83。
③ 叶澜. 重建课堂教学价值观[J]. 教育研究，2002(5)：3—7。
④ 叶澜. 重建课堂教学价值观[J]. 教育研究，2002(5)：3—7。

识的价值可分为两种：一是以知识的传授为目的、追求知识的学科性、学术性的学科价值；二是以学生的成长作为衡量标准的、追求知识对个人发展意义的育人价值。"[①]学科育人就是不断通过挖掘知识背后的文化和价值传承，从而全面地、全方位地、全过程地育人。

综上所述，学科育人主要是指依托不同学科，在学生知识获取，各项能力发展的过程中培育学生认识世界，获取解决问题的独特视角、思维方法和逻辑，丰富对生命内涵的理解，体验幸福生活，建构健全的人格，获得广域的人生视野。

2. 学科育人的本质辨析

长期以来教育工作者认为学科是相对独立的知识体系，具有相对严谨的学科逻辑，代表了现代学术发展，高度体现了现代文明，是专门化的基础。"学科包含两层含义。一是从学术的视角进行分类，指某个科学领域或一门科学分支，如生物学、物理学、教育学等；二是以教学为主体，课程内容主要以学科知识为主要来源，既是科学体系的反映，也是学校教学的体现。"[②]学校教学科目的学科主要是指学科课程，按照学科逻辑组成的各门学科，例如语文、数学、英语、历史、地理、物理等，这样的学科课程具有相对完善的逻辑性和系统性。学科教学是学校教育的主要途径，受应试教育的影响，学科教学曾一度只剩下"双基教学"。然而学科的核心价值在于让学生在学科学习中进行价值澄清，培育正确的价值观，让生活充满意义。只有未来人才有进步，才是教育的进步，进而是文化的进步。学科教学的实践行为，其目的和价值实为"育人"。

学科育人是以学生主体需求和育人价值为主要方向，在传授学科知识之外，更为重要的是指向学生的生活真实实践，注重培养学生适应未来生活的关键品质，促进学生未来更好地学习与生活。学科育人就是将人与学科、人与价值连接在一起，学科育人是学科本身应当承载的内涵和本质。不同的学科由于内在学科逻辑的不同，对学生发展也各有不同，因此如何发挥不同学科的育人功能，共同作用于学生个体的成长，培养未来高

① 郭元祥.论学科育人的逻辑起点、内在条件与实践诉求[J].教育研究，2020(4)：4—8。
② 哈斯朝勒、郝志军.学科育人价值的特性及其实现[J].教育理论与实践，2020(7)：14—17。

素质的国家公民，都要基于深入分析本学科对学生发展的独特价值。除了相关学科领域涉及的专门知识以外，还包括支持学生更好地认识和应对这个快速变化的现代化社会，以及在这个过程中形成自己正确积极的价值观世界。①

学科育人的理论逻辑在于学科与育人的本质统一②。学科育人是全面的育人而非学科知识教育的窄化理解，学科教学与育人是统一而非割裂的两件事。在人类文明发展的过程中，用文字和符号将人与文化联结在一起，文化中凝练了历代人的优秀经验，在学校教育传承文化的同时，要将学生与日常的生活世界建立有意义的联系，支持学生理解文字符号背后的思想精髓，从而达到以"文"化人。每个学科都是人类文化不同侧面的人类文明的精华，虽然不同的学科遵循不同的原则以及趋向不同的领域，然而这样的多样性恰恰和谐地相辅相成共同促进学生全面发展。

学科育人的主要特征有四个方面："综合价值与独特价值"的统一，综合价值反映了学科与学科之间对于学生共同的发展价值，也反映了不同学科所独特的思维方式、性质、概念和育人价值；"个人取向与社会取向"的价值统一，学科育人不仅要满足学生个体的发展，同时也要考量社会价值在个人价值发展中的导向，促进两者有机地结合；"显性价值与隐性价值"的统一，体现在学科知识与其背后学习过程所呈现出来的理念价值因素等的统一；"即时价值与长效价值"的统一，即面对当前知识性问题与学习和对学生的思想、言行产生终身的影响，塑造学生的人生观和价值观。③

因此，学科育人的本质应当在于以人为本，在师生合作中，支持学生主动学习，在知识中站立起来，探寻自身，学会学习、学会独立思考，培养良好的学习习惯，并建立正确的人生观、世界观、价值观，建构健全的人格，获得广域的人生视野④。学科育人的本质不是单维的，而是"育知识、

① 郅庭瑾．论学科育人的时代挑战与现实回应[J]．现代教学，2013(7—8)：11—13。

② 王磊、张景斌．学科育人的理论逻辑、价值内容与实践路径[J]．教学与管理（理论版），2019(10)：1—5。

③ 哈斯朝勒、郝志军．学科育人价值的特性及其实现[J]．教育理论与实践，2020(7)：14—17。

④ 成尚荣．学科育人教学改革的指南针和准绳[J]．课程-教材-教法，2019(10)：82—85。

育能力、育品德"的全面育人。

3. 学科育人的实践表达

培根在《论读书》中写道:"读史使人明智,读诗使人灵秀,数学使人周密,科学使人深刻,伦理学使人庄重,逻辑修辞之学使人善辩,凡有所学,皆成性格。"不同的学科有不同的育人价值倾向。在教育教学的实践场域中,教师们需要充分运用各学科的独特性,探索匹配学科教学和育人目标的实践方式,例如,在历史学科方面,研究者从基础定位、时代发展,人格养成方面来进行学科育人,从历史中辨明发展的规律,从过去中吸取展望未来的正确方向,让人更加聪慧;在数学学科方面,研究者提出从联系生活、加强运用、问题解决等方面来进行学科育人,重在培养"有条有理、有根有据"的周密思维能力;在语文学科方面,研究者认为可以从内容、方法和教学工具等多个方面挖掘其独特的育人价值,在与文化、思维、生活的衔接过程中培养学生的思想情感;在地理学科方面,有研究者提出了地理学科育人的价值体系并从地理认知价值、地理道德价值和地理审美价值三个维度论述了实现学科育人价值的教学策略。[①] 广大教师不断实践和创新,从多个维度,落实学科育人理念、发掘学科育人价值,促进学生生命成长。

表达知识、学会思维的多维属性。在寻求与学生发展规律相同的知识观和学习观,在推动学习深入的同时,达成学习过程和学习深度的纵深发展。除了学科本体知识掌握的同时,促进学生思维的发生,以问题为导向,支持学生经历思维的过程:演绎与归纳,分析与综合,分类与比较,包括推理、判断等。在问题聚焦与情境浸润中引导,促进学生理解知识的多维度,多层面的意义,形成知识网、思维链[②]。

浸润文化、传承智慧的精神熏陶。知识标志着人类文化的智慧结晶,传承着人类文化财富,学科育人的重要实践取向在于支持学生在学习知识的同时,感知文化现象、文化过程、文化形态,逐步触及文化本质,将学科知识与人类社会的文化发展进程和社会实践事件相关联,寻找知识的

---

① 唐西胜.我国学科育人研究:回顾与反思[J].教师教育论坛,2020(8):53—55。

② 郭元祥.论学科育人的逻辑起点、内在条件与实践诉求[J].教育研究,2020(4):4—8。

文化发生问题点，妥善解决教学内容和优秀民族历史文化、先进文化的融合点，提升学科教学的文化内涵品质，以文化熏陶学生，以文化人、文化育人的高度来实现学科育人①。

链接生活、跨学科思维的内在融通。学科育人视角下的教育实践，基于学科也要突破学科，从更为广域的视角俯视学科，寻找学科之间的内在融合点，尤其是育人的内在融合点，从学科和学科，学科和生活，学科知识的运用等角度来进行思考。在实际生活场景中促进学生学习，以知识应用为核心沟通课堂内外，从而实现教材内和实际生活场景之间的整体策划，以及在复杂的生活、生产情境中灵活调用知识②。

二、学科育人与学科德育

2000 年中共中央办公厅、国务院办公厅颁布的《关于适应新形势进一步加强和改进中小学德育工作的意见》指出："德育要寓于各学科教学之中，贯穿于教育教学的各个环节。"道德教育具有悠久的历史。古代学校的课程基本是以道德教育内容为主的课程形式，近代的德育课程应当以 1882 年法国以道德教育取代宗教教育课程为起点。20 世纪六七十年代以来，道德教育的学科性质、内容、师资以及存在的合理性引发了学者和实践者的多方探讨：包括道德教育是否以专门学科（课程）而开设？如果专门开设，它的主要内容与方式是什么？德育课程与其他学科的育人相比，特点何在？③"德育课程是道德教育内容或者教育影响的形式，是学校道德教育内容学习经验的组织形式，包括直接的德育，间接的德育和隐性的德育三个方面。"专门的道德教育学科课程即直接的道德教育，以专门介绍道德价值、规则的原理与知识体系，提高学生道德认知与判断能力等为主要内容的课程；间接的德育课程，即以学科课程方式存在的其他学科课程中包含的道德内容及其构成对道德教育的影响，也称为学科德育。

---

① 郭元祥. 论学科育人的逻辑起点、内在条件与实践诉求[J]. 教育研究，2020(4)：4—8。

② 潘小福、杨文娟. 指向"学会思维"的课堂转型——实现学科育人的课堂教学改革实践[J]. 教育视界，2020(12)：12—16。

③ 檀传宝. 德育原理(第三版)[M]. 北京：北京师范大学出版社，2020：200—205。

1. 学科德育的内涵定义

杜威曾经说过:"如果我们将品德发展作为一种终极的教育目标,同时又将知识的获得和理解力的发展——这些在学校教育生活中占用大部分时间的工作——视为与德育无关的话,学校德育实际上就会是毫无希望的事情"①。德育不能独立于学科。学科教学的各个方面和教学环节本身蕴含着很多重要的价值或道德教育因素,这也是学科德育得以开展的基础②。学科德育主要是指德育通过与各门课程学科的融合,德育蕴含于各个学科教学之中,贯穿整个教育教学各个环节。这一理念的提出既保障了德育的课程时间,也将德育转变为融入生活、规范德行的过程,促使了学科教育与德育过程的再度创新性融合③。

学科德育即各学科教师通过教学内容进行德育,包括学科德育认知、学科德育情感和学科德育行为等。所有教师需要"在学科教学活动中有艺术又有意识地渗透德育,制定适切的德育目标,挖掘有价值的德育内容,融于教学的各个环节,从而促进学生德智体全面发展"④。

德育在我们教育发展中具有重要的战略地位,新时代更要将德育融于国民教育全过程,渗透到教学实践的各个环节,涵盖校园文化各个方面的活动。相对于专门的德育课程来说,学科德育有其独特的优势⑤。学科德育是学科教学的应有之义,"各门课程要结合自身特点,对学生渗透爱国主义、集体主义、社会主义和世界观、人生观、价值观以及科学精神、科学方法、科学态度等方面的教育"⑥。

2. 学科德育的关键要素

学科德育落实成功与否,与教师学科德育素养具有密切的关系。现实的学校教学由于分科课程的设置,德智体美劳往往由不同的学科来承载,各教师也按照自己的理解,将"德"和"智"划分为自己和他人的不同的

① 檀传宝. 德育原理(第三版)[M]. 北京:北京师范大学出版社,2020:200—205。
② 檀传宝. 德育原理(第三版)[M]. 北京:北京师范大学出版社,2020:200—205。
③ 张蕊. "立德树人"背景下小学学科德育研究[M]. 北京:北京大学出版社,2017:10。
④ 平晓敏、林一钢. 教师学科德育素养的内涵、构成及培养路径[J]. 中国德育,2021(2):30—33。
⑤ 汪明. 学科德育的喜与忧[J]. 教学与管理 2015(12):11—15。
⑥ 石建明. 学科渗透德育需要把握的几个关键词[J]. 学校党建与思想教育,2012(3):40—42。

教学任务。因此教师是否具备良好学科德育的意识和素养成为了学科德育良好氛围营造的关键。

第一关键要素"意识"：教师是否具备学科德育的意识，是成为"经师"还是"人师"的重要关键点。从古至今，教师就承担着不仅要教学问，还要教做人的重要责任。长期以来，教师对学科德育的重视程度不高，主要是由于受到传统分科教学的影响，教师所教学科与德育无涉，更加重视学生的"双基"学习和学业水平，忽视人格品质的培养，把知识教学与德育割裂开来，无学科德育意识的教师势必影响学科德育的积极性，影响德育的效果。思想是行为的先行者，没有学科德育意识就不可能有有效的学科德育，因此具备学科德育意识是学科德育的第一步。

第二关键要素"挖掘"：教师是否具备挖掘学科德育价值点的能力，是教师提升学科德育的核心关键点。教师在挖掘教材德育因素的过程中，既要考虑学科教材的特点，又要从学生真实的生活需求出发，挖掘德育渗透点。学生的思想发展特征和规律，德育内容的由近及远、由浅入深，同时与季节、节日等有机渗透，都是教师挖掘的重要切入点。挖掘了教材蕴含的德育要素以后，就要落实到教学目标中。三维目标是学界和实践界普遍认可的目标制定方向，其中"过程与方法""情感、态度与价值观"就包含着深刻的德育要求。润物无声、教育无痕，就需要教师高质量地将德育要点预设为适切的教学目标，做好教学预设。

第三关键要素"艺术"：教师是否具备渗透德育的教学智慧和艺术，巧用生成、收放自如的教学现场驾驭能力。教学现场是教师和学生动态互动的过程，是经验碰撞的过程，教师是否能够在学生疑惑、需求生成的基础上，把握德育的契机，让德育之乳伴随学科知识之汁滋润学生心田，教师的教学艺术和智慧就是一个核心要素。"感人心者，莫先乎情。"教师自身的情感和对人生的价值感悟，在教学现场互动中流露真情实意，与学生产生情感共鸣，是教师学科德育艺术的最高阶一步①。

3. 学科德育与学科育人

新时代如何培养拥有正确道德认知、人格健全的少年儿童，是教育需

---

① 石建明.学科渗透德育需要把握的几个关键词[J].学校党建与思想教育，2012(3)：40—42。

要回答的重要问题。"一方面将德育的根扎在课堂上，促使学科教学的根本宗旨回归到育人上来，让立德树人在学科教学中落地生根。另一方面，利用社会大课堂，为学生的道德认知提供实践土壤，重视应用，关联社会，让课堂结出的果营养全面、芬芳长久。"①

学科德育，让学科教育从"双基"教学走向学科育人。每一个学科都有独特的育人价值，每位教师需要对学科内容育人价值的洞见和对时事的敏感，铺设人文底色，促成学生品格养成，实现看似无形却无处不在的无痕德育。中华民族几千年来在实践中形成的思想、美德、人文精神是人民宝贵的财富，学科德育在智慧启迪的同时，也是对传统文化的继承和发扬的重要纽带。

"学科德育最重要的任务在于从外在任务走向内在生长"②。学生的道德学习是一个渐进的过程，在整体的生活过程中渗透德育，才可能培育出完整人格、品德高尚的儿童。高喊德育，德育却没有发生的现象屡屡存在，只有将外在的要求聚焦到学生真实的生活问题点和生长点上，将多个学习内容、实践内容重组营养，才能引发学生内在的生长动力，主动建构有意义的学习内容和养成道德品质，塑造道德情感和行为。

因此，学科德育是学科育人最为重要的组成部分之一，是学科育人在契合学生成长点、统整知识序列基础上，贯通儿童家庭生活、社会生活的教育部分，亦是育人最高、最难的部分。

三、学科育人与核心素养

20 世纪 90 年代以来的素质教育，不断地引起教育工作者的思考，我们培养什么样的人、如何培养符合未来社会的全面发展的人才。进入 21 世纪以后，联合国教科文组织、经济合作与发展组织等以素养为核心，推进未来课程建设，从素养发展的视角来尝试回答"培养什么样的人"的问题。

---

① 叶根娟. 德育的根在课堂，课堂的果在社会[J]. 中小学班主任，2021(4)：13—16。
② 叶根娟. 德育的根在课堂，课堂的果在社会[J]. 中小学班主任，2021(4)：13—16。

素养强调学生与情境之间的互动，包括家庭、社会、学校等社区公共领域，是个体在特定情境下能够成功满足各项复杂挑战、顺利执行生活任务的内在先决条件①。素养是一个有机整合的整体，它强调与知识（或者认知）、能力（或技能）、态度（或情意）等概念的有机统整，它超越了长期以来知识与能力二元对立的思维方式，凸显了情感、态度、价值观的重要，强调了人的反省思考、行动与学习②。历年来，研究者并不满足于一般的素养的研究，而是更为关注个体未来更好地适应社会、承载社会发展大任所必须具备的核心素养。核心素养是优质生活的必要保证，也是不同学习领域、不同情境中最为必要的素养。“深化育人方式改革，必须摒弃应试取向的教学观和唯分数论的教学质量观，立足于促进学生全面发展，引导学生以课程知识的内化为基础，经历认知实践、文化实践、社会实践的过程，促进学生精神的发育。”③

1. 核心素养的内涵定义

核心素养是什么，众说纷纭。有的学者认为“素养就是 competence，又译为胜任力”，有人说“素养是知识＋能力＋态度”；有的说它是“最基本最基础的素养，如 literacy”，有的说它是“关于理想人格的描述，虽无法实现，但心可向往之④”。当前谈到“核心素养”，一般包括“学生发展核心素养”与“学科核心素养”两个概念。

崔允漷认为，“核心素养”不是一个种概念，而是一个类概念，或者说它是一个族词，它包括了知识、技能、能力、情感、态度、价值观。不同学者对核心素养的概念定义，其实都在回答同一个问题，即如何从学生学习结果的角度来回答未来社会所需要的人才是怎么样的。措词不同只是作者、语境、语用的差异，这种差异是形式上的，但是其实质是相同的”⑤。

---

① 柳夕浪. 从“素质”到“核心素养”—关于“培养什么样的人”的进一步追问[J]. 教育科学研究，2014(3)：5—8。

② 柳夕浪. 从“素质”到“核心素养”—关于“培养什么样的人”的进一步追问[J]. 教育科学研究，2014(3)：5—8。

③ 柳夕浪. 从“素质”到“核心素养”—关于“培养什么样的人”的进一步追问[J]. 教育科学研究，2014(3)：5—8。

④ 崔允漷. 追问“核心素养”[J]. 全球教育展望，2016(5)：3—6。

⑤ 崔允漷. 追问“核心素养”[J]. 全球教育展望，2016(5)：3—6。

钟启泉认为:"核心素养旨在勾勒新时代新型人才的形象,规约学校教育的方向、内容与方法。所谓'核心素养'指的是,同职业上的实力与人生的成功直接相关的涵盖了社会技能与动机、人格特征在内的统整能力。"①以林崇德为首的专家团队经过长期研究得出的结论是,学生发展核心素养是指学生应具备的、能够适应终身发展和社会发展需要的必备品格和关键能力②。

学科核心素养,则多指学生基于学科学习形成的学科关键能力、必备品格和价值观念。郭元祥认为,"学科核心素养,是指各门课程实施所赋予学生应该具备的、关键的、比较稳定的思想意识、心理特征和行为特征,其核心是学生通过学科学习后应该表现出来的必备品格和关键能力。学科核心素养既包括内隐的思想意识、价值观念和思维方式,属于内隐性的关键品质;也包括外显的行为特征和能力表现,是表现性素养。"③学科核心素养包括学科知识结构、学科思想体系、学科经验与能力。成尚荣认为,"学科核心素养,就是指学科的思维品质和关键能力。学科核心素养的形成就是教师基于学科特质,带领学生将学科的核心知识和思维通过探究等活动过程,与情感、态度等进行整合,形成新的学习模式,让学科知识和思维在活动中转化成学生的素养"④。曹培英认为,"所谓学科核心素养,粗略地说是指凸显学科本质,具有独特、重要育人价值的素养。"⑤由教育部制定和发布的《普通高中课程方案(2017年版2020年修订)》及高中各学科课程标准明确了各学科"高中核心素养"的内涵、外延及落实要求。

综上所述,虽然学者们对于"核心素养"均有自己不同的理解,但是均在尝试回答"教育要培养什么样的未来人才"的问题,是新时代所期许的"学力"与"学习",是为了更好地促进学生具备适应终身发展和社会发展

---

① 钟启泉.基于核心素养的课程发展:挑战与课题[J].全球教育展望,2016(1):3—25。

② 崔允漷.追问"核心素养"[J].全球教育展望,2016(5):3—6。

③ 郭元祥.课程育人的基础与方向[J].湖南教育(D版),2020(8):3—7。

④ 谢先成.学会改变:核心素养挑战的积极应答——访全国中小学教材审定委员会委员、教育部基础教育课程改革专家工作委员会专家成尚荣[J].教师教育论坛,2018(10):4—7。

⑤ 曹培英.从学科核心素养与学科育人价值看数学基本思想[J].课程·教材·教法,2015(9):40—45。

所需要的必备品格和关键能力。每一门学科都有其独特的核心素养价值取向，而在学习力发展方面，不同的学科又有共通之处。

2. 核心素养的本质挖掘

核心素养体系作为国家对于教育的顶层设计，需要凸显它的整体性、综合性和系统连贯性，自然强调跨学科的共同素养。核心素养体系的层级化，又必然要求各学科在落实综合性核心素养的同时，彰显本学科独特的育人价值，确立学科自身的核心素养①。普通高中各学科课程标准提出的各门课程的核心素养并不是一些抽象的指标，而是凝结着课程对于人的发展的内在价值，尤其是学科知识、学科思想、学科方法论、学科体验等方面。学科教学要切实发挥育人功能，需要把握学科核心素养的内在要素，促进学科知识向学科素养转化②。

在国际经济合作与发展组织（OECD）的核心素养层级框架中，有三个重要的特征值得关注："超越所教的知识与技能；核心素养的本质——反思性；在变化的情境中各个核心素养是联结在一起发挥作用的。"提出每一个"核心素养"（key competency）都必须满足三个要件：对社会和个体产生有价值的结果；帮助个体在多样化情境中能够满足重要的需求；不仅对学科专家重要，而且对所有人重要③。2002 年美国正式启动 21 世纪核心技能研究项目，创建美国 21 世纪技能联盟，研制了核心素养的体系。认为"核心素养主要包括'学习与创新技能'（创造力与创新、批判思维与问题解决、交流沟通与合作）、'信息、媒体与技术技能'（信息素养、媒体素养、ICT 素养）、'生活与职业技能'（灵活性与适应性、主动性与自我导向、社会与跨文化素养、效率与责任、领导与负责）三个方面，这三方面主要描述学生在未来工作和生活中必须掌握的技能、知识和专业智能，是内容知识、具体技能、专业智能与素养的融合"④。2005 年，欧盟正式发布《终身学习核心素养：欧洲参考框架》。该核心素养框架主要包括：母语沟通能

① 曹培英，从学科核心素养与学科育人价值看数学基本思想[J]. 课程・教材・教法，2015(9)：40—45。

② 郭元祥. 课程育人的基础与方向[J]. 湖南教育(D 版)，2020(8)：3—7。

③ 崔允漷. 追问"核心素养"[J]. 华东师范大学学报(教育科学版)，2016(3)：29—31。

④ 师曼、刘晟、刘霞、周平艳、陈有义、刘坚、魏锐. 21 世纪核心素养的框架及要素研究[J]. 全球教育展望，2016(5)：3—6。

力、外语沟通能力、数学和科技基本素养、数字(信息)素养、学会学习、社会与公民素养、创新与企业家精神、文化意识和表现，并且每一素养又从知识、技能与态度三个维度进行具体描述。该框架最为突出的本质特征在于关注"学生如何学习"，支持学生所有学习的学习品质是其关注的核心，包括批判性思维、创造性、主动性、问题解决、风险评估、决策、情绪管理等，其最重要的价值取向就在于"为终身学习服务"①。

也有学者提出，为了更好地适应新世纪的社会变革，人所应该具备的关键素养即为核心素养。从这一个角度来说，核心素养是关键素养，而不是面面俱到的全面素养；核心素养不仅反映了个体需求，更要反应社会需求，是社会需求和个体需求的衔接点；相对而言，核心素养是更为高级的素养，能够更好地应对21世纪在创新、信息、合作、社会责任、沟通等方面的挑战②。自2015年1月起，我国普通高中课程方案和各科课程标准开始系统修订。这标志着我国基础教育课程改革进入新的发展阶段：创造信息时代的课程体系。为充分体现信息时代个人发展和社会发展的新特点、新需求，教育部一方面立足我国"立德树人"的根本要求，另一方面充分借鉴国际课程改革的先进经验，确立"核心素养"这一观念，将之作为课程改革的出发点和归宿。理解核心素养的本质内涵，是构建我国信息时代课程体系的出发点③。因此，信息时代的课程体系，亦可称为素养本位的课程体系。核心素养既是课程目标，又是一种新的课程观。

3. 学科育人与核心素养

核心素养作为课程与评价的概念，是教育目的与学习结果的重要中介。它既是教育目的的逻辑必然，也是课程与评价设计、实施的技术诉求④。就学校教育而言，社会主义核心价值观是新时期的教育方针，对于课程目标的确定与选择具有重要的指导意义。从课程目标的层级来说，

① 师曼、刘晟、刘霞、周平艳、陈有义、刘坚、魏锐．21世纪核心素养的框架及要素研究[J]．全球教育展望，2016.(5)：3—6。

② 褚宏启．核心素养的概念与本质[J]．华东师范大学学报(教育科学版)，2016(1)：1—3。

③ 张华．论核心素养的内涵[J]．全球教育展望，2016(4)：10—15。

④ 崔允漷．追问"核心素养"[J]．全球教育展望，2016(5)：3—6。

它是最高层即教育目的层。由于它是面向全体中国人的，无法直接拿来设计课程，因此还需要确定面向所有学生的核心素养，然后依据学生的核心素养，研究各学科的育人功能，确定学科目标，即通常所说的学科核心素养、内容标准、学业质量标准等官方规定的目标，这是由国家委托学科专家决定的①。

其实从“核心素养”的内涵到本质挖掘，不难发现，核心素养是中国现代化教育变革中的一个重要切入点，它引领着学科教育从知识本位到关注学生核心素养“能力、思维、学习力”的一个实践过程，也逐步推动着学科教育从单维知识视角进入“跨学科”、“高阶思维”和“终身学习能力”培养的深度聚焦，有力地撬动了“立德树人”和“育人为本”的学科育人思想在贯穿各个环节、各个学科之间教育教学的落地和升华。

学科育人就是指以核心素养为育人目标，对学科(课程)教育提出了超越学科知识和技能的目标要求。换而言之，学科育人价值的集中体现就是学生通过学科学习而逐步形成的核心素养，包括正确价值观念、必备品格与关键能力。

学科育人的核心是人的发展。学科是由人来创立的，脱离人的发展，学科将会变得毫无价值和意义。学科的本质与核心价值蕴含在“以人为本”的理念、行动中，在与人互动与对话中，进行互相成长和建构：人在学科中得到培养和成长；学科在人的不断反思学习中拓展和创新。学科是学校教育的主体，承载着价值教育的重要任务：让儿童在学习中生成有价值的经历，在关键事件中进行价值澄清，解开价值困惑问题，培养他们正确的世界观、人生观、价值观，让自己的童年和未来人生均充满意义。

因此如何对现有的教学现场进行更新迭代，如何从三维目标走向学科核心素养，关键是要转变师生的关系，打破原有学科教学中“教师唯一主体”的现状，让师生逐步走向教学中的合作对话、建构有意义的交流，从而促进学生主动学习，激发学生充分的学习力，显得尤为重要。

学科育人的价值是通过课堂中的“教”与“学”来落实，如何实现核心

---

① 崔允漷. 追问“核心素养”[J]. 全球教育展望，2016(5)：3—6。

素养,让立德树人在课堂中扎根,是新时代教育变革的诉求,这种诉求说到底就在于实现课堂教学的转型与变革。在此过程中,学科课程目标起着承上启下的作用,它比教育目的更加具体,但是比课堂学习目标更抽象,学科课程目标如果不继续分解或具体化,它将无法在学校教育现场实施、在课堂教学落地,这样的后果就是导致教育目的被"悬置",同时,还会让校长、教师丧失其专业性。因此,在学科目标下面还需要教学目标层,即校长或教师在教育现场依据教育目的或学科目标,结合自己对学情的研究与判断,制定相对具体的、清晰的目标,为后续的教学与评价的展开提供纲领性、引领性的框架,同时,这一过程也是校长或教师"成为"专业人员的过程①。

如何落实"学科育人"?关键在于挖掘学科的独特性、明晰学科的价值性、建构学科的系统性。教师要学会如何在课堂教学中打开学科育人的开放度,明了跨学科育人的走向;要学会如何以教师人格育人,在课堂教学中传授真理、塑造有意义的生命和有趣的灵魂,紧紧围绕并完成立德树人的任务。

总之,如何以学科育人的视角转变现有的课堂教学目标、重新审视课堂教学内容、重塑学生学习活动激发其主动学习力、更新现有的课堂教学评估视角、重构合作平等互动的师生关系,让"学科育人成为现有教学改革的指南针和准绳"②,是现有的课堂教学变革的重要切入点。

第二节　学科育人视角下的课堂变革

课堂教学是培养学生核心素养、落实学科育人的主阵地。为了更聚焦阐述学科育人背景下对于课堂教学意涵和转型的认识,本节中的"课堂教学"是指相对于课外活动而言的现代学校教育结构之一,其和课外活动并列和互补成为了学校各类学科教育实施或课程实施的基本

① 崔允漷.追问"核心素养"[J].全球教育展望,2016(5):3—6。
② 成尚荣.学科育人教学改革的指南针和准绳[J].课程·教材·教法,2019(10):82—89。

形式。

《国务院办公厅关于新时代推进普通高中育人方式改革的指导意见》（国办发〔2019〕29 号）提出："按照教学计划循序渐进开展教学……培养适应终身发展和社会发展需要的正确价值观念、必备品格和关键能力。积极探索基于情境、问题导向的互动式、启发式、探究式、体验式等课堂教学，注重加强课题研究、项目设计、研究性学习等跨学科综合性教学，认真开展验证性实验和探究性实验教学。提高作业设计质量，精心设计基础性作业，适当增加探究性、实践性、综合性作业。"[①]上述文件进一步明确了课堂教学改革的重点，课堂教学育人目标应紧扣学生核心素养，课堂教学变革需要进一步从教学目标、教学内容、学生学习与教师教学、师生关系等去探究学科育人在课堂中落实的路径。

一、目标视角：挖掘独特价值，学科知识本位转向育人本位

我国基础教育课程改革经历了三个阶段，1.0 版本是 1952 年《中学暂行规程（草案）》，提出了基础知识和技能目标，也就是"双基"目标，2.0 版本是 2001 年《基础教育课程改革纲要》，提出了三维目标：知识、技能、情感，3.0 版本是 2017 年《普通高中课程标准》，提出了学科核心素养，此目标是对 2.0 版本课程改革目标的整合。三个阶段表明了我国育人目标逐步从学科知识转向人的素养提升。

前文已提到，学生核心素养包括"价值观念、必备品格、关键能力"三方面。价值观是人们关于什么是价值、怎样评判价值、如何创造价值等问题的根本观点，其核心就是个人对自我、他人和社会所产生意义的自觉认识和正确评价，更多是一种对精神价值的追求[②]。品格内蕴着人的道德性、精神性和利他性，从其本质而言，品格处理的是人的关系，这种关系包括人与自我的关系，人与他人的关系、人与事情（工作、学习、生活）的关

① 国务院办公厅．国务院办公厅关于新时代推进普通高中育人方式改革的指导意见．国办发〔2019〕29 号．2019 年 6 月 19 日。http://www.gov.cn/zhengce/content/2019-06/19/content_5401568.htm。

② 王晓晶．引导青少年树立正确的价值观[J]．新课程学习（下），2015(04)：4—6。

系。能力则是人作为主体最引以为豪的一种本质力量，内蕴着人的创造性、能动性与内发性，从学习过程（认知加工）的角度，把学生的关键能力分为阅读能力（输入）、思考能力（加工）、表达能力（输出），这三种能力是学生学习的基本能力、核心能力①。

"正确的价值观念、必备品格、关键能力"这三方面是人终身发展的最高贵的精神财富，而其三者的形成过程又是互动和融合的，不是孤立存在的。三方面作为人发展的最基础的、最核心并具有生长性的素养和发展目标，将其化解到各个学科中，形成了各学科独特的素养目标。如高中数学学科核心素养包括：数学抽象、逻辑推理、数学建模、直观想象、数学运算和数据分析六个方面，这些数学学科核心素养既相对独立、又相互交融，是一个有机的整体。在此基础上细化高中数学课程目标为：四基（数学基础知识、基本技能、基本思想、基本活动经验）四能（从数学角度发现和提出问题的能力、分析和解决问题的能力），数学学习兴趣、学习习惯、学习的科学精神、实践能力与创新能力、价值观认识等②。从数学育人目标可见，其一，该素养目标彰显了核心素养的主体是学生，是特定阶段学生经过数学之后的达成目标；其二该目标中从原来的"双基"发展为"四基"，原来的"三能"发展为"四能"，进一步将数学知识与技能融入为学生数学核心素养的发展夯实学习基础与提供有效支撑之中；其三该目标与中国学生核心素养体系的构成与表现点直接相呼应。

综上所述，学科育人目标秉承核心素养主基调，凸显育人功能。作为教师应全面正确认识和把握学科核心素养目标，站在"育人"更高的角度去制订课堂教学目标。首先应眼中有"人"，将学情分析放在首位，在面向全体中分析个体差异，制定目标中体现个性化目标，从而使每个学生均在原有的基础上得到发展；其次应心中有"整合"，将学生对周围世界的认知与认知方法、思维策略相整合，将学生对周围世界的认知经历与正确价值观、高尚品格相整合，从而实现"教书"与"育人"的有机统一。

---

① 余文森. 核心素养导向的课堂教学[M]. 上海：上海教育出版社，2017：18。

② 黄翔、吕世虎、王尚志、胡凤娟. 高中数学课程目标的新发展[J]. 数学教育学报，2018，27(01)：27—30。

二、内容视角：关注学习经验，从点状学科知识转向结构化内容组织

学科核心素养的制定意味着学科育人价值的明晰和拓展。一是它建立起了抽象的书本知识与人的生活世界的丰富、复杂的联系，突破了传统教学将学生和教师固化在僵硬的学科知识和一堆“死”的符号型的结论上；二是建立起了抽象的书本知识与人的发现问题、解决问题、形成知识过程的丰富、复杂联系，为学生认识世界提供不同的路径和独特的视角、发现的方法和思维的策略等。上述两个方面“联系”意味着学科书本知识去孤立化。强调“联系”就意味着需要通过一定的组织，使其形成一定结构的整体，从而实现知识的系统化、结构化，有助于学生经历学习的过程，促进学生知识、能力和价值观的整体发展，满足学生成长的需要。

基于上述的认识，在新课程的落实中，就提出了将学科教学内容单元化设计的要求，一方面，有利于教师从整体把握教材的知识结构和教学逻辑，另一方面有利于学生递进式地学习更高阶层的知识，通过系统化组织概念性的知识内容和多类型的实践活动，将知识内化并转化为素养。如以人教版新教材高中地理“水循环”为例，此章第一节主要是水循环的概念、主要环节和类型的相关知识，而水循环的三种类型同在一个有机整体内，因此需整合教材内容后再综合讲解，以避免知识的割裂。第二节主要是海水的性质和运动的相关知识。此章节未提及水体的相关知识，而认识地球表面各种水体是学习水循环等相关知识的基础，因此需要适当复习和补充水体的相关知识。教师根据教材章节和知识点的相互联系，划分出“地球上的水”的大尺度单元，以及“水”“海水”“水循环”等小尺度单元[①]。

① 夏灵、苏迎春、黎明. 单元教学设计理念下的地理教材分析方法研究——以人教版新教材“水循环”为例[J]. 地理教学，2021(04)：16—20。

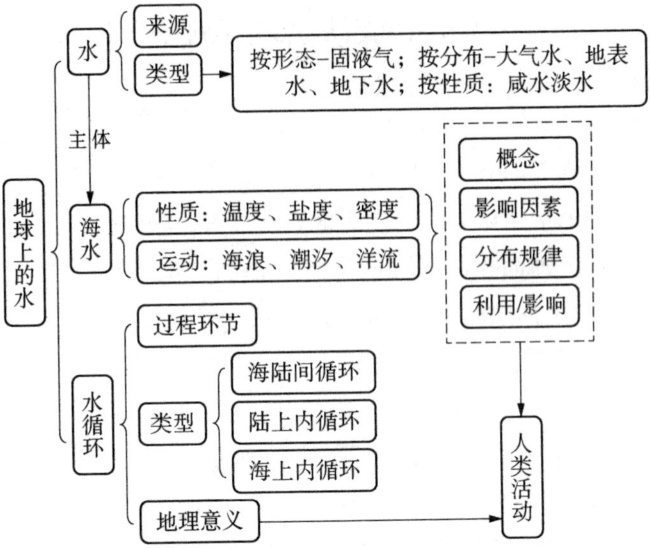

图 1　人教版新教材必修第一册"地球上的水"单元结构①

在单元结构化设计中，许多优秀教师还利用"知识树"②、概念图③、思维导图④等工具，将教材中主要的内容、知识点，或者各级概念与主题之间的相互关系、隶属关系等表现出来，以帮助学生在各知识点间梳理内在逻辑，促进学生有意义的学习。在新基础教育变革研究中对于单元化内容设计提出了两点操作建议："第一，把学科的书本知识按其内在逻辑组成由简单到复杂的结构链，基本上以结构为大单元进行教学内容的组织，贯穿教学的认知主线使结构逐步复杂化；第二将结构化后的符号为主要载体的书本知识重新"激活"，实现与三方面的沟通：书本知识与人类生活世界沟通，与学生经验世界、成长需要沟通，与发现、发展知识的人和历

① 夏灵、苏迎春、黎明. 单元教学设计理念下的地理教材分析方法研究——以人教版新教材"水循环"为例[J]. 地理教学，2021(04)：16—20。

② 韩金洲. 让师生在知识树构建中共同成长：高密市"师生共建学科知识树"初探[J]. 山东教育，2020(5)：36—37。

③ 钱亦城. 概念图在小学数学概念教学中的应用[J]. 小学教学研究，2006(10)：25—29。

④ 蔡铁权、叶梓. 思维导图在社会性科学议题教学中的应用[J]. 教育科学研究，2009(12)：52—55。

史沟通。"[①]无论何种形式、方法的单元设计，在结构化的教学内容重组中，显然均意图让教师将学生的知识学习和知识学习能力交融，从研究教学内容转向研究学生的潜在状态、生活经验和发展需要，这为实现由"教书为本"转换到"育人为本"的关键一步。

三、学习视角：注重过程经历，从被动接受转向主动获取

现代心理学研究指出，学生的学习过程和科学家的探索过程在本质上是一样的，都是一个发现问题、分析问题和解决问题的过程。这个过程一方面是暴露学生各种疑问、困难、障碍和矛盾的过程，另一方面也是展示学生聪明才智、独特个性、创造成果的过程。这就如自然界的"破茧而出"现象。这一现象提示教师在学科教学中，相信每一位学生是有能力的、主动的学习者。要让学生拥有学科思维和探索的机会，创设利用各种情境，引导学生在自主发现问题、分析问题、解决问题的过程中，获得知识、能力、品格等核心素养的全面发展，这样的过程无比珍贵。

(一) 主动学习的教学过程应有特征：情境性、过程性、挑战性

1. 情境性：是指向知识点的出处，让学生知道所学知识是从哪里来的，为后续学生对所掌握的知识迁移运用到其他的情境中奠定基础。根据情境创设的依据点，一般有活动情境、生活情境、问题情境等。如前所举"水循环"的单元结构内容学习过程中，为了让学生主动参与学习过程、探究并习得地理学科的知识与方法，促进地理学科思维乃至创新思维的发展，教师就结合不同地区的地理环境，引用新疆地区坎儿井案例，通过问题引导学生探寻坎儿井建设与气候的关系，坎儿井建设与冲积扇地貌的关系，了解新疆人民利用坎儿井来收集水资源和生活灌溉用水，引导学生对此进行分析，加深理解了当地干旱环境下，水循环被人们改造利用的

---

① 叶澜著．庞庆举编．变革中生成：叶澜教育报告集[M]．北京：中国人民大学出版社，2019：19—20。

伟大智慧①。

2. 过程性：是指向知识点获得是动态发生发展与建构的过程，它充分展现经历其中的思维活动，使学生真正参与到发现的过程中来。例如：在沪教版 2020 年第 4 版《初中地理》七年级上"中国地理区域篇"中，教师一改过去"一讲到底"、学生听讲与演绎的方式，将关于中国台湾地区地理位置及其重要性的认识设计安排在单元的最后，在学习地理区域框架的基础上，教师采用课前自主学习—课中集中讨论的方法，通过任务单设计"给中国台湾命名美称，并阐述理由"，使学生了解台湾地区的人文特征、自然条件与地理位置之间的关系，随后教师再次抛问"为什么有人将台湾称为永不沉没的航空母舰？"再次激发学生进一步审视台湾的地理位置特征，并在互相交流中，理解台湾地理位置的重要性，理解它是中国不可分割的一部分。在此过程中，学生学习到的不仅是地理知识，还学到了地理位置与人文、经济、军事等之间关系的思辨和评判，这种思辨和评判的思维方式将会对学生后续学习其他区域地理有一定的影响作用。

3. 挑战性：是指向学生思考与回答的问题具有一定的挑战性。思考能力是最核心、最根本的学习能力，直接决定着学生学业水平和质量。而问题是学生思考的引擎，是学生有意义、有价值学习的起点，需要教师在课堂教学中关注问题的质量。如面对新媒体、新技术对生活的影响，提升学生对技术应用的鉴别和合理使用能力，教师避开苍白的道理说教方式，组织初二的学生讨论"学生是否可以用抖音？"这样一个有争议的话题，让学生组队开展辩论。此问题引发了学生挑战的兴趣及深度思考，设计问题开展同伴访谈，观察学生上传的抖音内容，梳理观点辩论陈词，最后通过辩论，达成了"作为学生应如何合理使用抖音"的这样一个社会问题，而最后达成的共识是学生通过自己探索获得的过程，这也就是挑战性问题的价值所在。

联合国教科文组织国际教育发展委员会在 1996 年就指出"教师的职责已经是越来越少地传授知识，而越来越多地激励思考"。挑战性问题的

① 何善波. 高考地理复习中主题情境案例的设计策略——以"水循环"为例[J]. 地理教学，2019(05)：29—32。

设计成就了学生的挑战性学习，学生通过一定周期的、有探究的活动中，有助于建立批判性思维，让学生能基于事实和证据去思维、能独立思考、能不懈质疑、能接纳多元意见、能理性判断问题，作出决策，解决问题，采取行动。显然，指向思维培养的挑战性问题设计，是课堂教学落实育人价值的重要手段之一。

（二）主动学习的教学模式应用要求：高阶性、实践性、合作性

《普通高中课程标准（2017 年版）教师指导丛书》中的"教学提示"板块，各个学科主要聚焦于"真实问题情境的设计""深度学习""引导学生探索实践"等提出了教学建议，如"地理"学科中教学提示有如下阐述："它更加强调基于问题的项目教学与主题教学，即以问题整合内容，以问题作为引领贯穿教学始终，让学生在发现问题、分析问题和解决问题的过程中掌握知识，促进思维网络的形成，提升素养与能力，从而促进学生的全面发展，帮助学生形成地理学科核心素养"[①]。可见在新课程的落实中，让学生成为主动的学习者已经成为实践的诉求和教学原则，随之而来的是相关学习模式的倡导和应用。如深度学习、项目学习、跨学科学习、探究式学习、问题式学习、协同学习、对话式教学等。上述的学习模式不局限于课堂教学，也应用于学生的课外活动，或者课堂教学与课外活动的联通。

分析各种趋向以学生为中心的学习模式或教学模式，大致可见课堂教学正进一步向注重学生高阶思维发展、学生作业精心设计与合作学习的真实发生三个视角转型。

1. 指向学生高阶思维的发展：高阶思维是批判性思维、创造性思维、问题解决等高阶能力的核心[②]。对应布鲁姆的认知目标为分析、综合、评价（高阶思维），后修改为分析、评价与创造[③]。"记忆、理解、应用"通常称为低阶思维。高阶思维是学生在解决复杂问题，获得高阶知识的过程中

---

① 段玉山主编. 普通高中课程标准（2017 年版）教师指导——地理[M]. 上海：上海教育出版社，2020：2—5。

② 钟志贤. 促进学习者高阶思维发展的教学设计假设[J]. 电化教育研究，2004(12)：21—28。

③ Rachel Patricia B. Ramirez, Mildred S. Ganaden. Creative Activities and Students' Higher Order thinking skills [J]. Education quarterly, 2008, 66(1): 22 - 33。

产生的，其发展是以低阶思维为基础的。

学科育人背景下，深度学习集聚了问题式学习、项目学习、跨学科学习、探究式学习等教学思想，成为了培养学生高阶思维发展的具有代表性的学习模式。"追求发展学生的核心素养，必须克服表层教学的局限性，实施深度教学，引导学生深度学习。"[①]"深度学习是指基于高阶思维发展的理解性学习，具体指对核心知识(概念)的领会与迁移运用；其价值意义在于让学习者用探询的方法和态度看待世界，以创造、动态的观点看待事物，有助于学习者提高解决问题并作出决策的能力"。[②] 深度学习的发生，显然其实质是问题解决的学习。例如阅读活动中，如果只是记忆理解阅读内容，说明是停留在低阶思维阶段，而对阅读内容的内涵、中心思想进行归纳总结，表达自己的观点，则进入了高阶思维阶段。"深度学习，其深在复杂的思维过程，深在丰富的学习结果，深在充分的教学引导"[③]。由学生的深度学习也促发了深度教学的产生与发展。

2. 指向学生作业的精心设计：作业是课堂教学的延伸和教学评价的重要依据，对学生学习能力和学科素养的培养具有十分重要的意义。作业设计是落实培养学生核心素养目标、实现学科育人的关键环节。作业的价值、内容和作业方式，随着学习模式的改变而改变。伴随着深度学习、项目化学习、跨学科学习、探究性学习等学习模式在教学中的应用，必然会淘汰传统的机械训练、死记硬背、随意低效的作业布置，增加探究性、实践性、综合性作业。一些实践教学工作者探索了主题作业、长作业设计、应用型等作业。

如在初中七年级地理学科教学中，围绕指向"家国情怀"的育人目标，教师结合第一单元第三节"地图的阅读"设计了为期一周的主题教学，设计安排明确的主题作业，"绘制校园地图——熟悉我的新校园"，让学生以小组为单位，结伴在校园里走一走各个教学楼，量一量建筑物的间距和长度，算一算合适的比例尺，最终绘制"校园平面图"。学生通过课堂学习学会绘制校园平面图，通过室外实地调查，学会了数据的获取和处理，而且

① 郭元祥.论深度教学：源起、基础与理念[J].教育研究与实验，2017(03)：1—11。
② 朱连云编著.导向深度学习的教学实践框架与循证案例[M].上海：学林出版社，2020：1—8。
③ 杨清.课堂深度学习：内涵、过程和策略[J].当代教育科学，2018(09)：66—71。

数据的处理和方向的判断有理有据，具备初步的科学素养。通过合作，学生也更快地融入小组，热爱自己的新学校，产生环境认同感。

3. 指向合作学习的真实发生：合作学习是针对班级授课制背景下学生学习的组织形式而言，与之相对的是个体学习。合作学习有助于为学生增进人际交流、共享学习智慧，并为适应未来社会奠定良好的基础。随着学习模式的更新迭代，合作学习成为了项目化学习、深度学习、探究学习等各模式中必不可少的一种学习方式，因为上述的学习模式有一个共性的基本特征，那就是"任务驱动"与"先学后教"。通过任务驱动，学生之间形成明确的小组合作目标，指引学生以合作目标为导向，互相学习、共享信息，相互补充等，如在项目化学习中，教师采用"创设学习情景——阐明学习目标——分配合作任务——小组合作——学习成效检验——评价奖励"的路径设置开展教学，使合作得以显性化。通过先学，使每个学生都对教材知识有了一定的认识和理解，课堂中彼此的交流与互动有了基础和前提。先学后教的特征使学生间合作学习的功能得到了更充分的发挥：一方面交流与合作能够促使知识增值，活跃学生思维，另一方面，互学互教还有助于解决班级授课制中集体教学与因材施教、一个教师与众多学生之间的矛盾①。

当然，在上述的学习模式中，学生合作学习的对象也不仅限于同班学生，在课堂教学中，也有可能是老师、家长、社区人员等。学生合作学习的能力也不是一蹴而就的，需要教师经常组织合作学习、精心设计并指导每次合作学习，只有这样学生才能在合作学习中学会合作，让各种学习更有效。

四、评价视角：关注评价功能，从教评分离到融评于教

课堂教学评价是课堂教学质量提升和课堂教学深化改革的关键环节，是教育评价系统的重要组成部分和研究重点之一。"从本质来看，课堂教学评价是一种价值取向，它主要涵盖了三个方面，分别是教师的教、

① 余文森. 核心素养导向的课堂教学[M]. 上海：上海教育出版社，2017：158—160。

学生的学和最后的课堂教学成效，它们是课堂教学评价的关键组成部分。……课堂教学评价就是衡量现有教学水平与应然的教学目标之间距离的一个过程。"[①]在学科育人背景下，课堂教学评价体系作为培养学生核心素养发展与教师专业提升的重要条件和手段，从"重教轻学评"转向"教·学·评一致性"成为了评价范式及课堂教学转型的突破口。

"教·学·评一致性"就是三者内部各要素之间以教学目标（学习结果）为标的，实现相互匹配。一方面教学、学习与评价都是围绕共享的目标展开，且教师的教、学生的学以及对学习的评价应该具有目标的一致性；另一方面教学、学习与评价的开展是为了目标的达成，指向有效教学。再则，"教·学·评一致性"的实现取决于教师的课程素养与评价素养。[②] 该评价范式给予课堂教学的启示有三点：其一，表明了教学、学习与评价三者不再是孤立的环节，三者有机结合，相互制约，相互影响；其二表明了教学、学习与评价融为一体，评价本身就是教学，评价即学习，评价在教与学的过程中无时不在；再则教师需强化教学目标意识和目标达成的一致性观测意识，作为课堂教学的发起者，"教师在开展课堂教学之前，对教学、学习和评价做整体审视和规划，改变传统教案过于关注怎么教和教什么以及忽视教学目标和评价在实施方案的过程中的做法。在实施方案的过程中，教师能够依据教学目标，开展与之匹配的教学活动，为学生提供多样的学习机会，熟练地运用评价方法收集评价信息，正确利用评价信息进行教学决策与改进，引导学生参与评价进而达成目标"[③]。

鉴于新课程的落实和现实课堂教学中存在的弊端，在《普通高中课程标准（2017年版）教师指导丛书》中，各个学科均提出了关于课堂教学评价的要求和操作要点，特别是对于学生学习与发展的评价主要集中于以下三方面：评价主体需从教师主导转为师生共评；评价内容需从知识为主转为全面素养；评价手段需从单一的纸笔测验转为多元评价（如课堂上教师及时反馈、书面评语、自我评价和同伴评价等）；评价功能需从只对学生学习结果的查漏补缺转向支持学生主动学习和改善学生学习；评价任

① 郦倩.中小学课堂教学评价的现实问题与改进路径[J].教学与管理，2020(05)：5—7。
② 崔允漷，夏雪梅."教—学—评一致性"：意义与含义[J].中小学管理，2013(1)：4—6。
③ 郑东辉.试论课堂评价与教学的关系[J].课程·教材·教法，2014，34(12)：33—38。

务设计需从过于注重标准解题过程和正确答案转向整合性、情境化、不良结构的表现性任务，以评估学生的真实性学业成就。

五、师生关系视角：强调双向互动，从教师支配型转向师生平等型

师生关系，即教师和学生在共同的教学活动中，通过相互的认知、情感和交往而形成的一种人际关系，是学校众多人际关系中最基本的一对关系，对于提高教学质量、提升学生的综合素质有着举足轻重的作用。研究新课程改革下的师生关系，对于培养创新人才、推动教育教学改革、提高教育教学水平以及促进学生健康成长都有着重要意义。

“师生关系在一定程度上是由相应的教育关系所决定的，其核心是教育观念。在应试教育条件下，师生关系是主从型的，它只需要学生无条件地接受，学生在教育关系中只是被动接受者，犹如储存知识的容器。”①而在促进学生核心素养发展的学科学习和教学中，其强调教师创设现实情境和真实性任务，让学生通过问题式或项目式学习，开展体验、合作、探究或建构活动；强调要通过真实问题的解决，发展学生分析问题与解决问题的能力，发展批判性和创造性思维，学会沟通交流和团队协作，在经历知识和理解的社会性建构过程中实现自我成长和社会适应的统一。上述倡导凸显学生“自主学习、合作学习、探究学习”的教育理念下，撬动着师生关系根本性的改变，它展示了一种新型的师生关系，由传统的教师为主导的支配型师生关系转为凸显学生主体的师生平等关系。在课堂教学中具体为：“由教材意义的诠释接受”关系、教法的“师定生随”关系、课堂知识的“垂直传播”关系转变为文本意义练就的同道者关系、独特学法的共创关系与课堂问题研磨中的同盟关系，师生在教学共生体中获得了全新的角色关系。”②“同道、同盟与共创”勾画出课堂教学中师生之间积极的双向互动的良好状态。也正是在师生主体间互动这一过程中，学生通过与教师交流而成长，教师通过与学生的对话而教育，从而达到共享知识、共

① 刘经兰.新课程改革中师生关系的变化分析及对策[J].教育与职业，2011(05)：181。
② 龙宝新.教学共生体中的师生关系内涵与重建[J].河南师范大学学报(哲学社会科学版)，2016,43(05)：183—188。

享智慧、共享人生的价值和意义，获得整体精神世界的构建，师生在共享中成为"同舟共济"的人。

要实现和真正确立师生平等的良好关系，在具体的课堂教学中，需要教师改变教学中过度依赖教科书、过度重视现成知识而存在的流于形式的师生互动与对话。"需要真正认识到教育是'人'与'人'的相互作用"①，进一步确立师生双主体的教学定位。

首先，教师需唤醒"学生是学习的主人"的意识。新课程强调引导学生开展自主、合作、探究式的深度学习，这不仅体现了以学生为本的教学理念，凸显了学生在教学关系上的主体地位，即是学习的主人，而不是知识的被动接受者。因此教师需要突出引导学生对问题的深入研究，构建以问题驱动与解决问题的教学结构和路径，以更充分地调动学生学习的积极性、释放学生学习潜能，使学生成为能够运用知识解决具体问题的人。而要做到这一点，可借鉴新基础教育改革提出的"五还"，即还时间让学生主动学习，还空间让学生自由探索，还工具让学生独立学习，还提问权让学生在独立思考的基础上提出想问的问题，还评议权让学生有自评与评他的机会，使学生在课堂上真正"活"起来、动起来，主动参与②。

其次，教师需认识到自身主导功能的合理使用。并非强调了学生主体，而排斥教师的主导，而相反，在新课程的改革中需要教师进一步正确认识并发挥好教师的"主导"作用，因为"教学之责，育人之任，关键在于教师作用的发挥"③。而在课堂中教师主导作用的发挥即实现"教师主导与学生主体深度融合"，使课堂活动成为师生的"共生活动"。一方面，教师应将探究学习和有意义的接受学习这两种方式有机地结合起来，使教与学的活动过程共生。另一方面，在以学生为主的探究学习活动的过程中，教师不应该只是一个旁观者，而应成为学生学习的支持者和合作者，"师

① 叶澜. 教育概论[M]. 北京：人民教育出版社，1992：10—17。

② 叶澜著. 庞庆举编. 变革中生成：叶澜教育报告集[M]. 北京：中国人民大学出版社，2019：30。

③ 葛续华. 教师"主导作用"岂容质疑？——与张熊飞先生商榷[J]. 中国教育学刊，2016(5)：19—22。

生围绕学习问题共同研讨、共同交流，在此过程中生成新认识、新思想、新智慧。”①

课堂教学是真正学科育人的主阵地，因此学科育人视角下的课堂教学要从目标、内容、学习评价、师生关系角度重新审视课堂教学实践，才能更好地推动“立德树人”落地生根，培养品格高尚、具备核心素养的现代人才。

---

① 龙宝新.走向教学共生体的师生关系重建——与教师主导作用批判及反批判争鸣观点商榷[J].中国教育学刊，2017(10)：13—18。

第二章

区域学科育人的现状调查和需求调研

学科教学是实现“立德树人”教育根本任务的主要途径，肩负着育人的主要任务，承载着学生的成长价值，同时也寄托着教师的人生价值。学科教学有着育人的本质属性。在教育教学实践中，教师对学科育人真实的理解和认识是怎样的？日常教学中是否结合了学科育人目标进行教学设计？在真实教学中教学育人的实施情况如何？教师需要怎样的专业支撑？为了深入了解一线中小学教师对学科育人的理解以及践行情况，本章节运用问卷调查和访谈调查法，访谈中结合教师的教学设计，对 MH 区部分中小学教师进行了抽样调查，深入教学实践了解了学科育人的真实情况。

第一节　调查对象和工具说明

一、调查对象的选择

(一) 问卷调查对象的选择

1. 抽样原则及方法

我们在抽样过程中主要依据典型性、分层性、可操作性的抽样原则。调查样本全方面考虑在区域教育水平、办学规模及办学绩效等级方面具有典型性和分层性；尽可能采用概率抽样的方法，保证调研结果具有广泛的代表性；抽样样本不仅要便于具体抽样的实施，也要求便于后期的数据处理。

在抽样方法上，我们采取分层抽样法与整群抽样法结合。分层抽样法也叫类型抽样法。它是从一个可以分成不同子总体（或称为层）的总体中，按规定的比例从不同层中随机抽取样本（个体）的方法。这种方法的优点是，样本的代表性比较好，抽样误差比较小。为兼顾不同学科和处于不同发展层次教师群，考虑样本的充分性以及缺失值，对选中的不同类型学校采用整群抽样方法。

2. 调查对象

参照《2019 学年 MH 区学校（幼儿园）办学绩效评价结果公示》，共分 4 等，每等选学校 1～2 所；参照《2020 年 MH 区公办学校教师统计结果》，公办中小学教师共计 9958 人。具体抽样的学校共有 18 所，教师人数为 1566 人，其中小学 681 人，初中 382 人，高中 503 人。

此次问卷调研对象为区公办学校小学、初中、高中三个学段的部分学校一线教师，涉及语文、数学、英语、美术、音乐、体育与健身、劳动技术、道德与法治、信息技术、科学与技术、自然、物理、化学、政治、历史、生物、地理等全学科，共计调研 18 所学校，1566 名一线中小学教师。具体的调研学校及教师数量见表 2-1-1：

表 2-1-1　学科育人问卷调查对象选取表

办学等级	小学/人次		初中	高中
一等	SY 小学(163)	JCL 小学(101)	XS 中学(80)	QB 中学(224)
二等	XS 小学(56)	ZQ 小学(81)	QBDS 中学(87)	BWTYGZ(69) HLKGZ(68)
三等	HHDY 小学(64)	WJSY 小学(95)	LB 中学(55) WJ 中学(84)	JH 高中(74)
无等级	BJL 小学(50)	JD 小学(71)	YA 中学(76)	PJ 高中(68)
小计	681		382	503
合计	1566			

（二）访谈调查的对象

此次访谈类型为结构性访谈，结合了教师的教学设计。采用访谈法进行调查的优点在于：可以通过与教师的访谈，真实了解教师对学科育人的认知理解，掌握教师在教学设计和课堂教学中的实施情况，避免问卷调查研究不够深入的局限。结合区云录播教学评价体系，以及教师的教学设计，随机选取了9名开设中小学公开课的教师针对学科育人进行访谈调查。

本访谈调查主要运用了随机抽样的方式抽取了区2020—2021年开设云录播公开课的9名教师（包括小学教师3名，初中教师3名，高中教师3名），兼顾不同学段、年级和学科。在云录播有公开课的教师可以获取追踪其课程实施情况和教学设计意图。研究对象情况见表2-1-2：

表2-1-2　9名访谈对象情况介绍

教师编号	学段	性别	教龄	年级	学科	教学
A1	小学	女	7年	三年级	语文	海滨小城
A2	小学	男	15年	四年级	自然	声音的产生
A3	小学	女	5年	五年级	美术	京剧盔头
B1	初中	女	4年	初三	语文	智取生辰纲
B2	初中	女	7年	初二	英语	Writing: Holiday postcard
B3	初中	女	1年	初一	数学	提取公因式法
C1	高中	女	7年	高一	生命科学	细胞呼吸
C2	高中	女	7年	高一	物理	力的分解
C3	高中	女	9年	高一	信息技术	K-近邻算法解决鸢尾花分类

二、调查工具的说明

（一）问卷编制说明

1. 问卷基本情况

基于调研目的，问卷分为四个维度，共 45 道题目，全部为封闭性题目，包括教师的基础信息、教师对学科育人的基本理解、教师教育教学的实践以及教师所需要的专业支持等方面，形成“关于中小学学科育人情况的调查问卷”（参见附件 1）。

2. 问卷信度说明

对所编制的《关于中小学学科育人情况的调查》问卷中的一级指标及测试点进行了问卷信度的分析（如下表）。

表 2－1－3　问卷 Cronbach 信度分析

名称	校正项总计相关性(CITC)	项已删除的 α 系数	Cronbach α 系数
测试点	0.701	—	0.776
一级指标	0.701	—	

标准化 Cronbach α 系数：0.825

从表 2－1－3 中可知：问卷的信度系数值为 0.776，大于 0.7，说明研究数据信度良好。针对“CITC 值”，分析项的 CITC 值均大于 0.4，说明分析项之间具有良好的相关关系，同时也说明信度水平良好。综上所述，研究数据信度系数值高于 0.7，综合说明数据信度质量高，可用于进一步分析。

（二）访谈提纲说明

1. 访谈工具

调查组在问卷设计框架基础上，设计了《中小学教师学科育人认知与实施的访谈提纲》（参见附件 2），主要为了了解教师对学科育人的概念性认知理解、在教学设计如何设计学科育人教学目标、采用哪些教学方法达成育人目标、在实际教学中学科育人的实施难点、自我评价学科育人达成度，并结合教师公开课，结合教学设计深入追踪问题。问卷框架见表 2－1－4。

表 2－1－4　中小学教师学科育人问卷调查框架

一级维度	二级维度	具体题目
教师的背景信息	教师的性别、教龄、所教学科、专业荣誉、学校办学绩效。	题目 1、2、3、4、5。
教师对学科育人的专业认同和理解	教师对学科育人概念的认知理解，即与学科德育、三维目标、学科核心素养、五育之间的关系；对学科育人的理解性认识。	题目 6、7、8、9、10、11、12、13、14、15、16。
教师学科育人的设计和行动	教师在教学中的指向性设计、实践性行动、困难及思考、专业追求、评价反思。	题目 17、18、19、20、21、22、23、24、25、26、27、28、29、30、31、32、33、34、35、36、38、39、40。
教师所需要和期待的专业支持	教师对学科育人的实施意愿、专业发展需求、需要的专业支持。	题目 41、42、43、44、45。

2. 信度说明

访谈研究中的"信度"就是确保研究成果具有可信性。在本研究中，我们采取了以下几个策略提升可信度。第一，在访谈提纲设计时，咨询了 6 名专业科研人员和教师建议，在正式访谈前，对 3 名教师进行过试测，反思并改进访谈提纲的结构；第二，为了解被访者对学科育人的实施情况，选择了结合真实的教学设计和教学课例，力求访谈的全面性和精确性；第三，选择不同学段、体现不同视角的一线教师作为被访者。本研究中被访者多数都是参加不同学科的中小学教师，因而访谈获得的是他们的第一手经验；第四，为了确保精确性，在技术层面上，对每一位访谈者录音都做了逐字整理。研究过程中写备忘录，不断反思和改进访谈技巧。以下是 2021 年 3 月研究者在访谈过程中的一篇调查反思：

3 月 23 日，我们对小学美术和科学教师进行了访谈。在访谈之前没有铺垫，直接说明研究意图，切入主题，比较生硬，访谈的第 1 位教师比较紧张。后续访谈语气要缓和并以无关紧要的聊天主题问题逐步切入，营造和谐的氛围；第二，美术的《京剧盔头》教学活动，非常专业。光看教学设计和视频课远远不够，要查找辅助资料，了解学科核心素养，完全吃透教师教学，才能进行更深入的话题探讨。鉴于学科专业性，初高中的访谈更要先吃透内容；第三，2 位教师对教学中如何实施学科育人的问题，以及如何评价学科育人达成度问题，思考时间很长。是访谈技巧的问题，还是题目设计问题？学科育人对于没有准备的教师来说，需要更多的思考时间，要在问题之后留白。

三、调查的具体实施

（一）问卷调查的过程

1. 问卷调查的实施情况

2021 年 3 月 10 日，对教师学科育人的调查问卷在 HPXX 进行了 70 人的试测，并根据试测结果进行了问卷微调整。问卷调查于 2021 年 3 月 16 日—3 月 23 日正式进行测试，教师通过二维码扫描作答的网络形式进行，共发放问卷 1566 份，实际回收有效问卷 1256 份，问卷回收率 80.2%。

2. 问卷调查的赋值说明

问卷包括教师的基础信息和主题信息，教师的基础信息包括教师教龄、专业荣誉、学校绩效等级和学段。把主题信息中的题目根据调查目的进行赋分，正向题目非常符合 2 分，一般 1 分，不符合 0 分；负向题目非常符合 0 分，一般 1 分，不符合 2 分。6、7、8、9、14 题为对学科育人的专业认同和理解；15、22、23、24、25、26、27、28、29、30、31、32、33、34、35、36、38、39、40 是对教师学科育人的设计和行动；42、43、44、45 题为教师所需要和期待的专业支持。对每位教师所得分数相加，并换算成百分制后呈现最后得分。

（二）访谈调查的实施

2021 年 3 月下旬，调查组登录区域云录播教学评价系统，查找不同学段、学科的教师公开录播课，找到教师教学设计，观看不同教师的课堂教学并下载教学设计。随机选取 9 名教师后，随后研究团队联系选定的 9 名研究对象安排好访谈时间，并分别进行了 30—50 分钟的个别正式访谈。在访谈过程前，查找相关资料，加强教学设计和教师公开课研究，确保了解教学内容。在实际访谈中，根据被访者的回答反应和对研究问题的理解上，结合教师公开课的教学设计深入追踪。在获得教师同意后，对每次访谈进行了全文录音，并整理成稿。在访谈过程中，不断反思访谈提纲，调整访谈技巧和研究问题，确保访谈客观且获得真实信息。在访谈结束后，将录音整理成稿，与教师教学设计和公开课匹配存储，由此确保收集第一手经验交流资料。

第二节　调查情况及结果分析

一、学科育人的认识和理解

学科的本质属性是育人。2012 年，上海市提出了"以学科核心素养增强学科育人目标功能"的基础保障，重新挖掘学科教学的教育价值，强调用学科育人的内涵来建设学科，这是对学科功能的回归。2013 年 8 月，发布的《上海市教育委员会关于深入推进本市中小学学科育人工作的实施意见》指出，学科功能落实在育人是认识教学与教育关系的新视野。本节主要从调研中发现一线教师对学科育人这个概念的认识和理解。

教师对学科育人价值并不陌生，也能充分肯定其重要作用和价值，学科育人的正确观念和课堂效益正在逐渐清晰，但同时，在具体的实践过程中存在着对学科育人概念理解片面、不深入、重视程度不够等问题。如：将学科育人片面地等同于学科德育，学科育人只讲学科育德；将学科育人仅仅看作备课、上课要落实的任务，而对作业、评价、个别化辅导等环节则忽视；将学科育人仅仅看成课堂中的教学要求，而对学科教学的其他渠道、学科建设的其他方面没有关注或重视等。

(一) 问卷调查中教师对学科育人概念的整体认知

通过问卷调查的数据分析，可以看出，大多数教师(73.81%)认为自己了解学科的育人价值，但是通过问卷调查教师对学科育人的概念性认知时，会发现教师对学科育人理解的多元和片面。41%的教师认为学科育人是指学科德育(如图 2－2－1)；约 80%的教师认为学科育人就是在学科教学中注重学生德、智、体、美、劳全面发展(如图 2－2－2)；约 50%的教师认为学科育人就是学科三维目标培养(如图 2－2－3)；约 70%的教师认为学科育人是学生核心素养的培育(如图 2－2－4)。

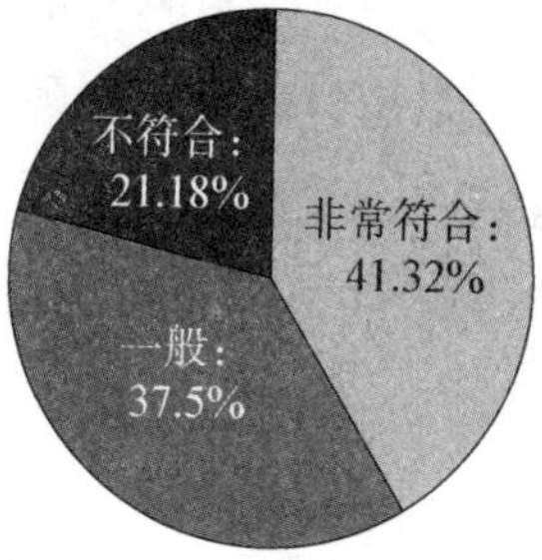

图 2－2－1　认为学科育人就是学科德育

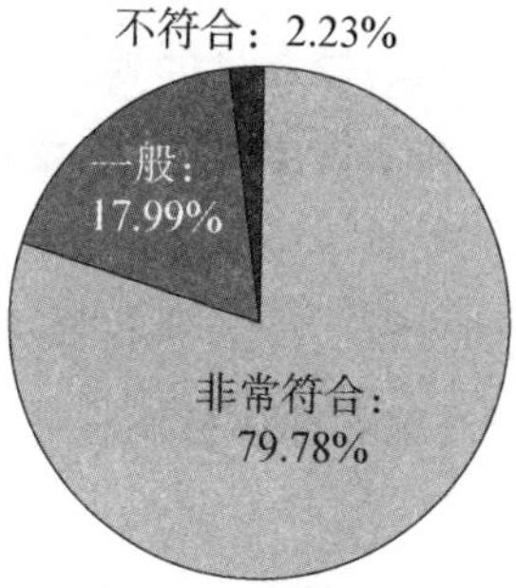

图 2－2－2　认为学科育人就是德智体美劳全面发展

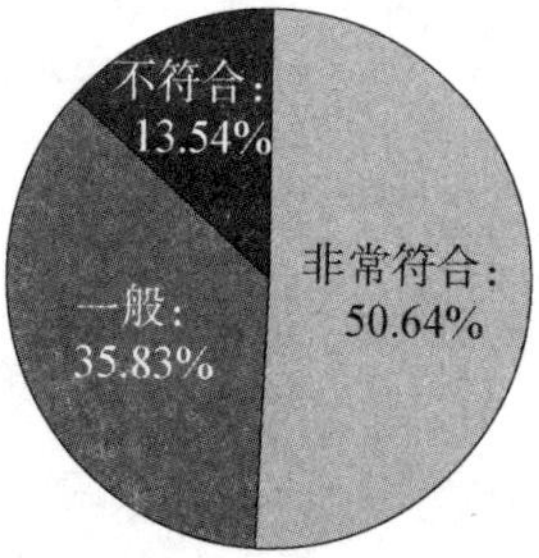

图 2－2－3　认为学科育人就是三维目标

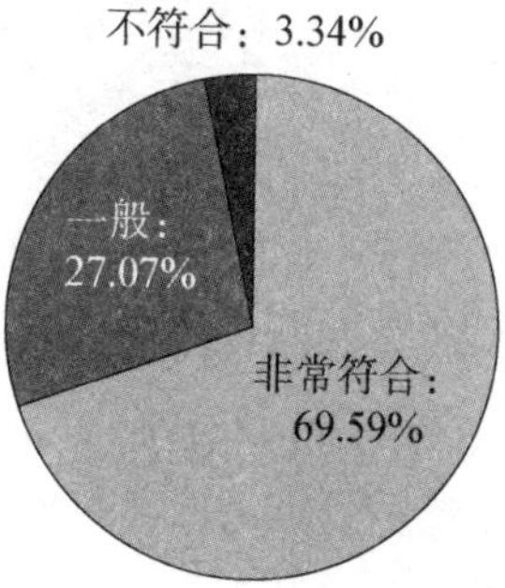

图 2－2－4　认为学科育人就是学科素养培育

一定量样本的问卷调查使研究者在短时间内获取了教师对学科育人基本观念的大致了解，为了再进一步深入了解教师对学科育人的概念、内涵与外延的界定以及理解，加之对教师进行访谈调查，进行进一步深层次的追问。

(二) 访谈调查中教师对学科育人概念的具体认知

通过深入访谈，研究者发现教师对学科育人基于自身教学经验和人生感悟，对学科育人的理解更具多样性。主要体现在以下三个方面：

1. 在学科教学中渗透三观引导，发挥其德育功能

教师将学科育人与宏观的立德树人要求，以及价值观引导结合起来，如在学科教学中渗透了世界观、人生观、价值观引导、思想品德的培养、为人处世原则的引导等。教师要有挖掘学科德育价值点的能力。这种理解将学科育人的德育目标和知识能力目标综合，认识到学科具有的全面育人价值。在访谈中，教师主要通过学科中渗透案例引导或者教师平时的言传身教影响学生品德与为人处世，意味着教师已经意识到需要具备挖掘学科德育价值点。但教师对学科德育与一般德育之间的关联、区别、功能、资源以及教师角色定位等相对模糊。

> A2：我是觉得学科育人应该向思维、人格和能力养成靠拢，现在我们平时所说的三观，世界观、人生观、价值观，我觉得也是一种相辅相成的关系。比如我在教科学课时，我会给孩子正向的引导，举例：有的人买药品，把它制作成毒品，那么价值观就有问题。就是在学科中渗透了价值观的引导。
>
> B2：学科育人，简单来说就是教会学生如何做人和如何做事。如何做人的话就是要做一个比如说品德方面行为良好的人。如何做事的话，是指比如说他遇到一个麻烦，他应该怎么去解决的问题。
>
> C1：刚开始工作的时候，我觉得学科德育更多是班主任的事情。

2. 学科育人是指结合三维目标，培养学生核心素养

教师从学科核心素养入手，结合三维目标，理解学科育人的概念，以学科核心素养要点在教学中落实学科育人。语文和英语学科教师觉得自

己的学科天然带有学科育人的价值点。大多数教师认为学科育人在于落实学科核心素养，如小学美术学科育人在于培养落实美术学科核心素养，培育学生图像识读、美术表现、创意实践、审美判断、文化理解；小学语文学科育人目标在于培养知识技能、意蕴理解、沟通表达、文化审美、礼仪精神等；初中数学学科育人在于培养学生数学思想、运算思维、数学应用等；高中信息技术学科育人在于培养信息素养、计算思维和信息社会责任感。有些教师不能完整熟练阐述学科核心素养，个别教师从态度、情感、价值观以及知识技能等三维目标阐述学科育人。

A3：我觉得学科育人就是美术的5个核心素养。平时我们会说图像识读，特别是对小学阶段的小朋友来说，以图片形式给他们最直观的感受。然后，美术表现，第三种就是创意实践，手工表达之类的，用自己的语言、自己的双手制作。第四，审美判断，例如小朋友会看，然后会欣赏，会欣赏名家作品，欣赏同伴作品，欣赏自己的作品；最后，还有文化理解，例如《京剧盔头》凸显的是我国国粹，包括莫奈的《日出·印象》，促进中西文化理解。

A1：我并没有特别了解过学科育人的概念，我觉得育人是包括多方面的，包括知识技能、意蕴理解、沟通表达、文化审美、礼仪精神等。语文我更注重语文素养，与德育是分开的，否则语文课与道法课无法分开，最后环节我会让学生提炼主旨，是学科育人点。

B1：我觉得语文学科自带育人目标，三维目标中就包括了情感、态度和价值观。

B3：学科育人主要是指数学思想、运算思维、数学应用的培育，外加教师做人的示范引领。

C2：我觉得学科育人是指物理的核心素养，包括第一物理观念；第二科学思维；第三实验探究能力，第四科学态度和责任。

C3：在立德树人的大背景下，信息技术的学科育人主要包括信息素养、计算思维和信息社会责任感的培养。

3. 学科育人是指从生活情境入手,培养问题解决能力

教师强调应该结合学生的生活情境出发,建立模型或提供支架,培养学生的生活问题解决能力,作为学科育人的主要落脚点。例如从米酒酿制,讲清楚细胞呼吸原理,并让学生在酿制过程中再次体验。例如以塔吊模型讲解力的分解,以拉箱子实验寻找力的效果。或者以矿泉水瓶变相凸透镜效果说明保护环境的重要性。运用生活情境培养学生的学科知识、技能与态度。

> C1:我觉得学科德育是从生活情境入手,找到学科独特的育人点。例如从米酒的酿制讲到细胞呼吸,让学生酿制米酒;从班上的双胞胎讲到卵细胞分解,让学生理解生命和性教育;从分析家人的体检单中高血压和高血糖指标,讲到人体的新陈代谢原理。
>
> C3:我觉得物理要从生活入手,把复杂的场景转化为物理模型,学生可以用自己的知识来分析运用。
>
> B2:我觉得英语每一课都有其主题和育人点,在上 Dealing with Trouble 的时候,就是告诉学生有问题怎么解决;Millions of Trees on Fire 就是告诉学生保护生态环境。
>
> A2:我觉得让学生从生活场景中了解知识技能,能够将所学运用到生活场景中。例如我在科学教学中,问小朋友旅游时是否能够乱扔矿泉水瓶。小朋友说不能,垃圾造成环境污染。除了污染,矿泉水瓶结构会形成变相的凸透镜,在光照的作用下,引发森林火灾。结合生活,在对科学原理讲解中渗透育人点。

综合以上分析,可以看到教师对学科育人有多样化的理解和定义,与当前教育所倡导的立德树人、学科德育、核心素养培育等目标要求认知相互交叉融合。教师普遍基于学生立场,以学生培育为核心思考学科育人的价值,尝试挖掘独特的学科资源与育人方法,以培养学生的思维、能力和价值观。

二、学科育人的行动和需求

教师学科育人的实施情况主要体现在教师教学的目标设计、教学内容的选取、教学活动的设计、教学方法运用以及学科育人目标达成度等方面。

（一）不同教师学科育人的差异性分析

在问卷调研的中小学教师基本信息中，有教龄、专业荣誉、所教学科、任教学校情况等，从调研的数据中可以分析不同类型的教师在学科育人实施过程中的情况和差异。

1. 不同专业荣誉的教师在学科育人上存在差异

在问卷调查所调研的中小学教师基本信息显示，有见习教师、希望之星、骨干后备、区级骨干教师、学科带头人、特级教师或名师工作室主持人、普通教师等几个不同专业层级（见下图 2－2－5），按照专业荣誉的等级划分，由高到低依次为特级教师或名师工作室主持人、学科带头人、区级骨干教师、骨干后备、希望之星、普通教师、见习教师。

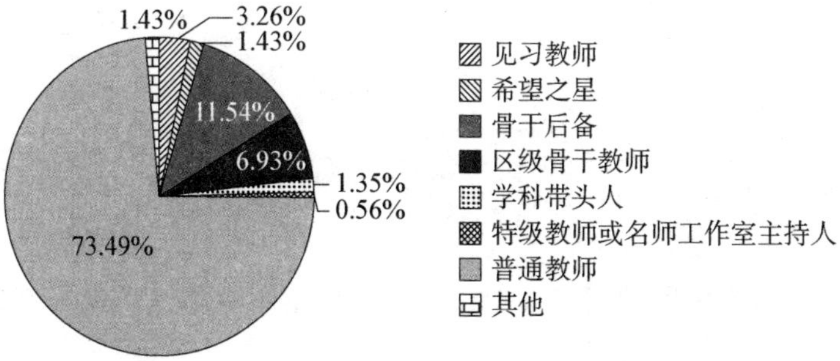

图 2－2－5　参与调研的教师专业荣誉类型分布

从题目 7、8、9、14、34 的相加得分来看，专业荣誉越高的老师，学科带头和特级教师或名师工作室主持人的得分最高，分别为 94.7 和 91.4 分，对学科育人的理解和践行程度越高（见下图 2－2－6）。

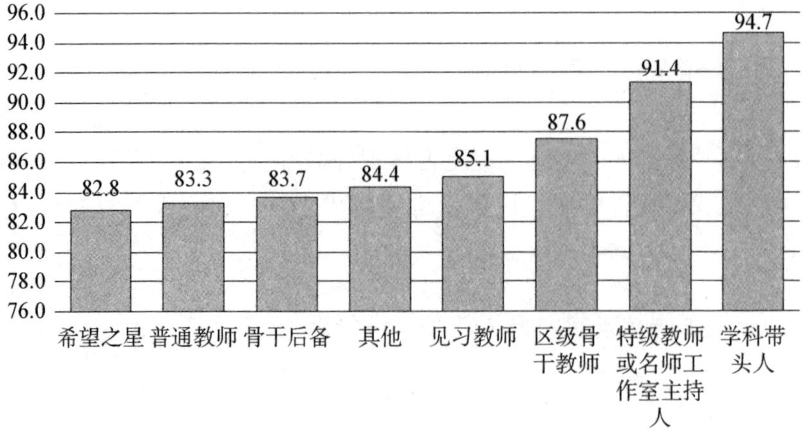

图 2-2-6　不同专业荣誉教师对学科育人的认同及理解

在对学科育人实际的设计和实践过程中，题目为 22、23、24、25、26、27、28、29、30、31、32、33、34，分析数据，学科带头人、特级教师或名师工作室主持人的得分分别为 87.31 和 84.96 分，明显高于其他类型的教师，普通教师、骨干后备、希望之星、见习教师等区分度不大（见图 2-2-7）。

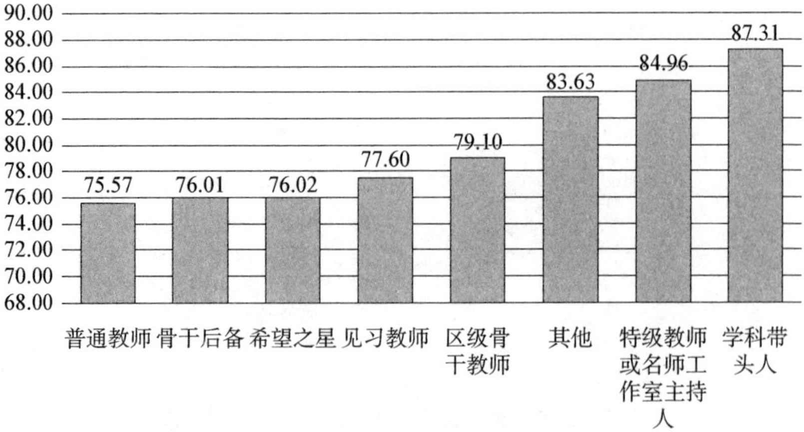

图 2-2-7　不同专业荣誉教师对学科育人的设计与实践

在对学生学科思维培育的关注度上（第 36 题），学科带头人表现最为突出，100%非常关注或关注到学生学科思维，其次为特级教师或名师工作室主持人。调查发现，无论哪一门学科的教师，在课堂教学中对学生的思维发展都非常关注。(见图 2－2－8)。

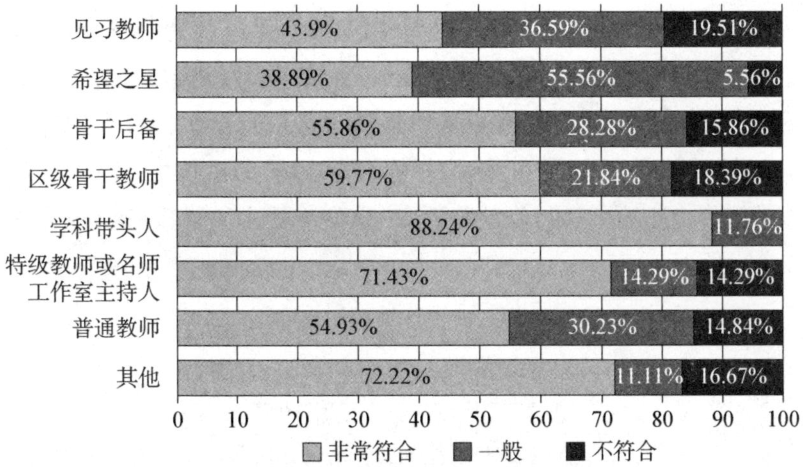

图 2－2－8　不同专业荣誉教师对学科思维的关注度

在对自己课堂的评价上，教师非常认同或一般认同自己的课堂是学科育人的课堂，其中学科带头人和特级教师或名师工作室主持人对自己课堂的评价最高，88.24％的特级教师非常认同自己的课堂是学科育人的课堂，85％的特级教师或名师工作室主持人非常认同自己的课堂是学科育人的课堂(见图 2－2－9)。

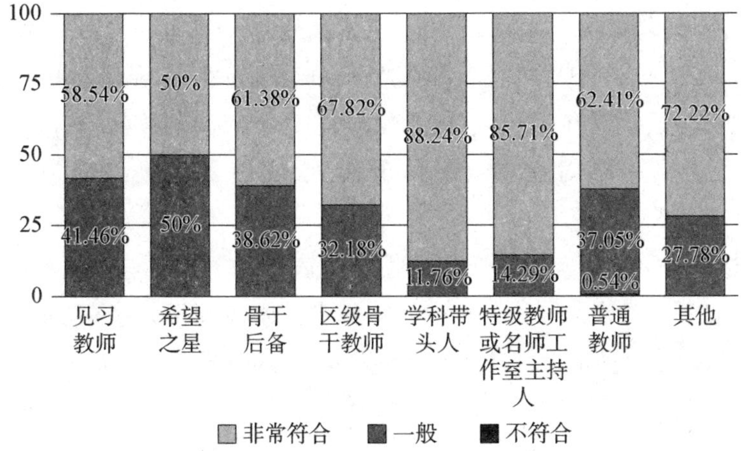

图 2－2－9　不同专业荣誉教师对自我课堂的评价

2. 不同学科教师对学科育人的理解及实践差异

问卷调查以学校为单位进行抽样，参与调查的学科教师涵盖了中小学所有基础学科，包括语文、数学、英语、美术、音乐、体育与健身、劳动技术、道德与法制、信息技术、科学与技术、自然、物理、化学、政治、历史、生物和地理。以学科分类的视角来看不同学科教师对学科育人的理解发现，在对学科育人的认同和理解上，道德与法治、劳动技术、化学、自然教师所得分数相对较高，但差异性不大，科学与技术学科教师所得分数最低。(见图 2-2-10)。

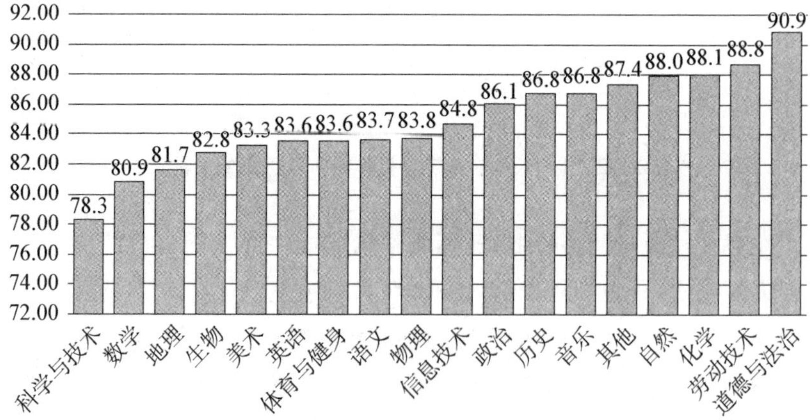

图 2-2-10　不同学科教师对学科育人的认同和理解

在对学科育人的教学设计和日常实践的调研中，题目 22、23、24、25、26、27、28、29、30、31、32、33、34 的所得分数进行相加，从数据中可以看出，道德与法治(81.7 分)、信息技术(80.5 分)、美术教师(79.3 分)表现出了优势，相对来说，数学老师得分最低，为 72.3 分。(见图 2-2-11)。

教师对学科育人专业支持的需求上表现出了差异，从题目 42、43、44、45 的得分情况来看，科学与技术、信息技术老师得分最高，最想通过培训、教研等活动来提升自己的学科育人能力(图 2-2-12)。

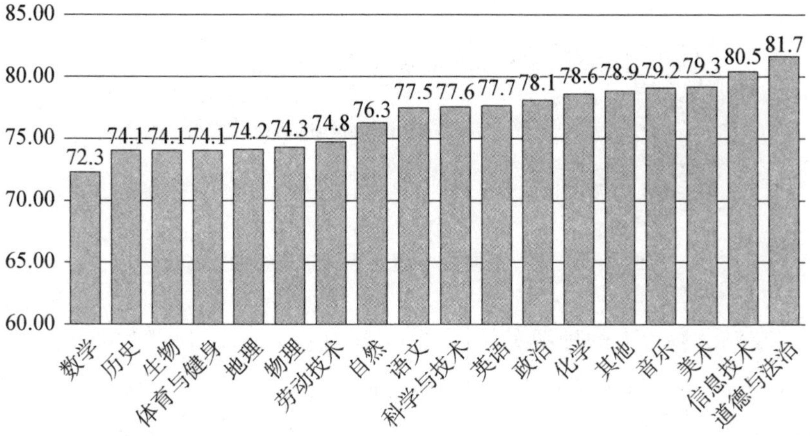

图 2－2－11　不同学科对学科育人的设计与实践

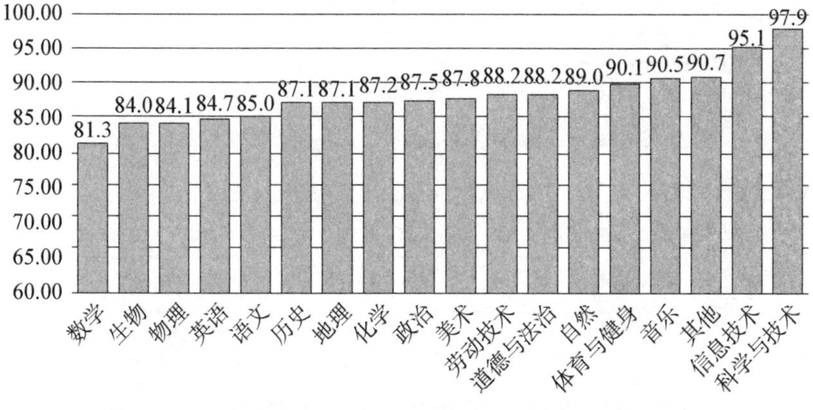

图 2－2－12　不同学科教师对学科育人的专业支持期待

3. 不同办学绩效等第的教师在学科育人上存在差异

办学绩效综合发展等第为每年教育局组织的对学校办学绩效进行的综合评定，一定程度上代表着学校的综合实力和水平。本调查把学校的办学绩效等第（以 2019 年办学绩效综合评价为参考）作为调查的一项基本信息，可以发现学校办学绩效水平和该校教师学科育人水平的关系。

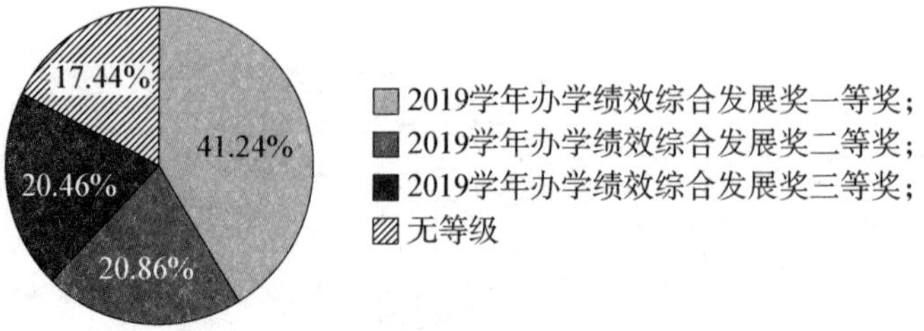

图 2-2-13　不同办学绩效等第学校的教师占比

在对学科育人的理解和认同度上，从题目 7、8、9、14、34 的综合得分来看，不同办学绩效水平的学校教师之间存在着差异，办学绩效一等奖学校的教师对学科育人的专业理解和认同度明显偏高，得分为 86.1。（见图 2-2-14）。

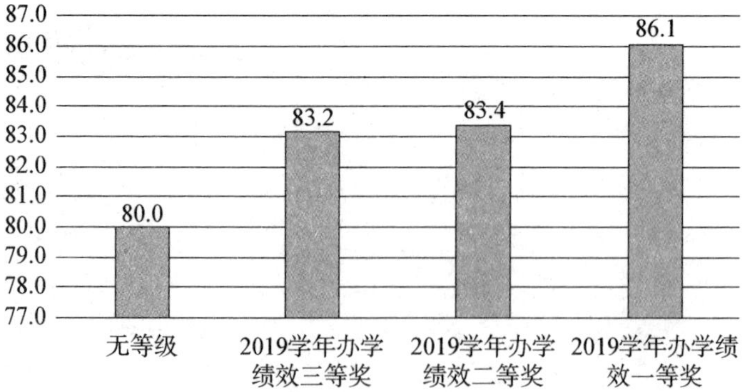

图 2-2-14　不同办学绩效等第学校对学科育人的认知及理解

在学校对教师学科育人的重视程度上看，即题目 19、20、21 题的得分情况来看，2019 年办学绩效综合发展一等奖的学校最为重视学科育人的教学实践，重视学科的育人功能，其次为二等奖，然后三等奖，最后是无等级的学校（见图 2-2-15）。在对学校教研组是否经常研讨学科育人的落实举措的调研中发现，非常符合率最高的为 2019 年办学绩效综合发展一等奖，其次为二等奖、三等奖，最后为无等级。在非常不符合选项里，无等级和三等奖的学校相对最高（见图 2-2-16）。

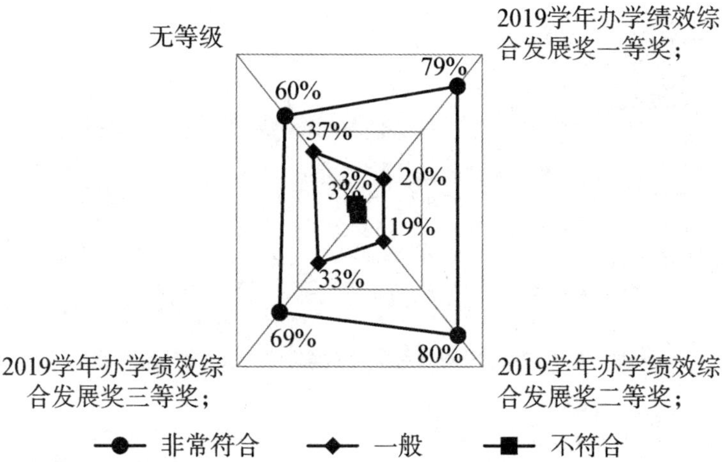

图 2-2-15　学校对学科育人教学实践的重视度

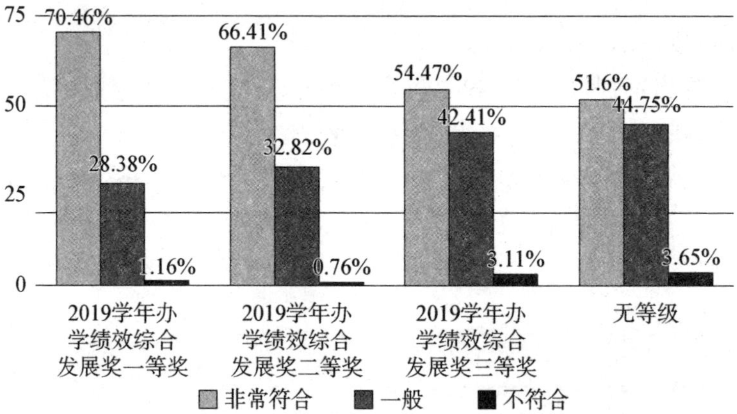

图 2-2-16　学校研讨学科育人的落实举措

教师在学科育人的设计和实践这部分的得分中，题目 22、23、24、25、26、27、28、29、30、31、32、33、34 的综合得分，发现年办学绩效一等奖、二等奖的学校教师相对较高(见图 2-2-17)。

4. 不同教龄教师在学科育人上存在差异

参与调研的教师中，20 年以上教龄的占 37.66%，16—20 年的占比 14.17%，11—15 年的占比 14.09%，6—10 年教龄的占比 15.45%，0—5

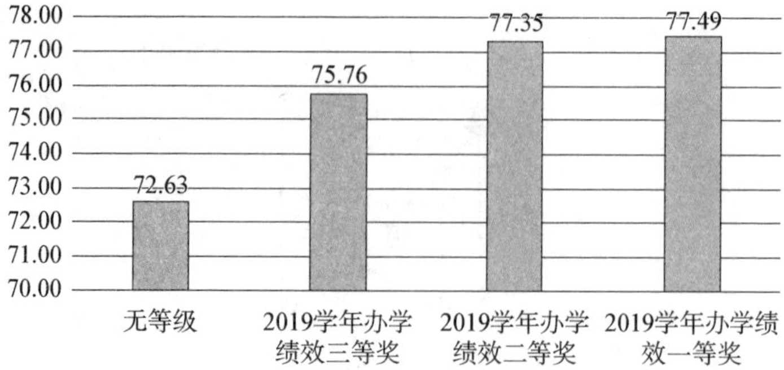

图 2－2－17　不同等级学校对学科育人的设计与实践

年的新教师占比 18.63%(见图 2－2－18)。从教师的教龄中看教师对课堂的理解和把握度，也呈现出了和我们经验相符合的发现。

从教师对 7、8、9、14、34 作答的综合得分可以看出，教师的教龄和学科育人的认同度和践行度有一定的关系，教龄越长对自己课堂是学科育人课堂的认可度越高(见图 2－2－19)。

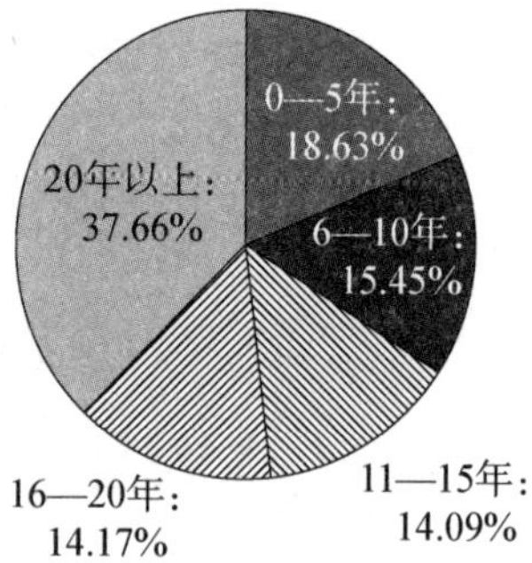

图 2－2－18　不同教龄教师的参与比例

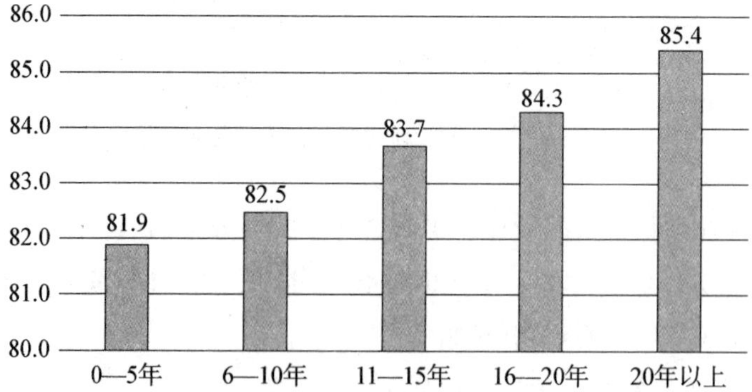

图 2－2－19　不同教龄教师对学科育人的认同及理解

在日常的实践和教学设计中，即题目 22、23、24、25、26、27、28、29、30、31、32、33、34 的综合得分可以看出，16 年以上的教龄较长、经验越丰富的教师表现出越强的课堂驾驭力，得分为 77.8 分，对学生的育人目标越为关注(见图 2-2-20)。

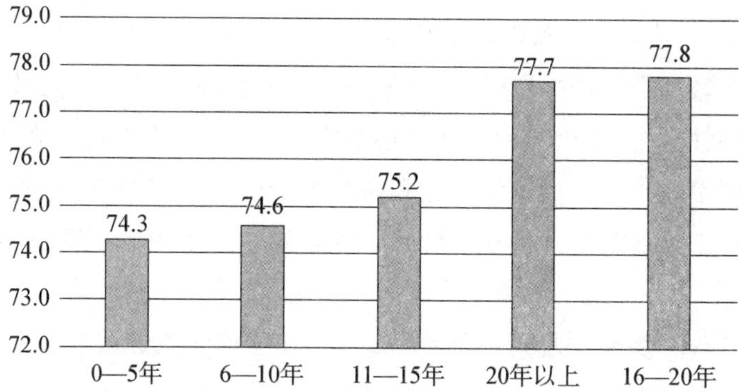

图 2-2-20 不同教龄教师对学科育人的设计与实践

最后四道题目即 42、43、44、45 是对教师学科育人需要的专业支持的了解，从数据可以看出，不同教龄的老师区别明显，十年以内(0-5、5-10)的教龄老师渴望得到专业支持的愿望越强，得分为 89.32，希望通过培训、教研活动、教学指导等方式来提高自己学科育人的能力，20 年以上教龄的老师得分最低，为 82.95。(见图 2-2-21)。

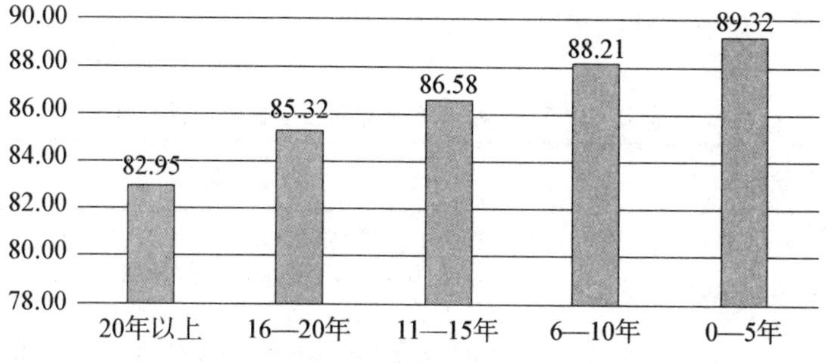

图 2-2-21 不同教龄教师对学科育人的专业支持期待

(二) 教师教学中学科育人的实施现状

在问卷调查中,73%的教师表示把学科育人的目标设计在教学中,但在访谈调查和教学设计中,调查组发现教师将学科育人落实在教学设计中的情况体现不同的学段特征。

1. 在教学设计中教师还未对学科育人作系统性思考

在对教师的访谈中,直接问教师,"您是如何将学科育人的目标和活动设计在教学中,采用何种方法贯彻落实"。大多数教师无法明确回答,而是按照单元教学目标设计方法和课时教学的重难点回答,表明大多数教师在教学设计时对学科育人目标如何落实并没有预先和成熟的思考。

A1:我觉得就是按照单元目标和重难点来设计教学目标。

A2:我觉得学科育人目标要渗透到平时的点滴教学和学生习惯培养中。

A3:我们的教学设计主要以单元教学目标为主,有很多参考书目,主要以教参为主,三维目标之外再加一些其他内容。

……

从教学目标设计的框架分析来看,小学教学目标设计体现了三维目标结构,高中的教学设计体现三维目标和核心素养培育,而初中的教学设计更侧重于知识和技能维度。

表 2-2-1 9 名被访谈教师教学目标设计

学段	学科	教学	教学目标
小学	语文	海滨小城	1. 知识技能:正确认读 11 个生字,会写 16 个字词,能够提取海边景色信息;能够理解段落含义; 2. 过程与方法:朗读、感悟、摘写、交流; 3. 情感、态度与价值观:理解、鉴赏、感受海滨之美;
小学	自然	声音的产生	1. 知识技能:探究声音与震动的关系;理解物体发声的方法; 2. 过程与方法:观察感受、讨论质疑、实验探究; 3. 情感、态度、价值观:理解乐音与噪音,知道要控制噪音;

续　表

学段	学科	教学	教学目标
小学	美术	京剧盔头	1. 知识与技能：初步了解京剧盔头特征，学会制作立体盔头； 2. 过程与方法：配对分类、视频介绍、在互动交流、图例说明示范演示、作品欣赏、操作时间中，学习运用画、剪等技法及综合材料制作表现盔头的立体造型。 3. 情感态度价值观：体验中国京剧盔头的内涵和传统工艺文化的博大精深，感受造型美，激发学习兴趣。
初中	语文	智取生辰纲	1. 知识与技能：探究标题含义，理解“智”在何处以及选文时代意义。 2. 过程与方法：整篇课文以《生辰纲行动计划书》引导 3. 情感态度价值观：教案中无体现 （教师访谈中整理挖掘：让学生体会团体智慧与合作精神）
初中	英语	Writing: Holiday postcard	1. 知识与技能：知道明信片的正确格式，能够运用细节提示写明信片； 2. 过程与方法：案例导入、信息查找、填写细节、交流互评 3. 情感态度价值观：树立写作自信
初中	数学	提取公因式法	1. 知识与技能：学会提取公因式，理解公因式运算思维 2. 过程与方法：出示案例、归纳概括、反复练习 3. 情感态度价值观：教案中无体现
高中	生命科学	细胞呼吸	1. 知识与技能： 2. 过程与方法：分析、讨论、思考、探究、归纳、总结 3. 情感态度价值观：通过联系生活实际，激发学习生物学的兴趣，养成关心科学技术的发展，关心社会生活的意识和生命科学价值观。 信息素养：提升数字化资源信息获取、处理和运用能力
高中	物理	力的分解	1. 知识与技能：理解概念；学会分解力；运用原理解释简单的物理现象；提升运用数学工具解决物体问题的能力； 2. 过程与方法：力的分解的探究，体验运用规范作图和直角三角形知识求解分力的方法； 3. 情感态度价值观：通过联系生活实际情景，激发求知欲望和探究的兴趣，养成理论联系实际的自觉性；
高中	信息技术	K-近邻算法解决鸢尾花分类	核心素养描述： 1. 计算思维：认识K-近邻算法的思想和基本原理，并能运用K-近邻算法思想初步形成解决鸢尾花分类的算法。 2. 数字化学习与创新：能根据学习任务进行学习资源的需求分析。针对特定的学习任务，运用一定的数字化学习策略管理学习过程与资源，完成任务，创作作品。

综合访谈与教学设计，可以看出教师虽然认识到学科育人中学科德育的重要性，要培养学生核心素养，包括实践能力和创新价值，以及在学科教学中要运用学科独特资源渗透德育内容。但在实际教学设计和教学实践中，仍然存在重视知识技能传授，忽略学科德育功能，一些教师的教学设计中较少体现学科德育的目标与要求。

2. 教师教学方法上的运用主要从单元整体和学生实际情况出发

关于教师学科育人方法，被访谈教师提出，首先任课教师要吃懂吃透每个学科、单元和课时的整体要求，在教学目标中设计，用学生能够理解掌握的方式引导转化。

> A1：首先的是教师要对文本的解读，要解读透彻，老师基本上能够读懂作者所表达的含义。另外，思考用什么样的方式方法把它转化成学生的理解，老师引导的就是表达.
>
> B1：我觉得在教学目标设计时要有价值观的引导，知识点串起来的时候，达成这样的教学目标。

另外，也有教师提出，教师要重视课后反思育人目标的达成度，平时在学科课堂中渗透，课后注重习惯培养，注重围绕课堂达成度，改进课堂教学。

> A2：例如《水的净化》主题，如果用净化器让学生操作一下即可。但是我会先给学生各种色素，每个小朋友一点一滴染色，在净化的过程中，小朋友会自然地得出结论：污染水太容易，而净化水太难了。自己解决不了，会找同桌一起解决。……老师自己反思，我这堂课的育人达成度怎么样，该如何改进。
>
> A3：我们是单元整体设计。如《感受民间艺术》共有 3 个课时，每个课时育人侧重点不同。每节课我们都会课后反思，如果有小朋友没有听懂，说明我的教学设计是有问题的，在平行班再教的时候就会改进。

还有教师认为，学科育人点较多，学校可以组织由多个学科系统学科育人点的整合设计，需要形成系列化的育人目标，挖掘学科育人资源，明确不同学科育人功能界限。在学科育人的实际达成度上，需要教师、学校和家长形成共同的育人体，结合生活情境和实际案例，加强学科育人成效。

C1：我就会发现，如果单靠我生物课上讲，这个东西就特别弱，因为有些东西从学科育人上来讲，不是我生物课上能给他说明白的。在家庭在社会里面，你如果拿一个化验单给孩子，你说你帮爸妈分析一下有什么异常，他可能更觉得有用。

C3：我觉得在学科中渗透，如果育人点太多或单独教，会成为思政课。比如用 Python 可能会要学生去爬取一些信息，那么爬取的时候你就要引导学生哪些数据是可以爬取的，哪些数据你是不可以爬取的。有些东西你爬取下来，要负责任使用，这都是在教学中不断渗透的。

B1：我觉得如果这需要各门课之间联动，可能不是我一个学科老师能够达成的，他需要一个综合性、系统性或制度性的支撑的感觉，这样才能更综合地去评价这个学生他所达成的这样一个育人效果。

A1：我知道这些课文所表达的这些城市中国的山河很美，比如说生活很美好，从而我能够主动热爱祖国，这个是需要长期的影响。……所有的学科应该是综合融通。学科融通，比如说美术画画什么的，它也是在培养审美。

从教师的教学设计以及教学实践分析可以看出，教师仍然主要运用教师讲授方式为主，虽然少数教师开始意识到要学生动手实践以及结合生活经验设计教学问题，但是仍然缺乏整体性策略、项目化学习、活动化策略等教学设计与实施。教师需要有具体的学科育人方法的指导与运用。另外，单凭教师依据个人经验，难免存在学科育人的理解与实践脱节，需要整合学校、跨学科与学科教研组的力量整体设计实施。

3. 教师利用创设情境及设计序列化学科活动来发展学科思维

从问卷及访谈调查中都能看出，在日常的教育教学活动中，教师意识到发展学科思维的重要性，并能够在教学中根据学情，创设情境帮助学生理解所学知识，设计序列化学科活动来发展学生思维。

问卷调查中可以发现教师认为学科育人目标的实现需要设计情景化的教学活动，并且需要用多种教学方法去实现学科育人目标。知识本身是从实践活动中总结归纳出来的，具有一定的情境性。创设情境是教育教学中的一种普遍策略，也是实现学科育人的一种途径。创设教学情境能够模拟回溯知识产生的过程，从而帮助学生深刻理解教学内容，发展思维能力，能够帮助学生顺利实现知识的迁移和应用。另外，学科活动也是发展学生思维，实现学科育人价值的有效途径，是学生获得知识、形成能力的有效途径。

从问卷调查中可以发现，大部分教师在设计教学时会研究并考虑学生的学情，并认为零散的知识形不成能力，也很难让学生建立起学科思想。所以老师(99.2%)注重以序列化的学科活动设计落实学科育人的目标，并且会根据学情适度调整活动目标和育人目标，引导学生欣赏学科文化。

除此之外，教师会关注学生的个性化发展。从问卷第33题"我会为具有学科特长的孩子提供发展机会"的调查中可以看出98.9%的中小学教师会或者一般会为具有学科特长的孩子提供发展机会。对学生个性的尊重会让学生充分认识到个体价值，潜能得到最大发展。

三、教师的需求及问题分析

从调查中可以看出，99.68%的中小学教师表示将会持续研究学科教学以提升自己的学科育人能力，超过90%的教师们希望能够通过提升学科专业知识的培训、参加教研活动、教学指导等方式来提升自己课堂的育人效果。

（一）教师对自己所教学科育人的目标达成度还较为模糊

多数教师对于如何评价学科育人目标达成，不能给出明确的标准。但是从多位教师访谈分析中可以看出关键点。有些教师认为可以结合学科育人目标，看目标的达成度；更多教师认为在于学生的课堂输出、学科思维和问题解决的表现。这有显性的观察检测点，例如，学生可以创作京剧盔头，学生可以运用算法检测鸢尾花等，学生可以运用力的分解解释生活现象，可以课堂检测或者作业反馈。接受访谈的教师也提出，有些育人目标并不能短时间内观察出来，比如对生活的热爱等育人目标的达成等，需要多堂课后检测。调查中可以看出，教师对聚焦学科育人达成度的评价较少，没有系统地从育人的角度来反思自己的课堂教学。

B2：观测点看目标，学生在最后的输出环节，比如说学生能不能说出来本节课就是我到底学到了哪些东西，然后还有单看，因为我觉得育人目标的话单看一次课很难被检测。如果我要去检测全班的话，可能要通过几堂课，然后包括他们课后的一些行为，才能够慢慢地让他们去达成这个目标，它不是靠一堂课去解决的。

C1：我更倾向于这节课结束之后，学生解决问题的能力改变，我觉得是很直观可以检测出来的。

整体而言，学科育人的评价具有较强的专业性，该问题很少教师能够作答或给出评价标准，证明学科育人评价机制难以凭借学科教师制定并实施。可由强大的教研力量，参照当前学科育人的政策文件、标准要求、专家建议和教师建议共同研制，允许学校根据自身办学特色与培养目标进行改进，组织学科教师实施。

（二）教师在进行教学设计时还未明确学科育人点

在访谈中，问及被访谈教师如果结合学科育人再次设计教学方案，会有哪些改变的时候，教师主要采用了以下改进策略：

首先，在教学中增添价值观内容。例如，有些教师觉得应该结合时代主题,可以增强爱国情怀的培育,团队精神领悟或者信息社会责任感培养等。第二,加强学科独特的育人方法。例如物理中应该让学生更多地动手探究,数学中除了运算,还应该引导学生数学思维,让学生思考为什么,如何得到的公式,为后期的学习奠定基础。第三,需要团队合作和资源支持。学科育人以系列化的方式设计,需要学科教研组磨合设计,也需要多元的专业资源支持,包括学科教师、跨学科甚至外援。

C1:我们生物是有实验的,如果有机会其实可以先把它变成一堂实验课,就让学生亲自去操作的话,可能他体验性更好。

C2:在课堂上我是做了一个演示实验,我觉得更理想化的情况就是可以进行分组实验。我觉得对于科学思维的培养,看实验和做实验是不一样的。

A3:在设计京剧头盔的时候,我还请教了上戏的一个老师,大学生京剧戏曲的,正好他是学生家长。请教帮我看看这里有没有错,后来真的帮我找出了错误。

另外,在调研中发现,很多教师将教研活动学科育人的主题泛化理解,认为多数学科教研都是学科育人的教研。单个教师不可能设计学科育人的教学评价点,如果有区域教研团队支持,学科育人的观测评价点更明确,对教师学科育人活动更有指向性。例如在区域信息技术教学中,教研老师带领团队设计了数字化学习与创新核心素养的课堂观察评价量表,包括了问题情境创设、资源设计使用、学习创新能力等二级指标和指标描述观测点,这些对教师学科育人的教学有明确的指导作用。

第三节　调查结论与发展建议

本研究通过问卷调查、访谈分析与教案分析,研究教师学科育人认知理解与教学实施。综合分析结果,可得出以下结论。

一、研究结论

（一）教师对学科育人的认知、理解较为多元

调查研究显示，教师对学科育人的认知综合了全面发展、学科德育、核心素养、学科核心素养等内容。教师对本学科的核心素养比较了解，更多的教师偏向以学科核心素养作为学科育人的落脚点。在调查中约有80%的教师认为学科育人就是在学科教学中注重学生德、智、体、美、劳全面发展；70%的教师认为是指学生学科核心素养培育。在访谈中，更多教师认为是结合学科培育学生核心素养。实际上，这与研究者认为的“学科的育人价值，既要关注其全面性，又要凸显其独特性”以及“学科育人的范畴远远超越德育范畴”[①]的说法是一致的。学科育人必然包含了育人的共同性与学科独特性。

（二）教师学科育人在实践中的落实体现在三维目标中

2014 年，“核心素养”被置于深化课程改革、落实立德树人根本任务的位置，并逐渐颁布了六大素养，在新课程标准修订中也突出了学科核心素养。但是从学科教师的教学设计和教学视频来看，教师仍主要从知识与技能、过程与方法、情感、态度和价值观三维目标来设计教学，落实学科育人要求。从教师的教案资料分析，有 8 位教师（占 89%）采用了三维目标设计课程，只有 1 位教师采用了核心素养表述教学目标和过程。一定程度上与教师对科学育人的理解，即以学科核心素养培育落实学科育人的认知不符。

（三）教师在学科育人的教学实践中体现出学科特点

在对教师的访谈以及课堂观察中，教师注重运用学科独特的思维方式解决学科问题，重视在教学中培育学科独特的文化价值和精神。在访谈中，基本上所有教师均表示，综合的育人价值可以在学科中体现，但是

---

① 余文森. 核心素养导向的课堂教学[M]. 上海：上海教育出版社，2019：40—42。

需要依靠家长、学校和其他学科教师共同合力达成。在学科教学中应该主要以学科教学为主，明确学科基本研究对象和问题，学会运用学科思维方式，并且培育学科独特文化。在教学后的反思改进中，教师主要从加强学生的学科体验、运用学科实验或培育学科文化等角度提出改进方法。

（四）教师学科育人的具体落地需要得到专业支持

通过问卷和访谈调查，我们发现，教师希望立足本学科立德树人的要求，来提升自己学科育人的能力，想要通过专题培训、案例研讨、资源开发、教研活动等方式围绕立德树人的理念深化和实现路径来进行专业学习。因此，要加强区域教研员、骨干教师等对学科育人的解读、引领和指导能力，从而把推进学科立德树人作为学科教研的重要任务，使得各学科教师能够有机会认真学习学科育人的内涵，提升教师学科育人的能力。

二、主要建议

（一）进一步提升教师对学科育人内涵的理解和认知

"学科育人"自从其出现，诸多学者对其概念进行了各类解读。从培根关于"读史使人明智……"的经典阐释，到叶澜教授关于"学科育人价值不等于学科的德育价值，如育人价值指向学生个体精神发展的全部：包括头脑的知识结构层次，思维方式与思维性质，符号理解、互换与整合、综合运用的能力；对未知领域的好奇，发现问题和解决问题的创造能力；对事物认识的穿透力和时空贯通感；对他人的善解、合作和处理矛盾和冲突的能力……"的精辟论述。[①] 这些学者的研究使我们对学科育人是什么和不是什么有了基本的了解。但其与当前教育所提出的学科德育、五育并举、核心素养、学科核心素养之间的关系仍然需要从学理和实践上加以明晰，包括运用德菲尔法综合研究者视角和教师的实践，给出确定性的区

① 叶澜.融通"教""育"，深度开发学科的育人价值[J].今日教育，2016(3)：1。

分和界定，才能使其具有可实施性。

（二）提供给教师明确学科育人可操作的教学落实框架

从课堂教学设计和实施来看，多数教师仍然基于三维目标进行教学。分析起来，是因为三维目标具有可实施目标框架，为学科教学提供了方向指引和切入点。而核心素养和学科核心素养，尽管有其时代性、科学性和导向性，但是其在教学目标中如何设计体现，没有可操作性框架，无法取代三维目标。学科育人需要吸收已有的核心素养、学科核心素养、三维目标框架来设计教学框架，找准目标表现度，增强可操作性，为其有效实施提供明确的方法和路径。

要从育人的目标出发研究教材、调整教材、补充教材，根据学情细化课程标准，建立具有育人功能的内容体系。教师要不断积累优质的教案、优秀的课例、有效的作业、鲜活的课件等学科资源，充分发挥课堂教学的育人价值。

（三）建立区域学科育人的培训、教研、推进与保障机制

从调查数据和教学分析来看，学科育人更多停留在政策要求层面。在访谈中，教师几乎把所有跟学科有关的教研都认为是学科育人的教研，有些教师表明没有参加过相关的培训。根据教师参与的教研类型分析，只有信息技术的学科教研员在组织全区教师进行信息技术核心素养教学测评项目研究。这种教研的效果有所显示，在教学设计中，9位教师只有信息技术教师运用了学科素养的框架设计实施教学。在问卷调查中，约70％的教师希望可以参加学科育人的教研活动，77％的教师希望提高自己学科育人的教学能力。

由此可见，要真正地推进，需要结合市、区、学校力量，结合实际形成有效的培训方案，运用案例研讨、研训结合等方式，组织关于“什么是学科育人，如何开展学科育人，学科育人目标设计、学科育人目标评价”等主题的培训和教学改进的教研活动，真正保障学科育人的推进和落实。

附件 1：关于中小学学科育人情况的调查问卷

1. 您的性别是？

   A 男　B 女

2. 您的教龄为？

   A 0—5 年　B 6—10 年　C 11 年—15 年　D 16—20 年　E 21 年及以上

3. 您现在是？

   A 见习教师　B 希望之星　C 骨干后备　D 区级骨干教师　E 学科带头人　F 特级教师或名师工作室主持人　G 其他

4. 您所任教的学科是？

   A 语文　B 数学　C 英语　D 美术　F 音乐　E 体育与健身　F 劳动技术　G 道德与法制　H 信息技术　I 科学与技术　J 自然　k 物理　L 化学　M 政治　N 历史　O 生物　P 地理　Q 其他

5. 您所任教的学校？

   A 2019 学年办学绩效一等奖　B 2019 学年办学绩效二等奖　C 2019 学年办学绩效三等奖　D 无等级

6. 您认为倡导学科育人。

   A 非常必要　B 一般　C 不必要

7. 我学习或了解过学科育人的涵义。

   A 非常符合　B 一般　C 不符合

8. 对我而言，学科育人是一个模糊不清的概念。

   A 非常符合　B 一般　C 不符合

9. 我了解所教学科的育人价值。

   A 非常符合　B 一般　C 不符合

10. 我认为学科育人就是学科德育。

    A 非常符合　B 一般　C 不符合

11. 我认为学科育人就是学科三维目标的另一种表述。

A 非常符合　　B 一般　　C 不符合

12. 我认为学科育人是指学生学科核心素养培育。

A 非常符合　　B 一般　　C 不符合

13. 我认为学科育人就是在学科教学中注重学生德、智、体、美、劳全面发展。

A 非常符合　　B 一般　　C 不符合

14. 我知道学科育人对教学的要求。

A 非常符合　　B 一般　　C 不符合

15. 学科育人的目标难以在教学中落实。

A 非常符合　　B 一般　　C 不符合

16. 我认为要实现学科育人，需要改革课堂教学。

A 非常符合　　B 一般　　C 不符合

17. 区级教研活动会围绕学科育人开展。

A 非常符合　　B 一般　　C 不符合

18. 我参加过学科育人区级或市级的相关培训。

A 非常符合　　B 一般　　C 不符合

19. 学校重视学科育人的教学实践。

A 非常符合　　B 一般　　C 不符合

20. 学校教研组经常研讨学科育人的落实举措。

A 非常符合　　B 一般　　C 不符合

21. 学校有对教师落实学科育人要求的评价机制。

A 非常符合　　B 一般　　C 不符合

22. 我会把学科育人的目标设计在教学中。

A 非常符合　　B 一般　　C 不符合

23. 我认为学科育人的教学目标很难具体设计。

A 非常符合　　B 一般　　C 不符合

24. 我在设计教学时会研究并考虑学生学情。

A 非常符合　　B 一般　　C 不符合

25. 我注重以序列化的学科活动设计落实学科育人目标。

A 非常符合　　B 一般　　C 不符合

26. 我会根据学情调整学科育人目标。

A 非常符合　　B 一般　　C 不符合

27. 我能够根据学生需求调整学科育人活动。

A 非常符合　　B 一般　　C 不符合

28. 我擅长结合生活情境设计学科育人的切入点。

A 非常符合　　B 一般　　C 不符合

29. 我会尝试多种教学方法实现学科育人目标。

A 非常符合　　B 一般　　C 不符合

30. 我注重引导学生欣赏学科文化。

A 非常符合　　B 一般　　C 不符合

31. 我引导学生从学科角度解决实际问题。

A 非常符合　　B 一般　　C 不符合

32. 教学中我更关注学科知识的掌握。

A 非常符合　　B 一般　　C 不符合

33. 我会为具有学科特长的孩子提供发展机会。

A 非常符合　　B 一般　　C 不符合

34. 我的课堂是学科育人的课堂。

A 非常符合　　B 一般　　C 不符合

35. 您参加学科育人主题的教学实践的频率为。

A 经常　　B 很少　　C 从没有

36. 我通常难以兼顾培养学生的学科思维。

A 非常符合　　B 一般　　C 不符合

37. 在平时教学中落实学科育人目标，我觉得没有时间。

A 非常符合　　B 一般　　C 不符合

38. 我持续研究学科以提升学科育人能力。

A 非常符合　　B 一般　　C 不符合

39. 我对所教学科流露出如痴如醉，以此点燃学生对自己所教学科热爱的火花。

A 非常符合　　B 一般　　C 不符合

40. 在学科教学中我会设计学科育人的评价内容。
　　A 非常符合　　　B 一般　　　　C 不符合
41. 我会经常反思学科的育人目标是否达成。
　　A 非常符合　　　B 一般　　　　C 不符合
42. 我希望提升学科育人的能力。
　　A 非常符合　　　B 一般　　　　C 不符合
43. 我希望能参加提升学科专业知识的培训。
　　A 非常符合　　　B 符合　　　　C 不符合
44. 我希望能参与学科育人的教研活动。
　　A 非常符合　　　B 符合　　　　C 不符合
45. 我希望能得到学科育人的教学指导。
　　A 非常符合　　　B 符合　　　　C 不符合

附件 2：学科育人实施的教师访谈提纲框架

一、了解教师学科育人理解、课程实施、评价检测以及专业支持

1. 您了解学科育人吗，您认为学科育人是什么？可简要概述
2. 请结合您的学科，请您谈谈对学科育人的理解。
3. 在教学设计时，您如何制定学科育人的教学目标？（可举例）
4. 在教学实施中，您采用哪些教学方法达成育人目标？（可举例）
5. 您认为学校学科育人课程实施问题或难点在哪，您有什么建议？
6. 您觉得您的课堂学科育人的达成度如何，您是否可以说说学科育人达成度的评价观测点？
7. 区域或学校组织过学科育人的教研活动吗？您觉得要达成学科育人教学目标，需要哪些专业支持？

二、结合学科教学设计，理解课堂真实的学科育人实施与改进

1. 您在《　　　　　　　　　　》教学设计中，学科育人的教学目标主要有哪些？
2. 您在《　　　　　　　　　　》课堂教学中，学科育人的教学内容包括

哪些？

3. 您在《　　　　　　　　》课堂教学中，主要采用了哪些方法促进学科育人？

4. 您认为《　　　　　　　　》是否达到了学科育人的目标，您认为有哪几个方面达成度较好？

5. 结合学科育人目标再设计，您认为课程设计有哪些可以改进举措？

附件3：访谈安排（云录播评优活动课和区公开课）

<table>
<tr><th>时间</th><th>学段</th><th>学校</th><th>年级</th><th>学科</th><th>教师</th><th>教学</th><th>来源</th></tr>
<tr><td rowspan="3">周二</td><td rowspan="3">小学</td><td rowspan="3">SYXX
（上午8：30）</td><td>三年级</td><td>语文</td><td>朱某某</td><td>海滨小城</td><td rowspan="3">区公开课</td></tr>
<tr><td>四年级</td><td>自然</td><td>张某</td><td>声音的产生</td></tr>
<tr><td>五年级</td><td>美术</td><td>刘某</td><td>京剧盔头</td></tr>
<tr><td rowspan="3">周四</td><td rowspan="3">初中</td><td rowspan="3">XSZX
（下午1：00）</td><td>初三</td><td>语文</td><td>陈某某</td><td>智取生辰纲</td><td rowspan="3">区公开课</td></tr>
<tr><td>初二</td><td>英语</td><td>孙某某</td><td>Writing: Holiday postcard</td></tr>
<tr><td>初一</td><td>数学</td><td>陈某某</td><td>提取公因式法</td></tr>
<tr><td rowspan="3">周三</td><td rowspan="3">高中</td><td rowspan="3">HLKG
（上午8：30）</td><td>高一</td><td>生命科学</td><td>张某</td><td>细胞呼吸</td><td rowspan="3">区公开课</td></tr>
<tr><td>高一</td><td>物理</td><td>王某</td><td>力的分解</td></tr>
<tr><td>高一</td><td>信息技术</td><td>赵某</td><td>K-近邻算法解决鸢尾花分类</td></tr>
</table>

第三章

区域学科育人的行动与实践

在学校教育教学中，“学科育人”这一短语早已为大家耳熟能详。然而，“学科育人”的落实推进却参差不齐、差强人意。一方面，人们长期习惯性地把学科教学理解为智育或知识教育而忽视其整体育人功能，造成学科育人价值日益窄化；另一方面，一些教师不免随意地将学科育人加以扩展、嫁接，导致学科育人价值泛化甚或异化。① 由此带来了“学科系统育人功能的结构性沉默”②困境，究其根源在于：(1)对学科育人内涵及价值定位认识不清；(2)对学科育人内容范畴、实践路径把握不准。

关于学科育人内涵定位，研究者基于教学中知识实现价值尺度不同而提出了学科价值与育人价值：学科价值指向学科内容层面，其教学意味着学科知识的传递、讲授；育人价值指向学生成长层面，其教学更多关注学生综合素质的发展，强调要从学科(书本)知识中心转向学生发展中心。③ 伴随我国基础教育改革“从注重‘双基’到综合素质再到核心素养”的发展历程，学科育人相应地从强调学科价值转向育人价值再走向二者融合，并以“育人价值”之名加以统整。④ 因此，学科育人要从学科知识走

① 孙敏. 学科教学育人价值的深度开发[J]. 江苏教育研究，2017(10A)：108—110。
② 郭元祥. 论学科育人的逻辑起点、内在条件与实践诉求[J]. 教育研究，2020(4)：4—15。
③ 杨小微. 近二十年我国基础教育课程研究的方法论探析[J]. 教育研究，2000(3)：38—43。
④ 张良. 从学科价值走向育人价值——改革开放 40 年基础教育改革知识价值论的演进与融生[J]. 课程·教材·教法，2018(12)：54—59。

向学科素养,要"在显性知识传授的同时,对受教育者在理念确立和价值观养成等隐性影响方面产生有益而长久的影响"①,培育学生新时代必备的学科品质和关键能力,促进其成为社会的人、文化的人、有理性和精神属性的人。②

通俗地讲,学科育人是"教书"与"育人"的融合。前者内容包括学科领域的基本知识;后者内容主要包括学科学习中解决问题的核心能力、学科思想与精神态度,蕴含着带领学生认识世界、解决问题的独特视角、方法和思维逻辑。"教书"与"育人"不是两件事而是一件事的不同方面③:"教书"是"育人"的基础、服务于"育人",而"育人"是对"教书"的拓展与升华;"教师为教好书需要先明白育什么样的人,并通过'教书'实现'育人'"。④

为促进学科与育人价值统整、促进"教书"与"育人"内容融合,有待教师在厘清内涵定位、明晰内容组成基础上,着力促进学科知识向学科素养的转化:(1)将学科知识结构化,即汇集学科知识、聚焦内核思想,形成单元结构化体系;(2)将学科内容价值化,即挖掘知识背后的基本规律、意义价值,从知识思想习得深入到规律意义建构;(3)将学科能力表现连续化,即引导学生将所思所学运用于问题解决过程,培养并提升其学科观察、学科想象、学科思维等关键能力,形成系列性经验和体验。有鉴于此,该篇一是从教师基于学科知识与相关主题进行的单元结构化设计;二是透过学科知识表层对学科内容及其价值的挖掘;三是落到课堂教学实践去尝试、思考并探寻学科关键能力的培育路径及改进策略,旨在呈现多学科教师自身在实践中对学科育人的理解性认识、解构性定位、指向性设计、实践性行动,并通过借鉴与反思走向新的认识理解、加以改进,也为其他教师的学科育人实践探索提供可兹参考或批判的实例。

---

① 郅庭瑾,论学科育人的时代挑战与现实回应[J].现代教学,2013(7—8):11—13。
② 郭元祥.论学科育人的逻辑起点、内在条件与实践诉求[J].教育研究,2020(4):4—15。
③ 叶澜.重建课堂教学价值观[J].教育研究,2002(5):3—7。
④ 叶澜.重建课堂教学价值观[J].教育研究,2002(5):3—7。

第一节　学科育人单元结构化设计

所谓“单元”，在《现代汉语词典》中是指“(教材或房屋)自成段落、系统，自为一组的单位”[①]；在课程与教学领域，“单元”是指：“基于一定目标与主题所构成的教材与经验的模块或单位”[②]。倘若没有单元组织，“课程与教材开发不过是制造一些垃圾而已，课时计划也只能停留于碎片化、知识技能训练而已”。[③]

学科育人旨在促进学科知识向学科素养转化，即从学科知识、思想到规律与价值以及学科能力、品质的转化。这种指向核心素养的转化，更凸显了单元整体设计的重要性，它不仅体现为多个课时的集合，更是学科知识背后思想观念的集聚，因而其教学必须突破传统课时局限而将若干课时聚集成一个整体教学时段，适当地拉长教学基本单位，为核心素养培育提供时间保障；必须立足单元整体设计，围绕学科核心素养下的大概念将学科知识进行“教育学转化”和“生本化表达”[④]，并围绕学生学习历程规划单元设计。[⑤]

那么，教学实践中如何开展学科育人的单元结构化设计?

首先要明晰不同的单元结构类型及其编制方式。从其构成基础看，单元可以分为两类，即以系统化学科体系为基础构成的教材单元(学科单元)；以学习者的生活经验为基础所构成的经验单元(生活单元)[⑥]，由此

---

① 中国社会科学院语言研究所词典编辑室. 现代汉语词典[DB/OL]. http://www.hydcd.com/cd/htm_a/6144.htm，2021-8-7。

② 钟启泉. 学会“单元设计”[DB/OL]. http://www.360doc.com/content/17/0301/05/1383316_632849219.shtml，2017-3-1/2021-8-7。

③ 陈彩虹，赵琴，汪茂华等. 基于核心素养的单元教学设计——全国第十届有效教学理论与实践研讨会综述[J]. 全球教育展望，2016，(1)：121—128。

④ 周彬. 学科教育专业化：知识基础和行动路径[J]. 教育研究，2019(3)：59—67。

⑤ 安桂清. 指向学科核心素养的学习设计[EB/OL]. http://www.360doc.com/content/21/0113/11/69550966_956627105.shtml，2021-1-13/2021-5-23。

⑥ 钟启泉. 学会“单元设计”[DB/OL]. http://www.360doc.com/content/17/0301/05/1383316_632849219.shtml，2017-3-1/2021-8-7。

形成了以"目标-达成-评价方式"来设计学科课程单元编制与以"主题-探究-表达方式"来设计的活动课程单元编制。

更为关键的在于：针对不同单元类型及编制方式，相应地采用不同的整合思路：其一，是偏教的技术性思路，主要适用于基于学科体系的学科单元，具体通过对"目标到哪里去、怎样实现目标、怎样才算实现了目标"的系统思考，着重突出单元设计的"三重心"——目标的设计、方法的设计、评价的设计，凸显了单元整体教学目标、聚焦知识结构推进以及针对目标达成有效反馈、反思的改进。其二，是偏学的建构性思路，主要适用于基于活动经验主题的生活单元，主要通过在什么情境，开展什么项目活动，取得了什么经验收获，着重引出单元情境任务设计、项目方案设计和展示交流设计，凸显了生活主题的情境感知与浸润、项目方案推进与落实、创作投入体会与收获。以此，基于知识与活动的整体结构化设计，指向并促进学生学科能力及素养的提升。

案例 1：着眼生活细节和实践的生命环境教育

——以《食物链》单元教学为例

上海市闵行区黄浦一中心世博小学　沈　意

围绕学科核心素养开展课堂教学，是当今教学改革的发展趋势和研究热点。培育学生学科核心素养，关键要关注学科育人价值，把学科教学活动聚焦到"为了学生终身发展"上，关注知识技能背后的价值，思考学科对学生发展的根本价值。

一、理解性认识

小学自然以培养学生的科学素养为宗旨，包括科学态度、科学知识、科学探究三个方面。其内容与要求主要以"生命世界""物质世界""地球与宇宙"为基本框架和载体，而"科学探究""科学技术与社会""科学的历史与本质"融合其中，贯穿始终。自然学科作为学生生命、环境教育的主阵地之一，其生命教育需要体现各种生物与环境构成了一个有机整合、动态平衡的生态体系。因此，教师帮助学生把不同环节都串联起来，比如《生态平衡》《食物链》单元，就应该将环境保护、生命教育加以衔接，把生物与环境、生物与人、人与环境紧密关联，从而引导学生树立爱护动物、珍惜生命的意识，不过多干预它们的生活。同时明白保护好生态环境对生物的生存和繁衍至关重要，并在人类生活和发展的资源消耗中做到节能减排、不浪费资源，以实际行动保护动物、爱护环境也是保护人类自己。

本案例研究的内容与主题聚焦在一级主题《生命世界》下的二级主题《生物与环境》中。其核心意旨在于：通过考察生物的生存和与环境的相互依赖，使学生了解一些生物间的相互联系，了解一些生物对环境的适应，了解环境对生物生存的重要性，初步认识保护环境的意义。

二、解构性定位

（一）教材分析

小学自然（科教版）第八册第三单元《食物链》，属于一级主题《生命世界》下的二级主题《生物与环境》。该主题包含生物间的相互依赖、生物对环境的适应、人类活动对环境的影响三大内容。而《食物链》单元可以说是这三方面内容的聚合性体现：其中，"生物间的相互依赖"就是指生物之间的食物链关系，包括绿色植物、食草动物、食肉动物、微生物这几种生物的关系；"生物对环境的适应"，包含分析动植物的栖息地、生活及捕食习性，以及生物与环境的相互影响，凸显隐藏在"食物链"背后的环境变迁；"人类活动对环境的影响"，则是主要分析了人类过度采伐以及各种污染对动植物生存发展的影响、对环境资源的威胁等，进一步揭示出人类活动与食物链、生态平衡的密切关系。可见《食物链》单元，在生命、环保教育上具有整合两者的教育价值。

在第一册教材中，主要涉及《丰富多彩的植物》、《各种各样的动物》内容，初步建立了动植物的概念。第四册《动植物的生活环境》、第五册《生物与环境》、《生物的启示》分别从生物的食性、生物生活的环境两方面间接为“食物链”的构建提供了帮助。第八册《显微镜下的世界》则带领学生们领略了微观世界的奥秘，认识到了细菌、真菌等微生物，为“食物链”中分解者的角色作了铺垫。在后续的第九册教材中，还将通过《我们周围的大气》《岩石与土壤》《生物的进化》等几个单元的教学，从生态环境角度切入，更进一步帮助学生们巩固食物链的知识概念体系。如此，教材编排的结构、层次也体现出对学生探究能力水平的要求。

本册内容，从探究对象来说，主要是认识身边某些事物的性质、变化的一般规律等，并能够从比较与分类过渡到认识相互关系；从探究方法来说，学生经历了低年级的观察、比较、分类等简单方法后，逐步向更高层次发展，要学会测量、预测、推理、评估等；从探究水平来说，教学重点落在引导性探究和指导性探究两方面。

（二）学情分析

四年级学生属于小学高年级阶段。在探究能力上，经由前三年的自然常识学习，他们已具备了初步的探究能力，也已经有了一定的逻辑思维形态，对于事物的认识有自己的见解和看法。此外，他们有着对自然的强烈好奇心，积极参加课堂活动及实验，并能够结合自己的猜测、结论等进行大胆地交流与表达。

在知识基础上，大部分学生能够通过之前自然课堂的学习，知道一些常见的动植物，同时知道它们之间存在着一种捕食与被捕食的关系。但由于生活经验的缺失，学生们对于动物、植物的生活环境、食性了解得非常有限，因此学习本单元《食物链》会缺少感知印象。而学生此前《微生物》单元的学习，虽然是课堂上新学的知识，但过于抽象，不一定充分理解，因而学习食物链中“微生物作为分解者存在”这一要点可能存在困难。

在思维水平上，其整体理解思维也有待提高。如在本单元《食物链》中，生物之间的食物链关系、生物相互数量改变后带来的影响、环境对于生物的影响、人的活动对生物的影响等，学生进行综合整体分析和思考的能力还有待提高。

在学习方式上，学生在此前一年学习中接触过了电子书包学习，具备了一定的操作能力。因此教师可以在教学中，基于学生个性化学习的要求，结合本单元教材的内容，尝试通过电子书包技术来开展教学；通过推送资源、投屏展示、成果分享、实时评价等方式，引导学生们更有效地开展小组学习。

三、指向性设计

生物学内容是小学自然的重要组成部分之一。作为当今最热门的科学研究课题之一，在环境恶化日趋严重的局势下，对生态平衡的研究与探讨已成了多国科学家的首要工作。而本单元围绕食物链展开学习，帮助学生从身边的动植物之间的营养关系逐步联系到人类与整个生态系统的关系，并逐步使学生了解到物种多样性的存在意义，树立保护濒危物种的意识。同时认识人类生产和生活对其他生物和环境的影响，懂得控制人口增长和保护环境的重要性。

本单元教学目标，主要包括：知道食物链、食物网概念；初步了解食物链构成；认识生物与人类活动的影响、懂得人类保护环境的重要性。整体单元教学内容结构由浅入深、由表及里。所谓由浅入深，主要指从海洋中较为单一的生物联系出发，让学生通过观察、讨论，知道生物之间通过食物链联系起来；通过食物链各环节上的生物类别的讨论，认识食物链中各类生物之间的营养联系，初步感知物质循环过程；通过讨论人类活动对自然界食物链的影响，认识控制人口和保护环境的重要性。所谓由表及里，通过引导学生对一些现象、事例进行分析、讨论，认识到人类活动对其他生物和环境的影响，懂得保护环境的重要性；通过“学做环保小卫士”的活动，引导学生将认识化为行动，积极投身到环保活动中去。

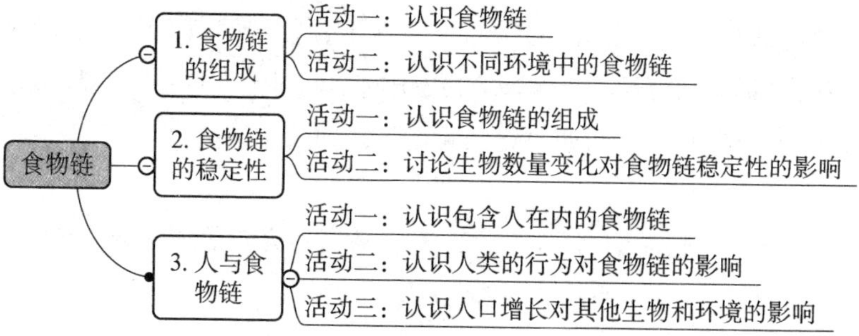

图 3－1－1　单元教学思路结构图

根据对本单元结构及目标的梳理，发现3节课呈现出递进关联：

第一课时《食物链的组成》，拟通过多次举例的方式，指导学生认识食物链、食物网，建构起清晰的结构概念，从而为后续的教学打下基础。在本课中，学科育人价值点更多地落实在生命教育点上，体现在对自然界中存在的动植物的关注。

第二课时《食物链的稳定性》，拟通过观察多条食物链的组成例子，进一步完善学生对食物链的知识建构，除了知道完整的食物链各环节组成外，还要了解它们之间相互的数量变化关系、与环境之间的密切关系。在本课中，学科育人价值点在生命、环保教育上得到落实，两者兼而有之。前者体现在食物链各生物之间的关系上，各生物的生命相互联系又相互影响；后者体现在食物链和环境之间的关系上，环境变化对食物链的影响。

第三课时《人与食物链》，设计让学生从食物链的角度出发，感受人与自然、人与其他生物的密切关系，从而进一步体会到人类的不良行为对环境的不利影响。从学科育人角度出发，是在前两节课的基础上，将生命教育和环保教育进行了整合并加以提升。

四、实践性行动

基于以上对本单元的分析，结合学科育人价值的落实要求，分别进行了课堂实践研究，并截取了3个课时核心片段实录。

片段一：第一课时《食物链的组成》

通过课堂引入环节后，同学们都明晰了食物链的概念。随后教师出示了森林、草原和海洋三个情境，并组织同学们讨论在这些自然环境中生存着哪些生物，它们之间如何建立起食物链的关系。

教师：同学们，接下来请大家例举一些大自然中的食物链。

学生1：草被兔子吃、兔子被老虎吃。

学生2：草被羊吃、羊被狼吃。

学生3：草被牛吃、牛被狮子吃。

教师：这几位同学的回答都比较相似，在其他环境中还存在着哪些食物链，还能举例吗？

学生4：水草被小鱼吃、小鱼被大鱼吃。

教师：好的，这是水中的食物链，那谁还能具体描述清楚呢？比如小鱼有哪些种类？大鱼又可能是什么鱼呢？

学生5：大鱼应该是鲨鱼，它很凶猛。

学生6：小鱼有很多种，说不太清楚。

教师：看来同学们对生物的种类和习性还不太清楚，以后我们要通过多种途径去了解更多相关的知识。

该片段“认识不同环境中的食物链”，通过组织学生们交流讨论大自然不同环境中的食物链组成，帮助学生们去建构食物链的概念，了解一些常见的食物链，并且知道各个环境中都存在着食物链，从中进一步提炼生产者、消费者等构成食物链的核心要素。

片段二：《食物链的稳定性》

在进行食物链的稳定性讨论时，教师结合教材中的具体案例“水葫芦的故事”，组织学生们围绕水葫芦为什么能够在环境中稳定生长展开讨论，并鼓励同学们从多角度、多方面去深入思考。

教师：为了解决猪饲料短缺的问题，我国曾经大范围种植水葫芦，由于没有天敌，结果疯长。你们知道这会带来哪些后果吗？

学生1：水葫芦大量繁殖后，会让河面上到处都是。

学生2：我认为水葫芦会大量消耗水中的氧气。

学生3：我也同意前面同学的说法，而且氧气消耗以后，水中的动植物都会死亡。

学生4：水葫芦铺满河面以后，阳光就照不到河水下面了，也会影响水中的生物。

教师：根据以上大家的分析，有什么好主意来解决水葫芦的难题吗?

学生5:在繁殖的季节前把水葫芦打捞干净,不让它有繁殖的机会。

学生6:我感觉这样会浪费很多的人力物力,而且效果不一定好,水葫芦会长得很快,可以想办法引进水葫芦的天敌来克制它。

学生7:前面同学的想法,我有个担心。万一水葫芦的天敌引入后,会不会变得跟水葫芦一样,不受控制呢?

学生8:我们可以多养一些专门吃水葫芦的鱼类,让它们来对付水葫芦。

以上是活动二"讨论生物数量变化对食物链稳定性的影响"的一个片段。活动从水葫芦这一外来生物对食物链的影响引出,组织学生们开展讨论交流,从而能够初步认识到某种生物数量的变化对其他生物数量稳定性会产生影响,进一步树立保护环境的意识。

片段三:《人与食物链》

为了让学生能够更清晰地理解人和食物链的关系,知道人在食物链中起到的一些决定性的作用,在教学中教师特意选用了"濒危动物"这一素材作为讨论的主体,组织学生开展讨论并进一步意识到人类对食物链的影响。

教师:同学们,你们知道什么是濒危动物吗?

学生1:濒危动物就是指那些数量非常稀少、快要灭绝了的动物。

教师:那你们知道,为什么这些动物会变成濒危动物,可能有哪些原因造成的?

学生2:自然环境变化会对一些动物造成影响,比如火山爆发、森林大火等。

学生3:也有可能是爆发一些致命的疾病,比如某种病毒、病菌,造成动物死亡。

学生4:如果某种动物的天敌大量繁衍,就会把这种动物捕食完。

学生5：有些偷猎者大量猎杀珍稀动物，也会造成这种动物面临濒危。

教师：确实，从前面几位同学的回答中，我们可以发现造成动物数量濒危的原因主要有哪几种呢？

学生6：主要应该有3种，分别是自然环境变化、动物之间的食物链关系和人类的行为。

教师：请仔细阅读资料"凯巴布高原"，思考3个因素中哪个因素影响最大。

学生7：我感觉人类的行为影响最大。人类任意干涉生态环境中生物的数量，会导致食物链破坏、生态平衡破坏。

学生8：任意捕杀动物，除了会减少它们的数量，也会影响食物链的稳定。

学生9：破坏环境、污染环境，对生物的生存会产生很大的影响。

以上是活动二"认识人类的行为对食物链的影响"的一个片段。通过濒危动物是如何产生的这样一个话题，组织学生们开展讨论，从多个角度进行思考，并最终意识到人类的一些行为会破坏自然界中的食物链的稳定，从而改变生态系统的平衡。

五、反思性发现

反思是发现问题的源泉，是优化教学设计、提高教学质量的有效方法，是促进认识升华和深化的可靠途径。

本单元的总体目标是通过考察生物的生存和环境的相互依赖，使学生了解一些生物间的相互联系，了解一些生物对环境的适应，了解环境对生物生存的重要性，初步认识保护环境的意义。根据3课时的课堂实践，可以发现在目标达成上，主要有以下几点：学生们能够基于自己的生活经验，认识食物链和食物网的知识，建构起较为清晰的结构概念；学生们能够基于食物链的基础，意识到生物之间的相互影响，并能简单说明数量之间的变化情况；学生们能够通过实例讨论，意识到人类在生态系统、食物链中扮演的角色，并能简单举例说明人类的一些活动带来的影响。

当然，仔细反思课堂教学，也可以清晰地发现学生们在课堂上表现出来的一些生成，说明了现有的教学环节中还有待提高和突破的地方，主要有以下 3 点：

（一）生活经验缺失断层

实际上，最好的课堂不在学校，而是来自生活。在《上海市小学自然课程标准》①中也明确指出，内容选择应尽可能贴近学生的生活，以学生学习和生活中能触摸到的事物为载体。在片段一中，我们可以发现，学生们的回答虽然各不一样，但基本上都大同小异，例举的食物链中的动物都是熟悉的，如兔子、牛、羊、老虎、狼、狮子等。对于一些不太常见的环境中的生物知之甚少，甚至对于水中的鱼类也模棱两可，用大鱼、小鱼来代替。

出现这种问题主要存在两方面原因：一是学生们对于生活中的动物接触较少，因此无法第一时间能够在大脑中组织起相关的思维。现在的学生，基本上处于跟大自然脱节的状态，平时的生活基本上被课业塞满，因此很少有接触动物的机会，为数不多的也就是偶尔去动物园参观一下，更多的还是在电视机上看到的一些；二是学生们对于许多动物的食性是缺失的，知识概念是断层的。动物们究竟以什么为食，这个问题相信很多成年人都说不出几个来，更别提小学四年级的学生了。因此，才会出现以上片段中的情形。学生们为了确保正确，纷纷拿出了幼儿园时期就知道的"正确答案"，深度的思维就此被打断了。

因此，通过以上的分析，可以总结出学生们对于生物知识是比较欠缺的，前概念经验比较模糊，因此在例举食物链的时候，或者比较单一雷同（常见的森林、草原食物链），或者比较宽泛抽象（大鱼、小鱼、水草）。体现出学生生活经验断层缺失，对自然世界动植物的关注不足。

（二）生命教育浮于表面

我们敬畏地球上的一切生命，不仅仅是因为人类有怜悯之心，更因为

① 上海市教育委员会编. 上海市小学自然课程标准[S]. 上海：上海教育出版社，2014。

它们的命运就是人类的命运;我们敬畏生命,也是为了更爱人类自己。当下的生命教育有很多往往浮于表面、流于形式,而没有真正地在课堂中渗透。在片段二中,学生们对于如何治理水葫芦提出了很多各自的看法,而且也涉及了动植物的生存关系。但真正围绕食物链的内涵、生物生存竞争的讨论几乎没有。

究其原因,主要有以下三点:其一,部分学生的观念中,很多不起眼的植物似乎跟生命搭不上边。比如案例中的水葫芦在他们眼中,就只是水葫芦,如果硬要跟生命联系起来、反而感觉有一点不自然。同理,水中的小草、一些浮游生物也是如此,只有一些体型稍大的动物,才能谈得上生命;其二,学生们对于生物的竞争与生存思考得比较少、比较浅层次。他们对陆地上的动物间的捕食、竞争会更熟悉更关注一些,而一些隐蔽角落的、平时很少接触的环境不大关心,因此对于它们的生命,也就不那么在意了;其三,生命教育是一个比较大的话题,如果不结合实际情况开展,往往会显得空洞。比如在本案例中,其实食物链就是最好的教育载体。通过水葫芦与其他生物之间的数量竞争关系、与环境之间的相互依存等内容的深度探讨,更能引发学生对生命教育的深层次思考,从而不会像案例中的情况一样浮于表面。

(三)探究学习简单细碎

科学探究教学要引导学生进行探究性的学习,而探究性的学习目标是多元的,内容是开放性的、丰富性的,方法是多样性的、探究性的,它注重学生的探究过程和亲身体验,使学生在获取知识的同时,体验和领悟科学家的思维过程、思维方法。而在现有的自然课堂中,我们往往看到以下的情形:为了让学生能够获得"成就感",设计的问题难度往往低于学生的水平;更多的问题答案是唯一性的,可以让课堂更顺利开展;面对探究任务活动,学生承担更多的是"指令操作",而非"自主探索"。

在片段三中,学生们在老师的组织下,开展了一问一答式的教学,也通过资料阅读的方式,进行了简单的小结。但可以看出,整个活动的思维难度是比较低层次的,学生们的思维并没有充分活跃起来。因此,他们对于人与自然、人与生命、人与生态平衡这样一个比较大的概念的理解是非常浅显的，思维成长也非常有限。

六、批判性建构

教育是一门"遗憾的艺术"，无论经过多么精心设计的课堂都会有新的生成，有新的感悟。正因为教学有缺憾才需要反思，也因为有反思才促使我们不断进取，才会有创新。

（一）营造生活场景，填补学生缺失经验

由于生活的环境各不一样，不同的学生对于生活经验的积累、知识结构的前概念也各有不同。因此在适当的时候，教师要基于主题的需要，努力为学生们营造生活化的场景，填补学生缺失的经验。

比如，在片段一《食物链的组成》中，考虑到同学们对动物认知的不足，对动物们食性概念的缺失等，在提问之前，教师完全可以通过利用电子书包作为技术载体，推送给学生们适合的学习资源包。比如，可以是草原生态环境中的动物捕食视频，也可以是海洋环境中的图片资料，也可以通过阅读文字的方法来帮助学生们了解湿地、森林中有哪些动物，它们是怎样捕食的。

这样的铺垫为学生们搭建适合的脚手架，无异于为他们原本空白、贫瘠的思维里打开了一扇"天窗"，填补了他们缺失的经验。同时，利用电子书包推送资源，学生的自主学习能力也得到提高。他们可以选择自己喜欢的方式，视频、文字或图片，也可以挑选自己不熟悉的内容，还可以选择快速的浏览或反复的研究。

（二）关注教育细节，渗透生命环境教育

成年人与孩子之间存在着阅历经验、认识水平和知识能力等诸多差异，在思考问题时，自然也存在着很大的差别，因此不要以"成人之心度小孩之腹"。渗透生命环境教育，更要关注教育细节。

在片段二《食物链的稳定性》中，学生们在考虑如何消除水葫芦的问题上非常容易出现就事论事、角度局限的情况。同时对于水葫芦这种物

种的关注度也比较有限，因此极有可能作出简单应付了事的想法，缺乏深度思维。

在片段二开始前，教师可以多提供一些水葫芦的资料给学生们，包括水葫芦的来源、生物特性、生活习性等，通过这些让学生们意识到水葫芦也是生物的一种，是有生命的。此外，还可以准备一些河道内的生物种类资料等，这些基础性资料可以帮助学生填补知识空白区。

在开展水葫芦对环境的影响的讨论活动中，可以引导学生根据之前提供的资料，罗列出河道内的食物链情况，包含了水草、藻类、浮游植物、浮游动物、昆虫类、鱼类等生物，并讨论这些生物之间的数量变化关系。随后再引入水葫芦，分析它的数量变化对河道环境影响、对其他生物的影响，从而意识到清除水葫芦的意义，并再进一步组织讨论解决办法。

这样的调整引导学生们在思考的时候更注重细节，更加全方位地去探索，生命教育也在无声无息中融入课堂中、生活中。

（三）设计挑战性学习任务，促进学生思维提升

教学不应该是零散的知识或概念，而应该给予孩子对于世界最核心的概念观念以及观察世界、思考世界、理解世界最根本的方法。在科学探究中，我们也应该更加注重学生思维层次、科学方法的锻炼和培养，而非简单的知识概念的获得。而设计挑战性学习任务，可以使学生时刻面临各种挑战，进而引导学生学会运用所学知识解决实际问题的能力。这样一来，在解决问题的过程中，学生的思维与能力将会得到极大提升，达到全面提升学生学习水平的目的。

比如，在片段三中，围绕“认识人类的行为对食物链的影响”，教师可以布置一个讨论话题“人类究竟是在维护生态平衡，还是在破坏生态?”，然后组织同学们从两方面去进行辩论、探讨。在这个过程中，给予学生多方面的考验，如：(1)搜集数据资料的考验，需要结合自己的辩题，学会通过不同的途径，去寻找搜集数据资料；(2)整理和使用资料的考验，搜集到的数据，往往不能够直接使用，需要结合自己的辩题整理和归纳；(3)组织和表达的考验，在课堂上介绍自己意见想法的时候，要学会组织语言进行表达，适当的时候出示这些资料作为证据。

课堂教学围绕挑战性学习任务的思考、讨论和交流等活动，学生将单元中的很多知识点和核心概念融会贯通、整合在一起。类似大自然中的食物链、人参与的食物链等；又如濒危动物究竟是如何产生的，人在这个过程中产生了哪些影响；人类应该如何处理与大自然的供求关系，如何维护好人口增长和自然资源消耗的平衡等……借助这样的挑战性任务，不仅可以锻炼和提升学生的综合能力，也能提升学科育人实效。

案例 2：基于区域认知的初中地理单元教学实践研究

——以七年级(上)《中国地理·区域篇》教学为例

上海市闵行区华漕学校　赵　玲

培养新时代人才是教育工作者面临的核心任务。地理教学如何培养人，以顺应时代课程改革，转变教师教学与学生学习方式，落实学科育人价值，是值得深入研究的一个问题。

一、理解性认识

为落实立德树人的根本任务，各学科应发挥自己学科的育人价值。《上海市中学地理课程标准》[①]倡导：人地协调观、综合思维、区域认知、地理实践力等地理核心素养，学会运用地理的视角认识和欣赏自然与人文环境，提高生活品位和精神境界，为培养有见识、有胸怀、有责任感、有行动力的公民奠定基础。地理学科教学应该紧紧将"人地协调观、综合思维、区域认知、地理实践力等地理核心素养"作为抓手，改变地理教学方式，培育学生的学科核心素养。理念是行动的先导，正确的教育理念是正确的教育行为产生的源泉。原有的教学方式着重关注的是课时目标，对于学科的整体把握关注度较低。而单元教学是撬动课堂教学转型的一个

---

① 上海市教育委员会. 上海市中学地理课程标准试行稿说明[EB/OL]. https://wenku.baidu.com/view/185d2d8f4531b90d6c85ec3a87c24028915f85b7.html，2019-4-9/2020-7-8。

支点，它可以改变我们长期以来囿于单个课时作为备课的基本单位，缺乏课时的谋篇布局，从而导致教学碎片化的问题。单元教学是以整个单元的教学内容为载体，以实现核心素养为目标，制定相应的教学任务，综合利用各种教学方式和教学策略而进行的教学设计。这样一个整体的教学设计，是基于发展学生核心素养的教学。它可以是一个要素专题，可以是一个相关联的整体结构，旨在改善原先只盯着课时目标而忽视整体目标的“只见树木不见森林”的教学状况。

区域是地理学的显著特征，任何一种自然地理现象都要落实到一定的区域。区域认知是地理学基本的认知方法，也是认识地理环境的基本方法。它将多样复杂的地理环境划分成不同尺度、类型的区域加以认识，具体是指人们出于认知和实践的需要，根据一定的标准将地球表层划分为不同尺度、不同类型、不同功能来加以认识的过程。区域认知素养是学生在地理教育教学引导下，养成以区域的视角看待客观世界，并依据特定思维模式，恰当运用区域地理方法、技能认识区域、解决区域问题的综合性品质。某一区域内的自然地理要素是相互联系、相互影响、相互制约的，他们之间存在千丝万缕的联系，不同区域内的自然地理要素存在明显差异。这种认识、理解、分析、综合的能力是地理学科应该赋予学生的关键能力；而对于区域的态度和价值判断，则是地理学应该传递给学生的必备品格和价值判断。在此，从学科育人价值的落实角度出发，以七年级上《中国地理・区域篇》教学为例，通过该单元教学设计、实施来探究“区域认知”素养的培养。

二、解构性定位

核心素养并非与生俱来的，它需要通过各个教育阶段的整体规划和系统设计长期培养。“区域认知素养有助于人们从区域的角度，分析和认识地理环境，以及它与人类活动的关系。”这一素养内涵是对现代化公民的素养要求，是高中地理课程标准的描述。而初中阶段的学习与高中学习相衔接，又由于学生年龄和学习经历所限，其区域认知核心素养的层次由浅入深分别为：认识区域、分析区域、区域评价及区域综合。

(一) 课程目标定位

《上海市中学地理课程标准》(试行稿 2004)[①]对祖国篇的要求为"学会阅读某一地区的地形图、水系图……根据区域地图信息,说出不同区域分布、联系及差异,讨论保护生态环境的重要性"。以此为据,初中阶段的核心素养的定阶在:认识区域,能够运用地图比较全面地找出区域的各个要素特征;分析区域,能够尝试分析各区域的各个要素之间存在的联系,找出其中的核心要素,也就是区域的主要矛盾;而对于区域评价及区域综合则只要学生有此意识,不必苛求学生能够全面正确地进行区域评价。

(二) 教材螺旋编排结构

初中地理学科的年级设置在六、七两个年级,地理学习内容包括不同尺度的区域,如六年级的《世界地理》中的"世界分国篇",七年级《中国地理》上下学期的国内区域。这些区域地理的学习被安排在不同的年级有不同的目标。不同年级的学习任务和学习要求是不同的,学生的学习能力和认知、情感都会有不同。

六年级是学生学习地理的起始年级,六年级涉及的区域是国家,而国家篇的学习是在六年级第一学期。但六年级学生具有的地理基本知识、基本概念和原理、思想等较少,所以可以知道,此时安排的区域学习肯定不是让学生学会如何认识区域;这里安排的区域学习应该主要是通过世界上丰富多彩、各具特色的区域特征吸引学生学习的兴趣,对于地球上存在的主要国家有一个概括性的了解,学生能够知道地球上不同的国家拥有不同的特征,我们就达成了区域认知学习的浅层目标。如果能让学生初步归纳学习区域的框架,我们区域认知学习的初步目标就达成了。

七年级的区域地理的学习,学生是经过了全球篇、祖国篇内容的学习,学生已经了解了地球上的各个环境要素的特征、分布规律甚至形成原

---

① 上海市教育委员会.上海市中学地理课程标准试行稿说明[EB/OL]. https://wenku.baidu.com/view/185d2d8f4531b90d6c85ec3a87c24028915f85b7.html,2019-4-9/2020-7-8。

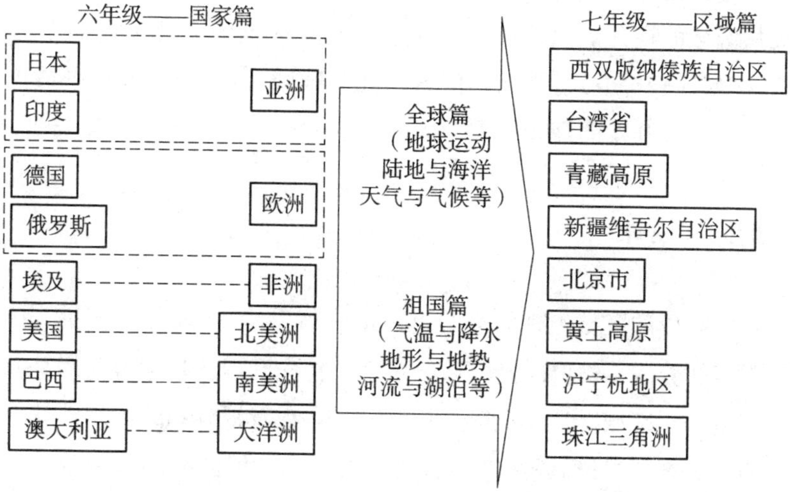

图 3-1-2　六、七年级区域地理设置

因，知识储备和认知、分析能力都有提升，在学习区域，学生也应该获得成长。在七年级《中国地理·祖国篇》中又进一步学习了我国的地形、气候、河流与湖泊等自然要素的特征、分布规律及成因，初步具有了地理学习的知识基础和学习方法。《中国地理·区域篇》的学习设计是让学生从整体角度学习祖国的基础上，还可以更详细地学习我国地理特征差异明显的不同区域，既是对我国整体的自然要素特征的深入认识和理解，也是为了引导学生学习综合认识区域，培养区域认知核心素养。

（三）学生学情基础

七年级学生，经过了前一年学习，尤其是经过六年级下学期全球篇的学习，对地球上的全球气温分布、降水分布、全球地形的概况和成因、世界主要河流的分布、特点等自然条件的分布规律有了概括性的了解。教师在教学祖国篇时，要注意引导学生用“全球篇”学习到的知识来解释现在遇到的问题，引导学生进行联系性、分析性思考；在知识储备和经验分析的能力上，七年级学生已经提升很多。地理学科区域认知核心素养的高层次要求分析区域、区域评价及区域综合。七年级的学生虽然因年龄特点和认知水平有限，要求较高，但也已初步具备区域认知的核心素养，学习用地理视角认识区域。七年级学生能够初步掌握区域认知方法,初步形成从区域的视角认识地理现象的意识与习惯,能够简单运用区域综合分析、区域比较等方式,来认识区域特征和区域人地关系问题,形成因地制宜进行区域开发的观念。

三、指向性设计

初中阶段的区域地理的学习设计也应该由浅入深、循序渐进。区域认知素养的养成,教师要分解开、分步走。首先区域认知学习前提是基于真实情境——区域,学生能够通过阅读文本,观看视频和阅读地图获取区域内的各要素,并且形成区域内容的框架——认识区域;其次,学会运用区域综合分析、区域比较等方式,来认识区域特征和区域人地关系问题,能够找出区域的核心特征——分析区域;最后,也是有助于学生形成进行因地制宜区域开发的观念——区域评价和区域综合。[①] 三个层次难度逐渐增加,经过这样的学习,学生的区域认知素养在初中阶段的目标基本可以形成。

七年级上《中国地理·区域篇》内容,共设置了《新疆维吾尔自治区》、《台湾省》、《青藏高原地区》和《西双版纳傣族自治州》四个并列区域。但从学习的角度,经过分析发现西双版纳范围较小,内容单纯,比较适宜学生开始学习区域,关注学习区域学什么,形成学习区域的基本框架;而《新疆维吾尔自治区》面积广大,内容丰富,自然地理特征和人文地理特征相互联系的呈现明显,应该作为学生学习区域篇的结束,也就是让学生要初步学会学习区域。中间的《青藏高原》、《台湾省》适宜引导学生理解为什么该区域有这样的地理特征,在寻找为什么的过程中,获得该区域的"核心特征"——区域的主要矛盾。所以四个区域的学习顺序调整为《西双版纳》、《台湾省》、《青藏高原》和《新疆维吾尔自治区》。教学设计思路如下图:

---

① 上海市教育委员会教学研究室编著. 初中地理单元教学设计指南[M]. 北京. 人民教育出版社. 2018。

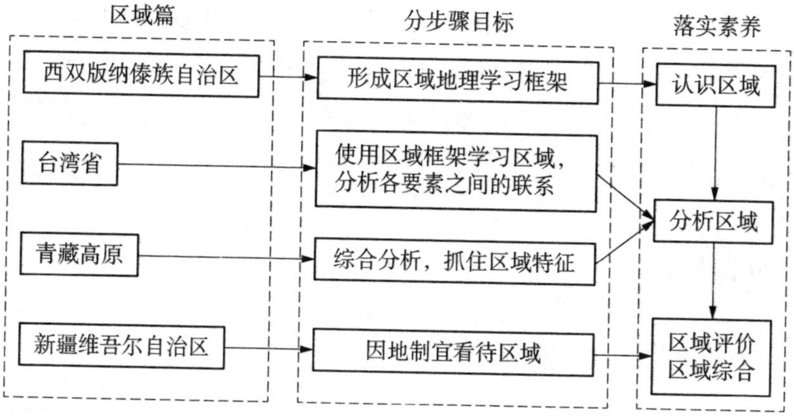

图 3－1－3　单元教学设计思路

《西双版纳傣族自治州》：学习西双版纳傣族自治州，通过阅读地图描述西双版纳的地理位置，周边的邻国，境内最主要的河流，通过阅读月平均气温曲线和降水柱状图，分析西双版纳的气候特点；欣赏、了解和认识西双版纳的植物、动物的特点和傣族等少数民族的别样风情。

《台湾省》：学习台湾省，运用区域学习框架，小组合作完成通过阅读地图描述台湾省的地理位置和范围，地形的特点和气候特点，台湾的物产，尝试分析地理位置与自然环境、物产之间的关系。

《青藏高原地区》：学习青藏高原地区，运用区域学习框架，自主完成阅读地图描述青藏高原的地理位置、范围以及主要山脉河流。小组合作讨论理解青藏高原的高寒气候及其对农业的影响，举例说出青藏高原是众多河流发源地的原因，说出主要湖泊的名称。尝试阐述地理位置与自然环境、物产之间存在密切的联系，小组讨论抓住区域的特征。

《新疆维吾尔自治区》：学习新疆维吾尔自治区，运用区域学习框架，自主完成阅读地图描述新疆的地理位置、地形特征、气候特征，找出物产分布和城市等居民区分布，举例分析地理位置影响自然条件，影响人文特征的分布和特征。

经过四个区域的学习，结合四个区域特征，你认为哪个区域的发展存在问题，为什么？你能为该区域的发展提出哪些建议？

为培养区域认知的核心素养，在《中国地理·区域篇》的单元教学中，在每一区域的学习中，都应该围绕这一核心，为这一核心的逐步形成走好坚实的一步。通过四个区域的学习，能够学会面对一个陌生的区域，运用框架去认识区域，分析区域的要素之间的关联，能够初步地评价区域，提出合理的区域建设建议。

四、实践性行动

(一) 进阶式学习推进

为培育"区域认知"核心素养这一总目标，在单元教学中设计了四个系列的学习活动。

活动1目标：认识区域学习的框架

在《西双版纳傣族自治州》的学习中，老师给学生一段游记，请同学阅读后判断这个区域是哪里？判断的依据是什么？你找到了哪些属于这里的独特印记？

游记：这是一片"理想而神奇的乐土"，我坐在车窗旁，看到一片无垠的绿色海洋，起伏连绵。掩映在郁郁葱葱的果树里是错落有致的竹楼，热带特有的景致，橡胶树、果木、香蕉林、茶山，仿佛绿色的童话林，一路上目不暇接的风光，群山崔巍，瑰丽壮观。这里的植物园是一定要去的，走在青石路上，身边是各种花草，还有一些鸟儿婉转歌唱。小路两旁，绿草萋萋，一些参天大树，枝繁叶茂，一些古藤缠绕，遮天蔽日。有热带丛林，美丽怡人。路的两边，芭蕉树、香蕉林、槟榔树、棕榈树随处可见。几个人骑着一头大象，微笑着，优哉游哉。它是大自然的宝库，是绿色的王国，是南国的一颗璀璨的明珠。是武陵人缘溪行豁然仙境地方，是蝴蝶翩翩孔雀开屏的故乡。

学生1：是西双版纳傣族自治州，芭蕉树、香蕉林、槟榔树这都是热带才有的植物。

学生2：我也认为是西双版纳傣族自治州，大象是生活在亚洲南部的。

学生 3：孔雀也是生活在南方的，这里是西双版纳。

教师：有芭蕉树、大象、孔雀就一定是西双版纳傣族自治州吗？

学生 4：还有竹楼，傣族人都住在竹楼里面。

该活动设计从认识区域的要素开始，为培养认识区域的能力，先要获取信息。呈现游记，通过阅读找到属于这里的特殊信息，这样的方式能引导学生意识到：身边的文字、图片、视频蕴含大量的信息，成为区域认识分析的基础。如上学生回答可以看出，他们能够找到相应的信息；但是也呈现出学生获得的信息的单一性，没有想过信息之间的相互支撑和关联，从而形成证据链。

在学生通过阅读游记、课本、视频资料后，基本可以找到自己想要的信息；老师给出区域学习的框架，请学生将这些信息分门别类地进行框架填写，完成学习任务单。有了区域学习的框架，学生就知道学习区域就有了扶手，了解区域主要关注哪些内容，也知道从哪些途径去观察、认识区域。以下是一位同学的任务单。

看来聪明智慧的傣族人民已经找到了适宜当地环境的生活方式，使这里成为了真正的乐土。通过西双版纳的学习，我们来总结一下，学习区域主要学习哪些内容呢？

区域名称	西双版纳傣族自治州	
概述	位置	云南省的南部，北回归线以南。
	范围	一个自治州
自然地理特征	气候	热带季风气候
	地形	(云贵)高原
	河流湖泊	澜沧江—湄公河
	动物、植物	榕树，绿孔雀，冠斑犀鸟
	……	板状根现象
人文地理特征	人口、民族、宗教	多个少数民族聚居，佛教
	建筑	竹楼，佛寺
	农业	种植水稻
	工业	
	城市	景洪
	……	

图 3-1-4 学生任务单 1

活动 2 目标：认识区域要素的联系性

学习《台湾省》，学生已经借助资料并在地图上确认台湾的物产丰富，台湾物产为何如此丰富，是与其自然条件密切相关，如何相关，请同学借助老师提供的分析任务单，通过小组讨论后举例说明。

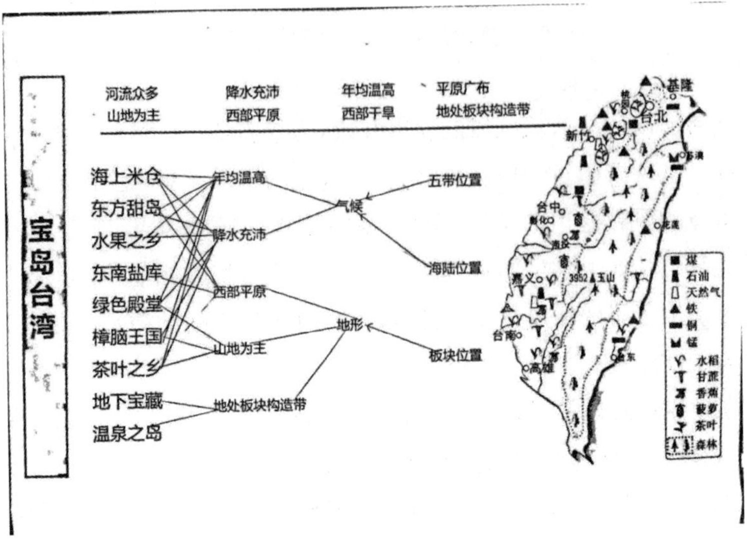

图3-1-5　学生任务单2

学生1：从地图上可以看到台湾岛的大米分布较多，大多分布在台湾岛的西部，这是因为台湾岛大部分属于亚热带季风气候，一小部分属于热带季风气候，气温高，降水多，适宜水稻的种植；西部为平原，这样台湾大米产量高，就获得了海上米仓的美称。

学生2：台湾岛的森林覆盖率很高，从地图上看多分布在中东部地区，这里是台湾山脉所在地。山地适宜森林的存在。

教师：你们分析得很好，也注意从地图上获得证据，但是老师想跟你讨论：山地适宜森林的存在，那平原适不适合森林存在？

学生2：平原也适宜森林的成长。可是平原面积有限，都被人们用来种植水稻还有其他农作物，还有建设城市了。

教师：你真是太厉害了。台湾岛虽是我国的第一大岛，但也是土地有限。土地的使用也是一门大学问呢。台湾因为地处亚热带和热带，水热资源丰富，所以即使在山上，也可以有高大的桧木；如果是在本身寒冷的地方，山上的树木就不会长得这么高大了。

区域内的事物都是相互联系、相互影响，不是孤立存在的。学生在看到一种现象的时候，要多去思考这一现象是怎么产生的，它跟其他的现象之间有什么联系。逐步用综合思维的方式去分析问题，看待问题。本节课的主要任务就是让学生进行区域分析，能够认识到区域内各要素之间的相互影响与联系。

活动3：抓住区域的核心特征

学习《青藏高原》，学生已经理解，青藏高原上的动物、植物、甚至人口的居住地选择都是为了适应青藏高原独特的环境。那青藏高原的核心特征是高，还是寒？请同学们通过图示填充后分析得出。

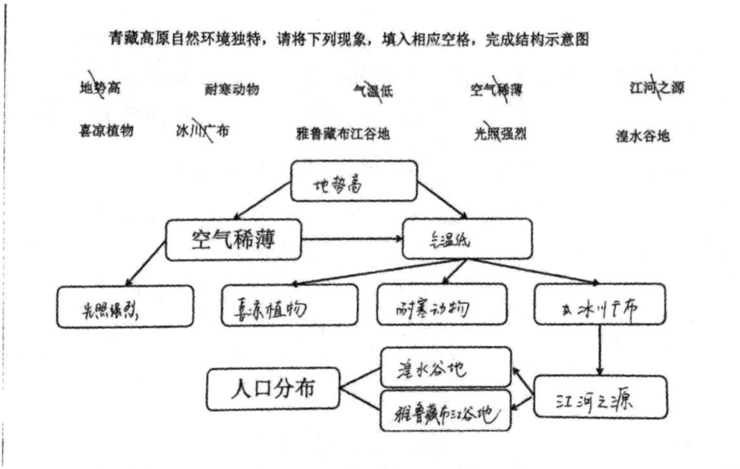

图3-1-6　学生任务单3

教师：为什么认为“海拔高”是青藏高原的核心特征呢？

学生1：因为海拔高会造成气温低，海拔高也会造成空气稀薄，但是气温低不会造成海拔高。

学生2：老师这个图示很明显，只能是海拔高。

这里存在一个矛盾的地方，也是考验教师的地方，就是教师的脚手架到底搭在什么位置上，这个示意图对学生的诱导性偏强，就是在引导学生分析，只能得出青藏高原的主要特征也就是该地区独特的自然环境的核心矛盾点——地势高。当然本节课的目标除了要学生分析区域，还要去思考区域评价和区域综合。

教师：既然海拔高是青藏高原的核心矛盾点，那么生活在青藏高原上的人们该怎样对待这一问题呢？

学生3：他们会在海拔较低的地区安家。

学生4：他们住在柴达木盆地。

教师：大家阅读人口分布图，看一下青藏高原的人口密度较大的地区在哪里？

学生5：我找到了雅鲁藏布江谷地，沿江分布。

教师：还有吗？找一下主要城市。

学生6：西宁边上有一条小河，叫湟水。湟水是黄河的支流。

教师：没错，青藏高原的人们主要分布在雅鲁藏布江谷地和湟水谷地。为什么呢？柴达木盆地为什么人口稀少呢？

学生7：谷地海拔低，气温高，空气也好了；但是不光是海拔问题，还要考虑水，柴达木盆地缺乏淡水。

教师：你们很厉害。一件事物的存在都不是单一原因，是几个关键要素的综合，你们能够这样想，说明你们已经有综合分析的意识了。

真正地理解和认识区域就是要抓出这个区域的主要特征，也就是这个区域的主要矛盾。如果能够改变青藏高原地势高这一问题，青藏高原的其他问题就可以迎刃而解。理解了这一点，学生就可以很容易理解青藏高原上的人们的居住地都在海拔较低的河谷地区。柴达木盆地是学生自己提出来的，老师引导学生自己否定这一判断，可以进一步引导学生从区域综合的角度认识和解决问题。

活动4：自然与人文的和谐统一

学习《新疆维吾尔自治区》，要理解新疆维吾尔自治区的主要矛盾就是干旱，干旱的特征影响了新疆的自然特征，也影响了新疆人民的生活。但是新疆人民依然热爱自己的家乡，唱出来《新疆是个好地方》，你认为新疆是个怎样的地方？也可以通过比较其他区域来说明。

学生1：新疆太干旱了，有那么大的沙漠，并不太适宜人们居住，连塔里木河都流不出新疆。

学生2：新疆的瓜果很好吃，羊肉串也很有名；从吃的角度我觉得比青藏高原好很多。

学生3：新疆有那么多的矿产资源，可以卖给我们国家的其他地方，可以赚钱。

学生4：是的，咱们家里的天然气就是从新疆输送过来的。

学生5：西双版纳是著名的旅游区，是一个很好的区域。

学生6：青藏高原就很可怜了，太“高冷”了。

学生7：新疆和青藏，包括西双版纳都在我国的边疆地区，是我国重要的边防线。

学生8：我国的面积是很辽阔，但是自然条件很差的地方也很多，也应该让他们发展起来。

教师：同学们告诉老师，青藏高原上的人们有没有觉得自己家乡很糟糕？新疆说自己的家乡是个好地方真的是因为“风吹草低见牛羊，金银铜铁遍地藏”吗？假如，我们不是生活在上海，我们是生活在一个你认为条件很差的地方，你会怎么看待你的家乡呢？

学生9：我会热爱我的家乡，把她建设好。

教师：那我们学习的几个区域中，有没有你认为是他们建设家乡的措施？

学生10：我想他们吃烧烤的食物就是解决“煮不熟”和“缺水”吧。

学生11：新疆人民建造了坎儿井，特别了不起。

学生12：这应该是多民族智慧的结晶。

教师：孩子们，每一个区域无论它的条件多么的恶劣，只要这里的人从它的实际出发，按照他的特点来发展它，就可以把它建设成一个美丽的适宜人们生存和发展的地方。我们的家乡是这样，别人的家乡也是这样。这就是因地制宜。我们以后还会见、还会去到很多地方，国内的、国外的，我们都要抱有一份尊重，去理解他，去学习他；因为每一个地方的人都为自己的家乡建设付出了辛劳和智慧，都值得尊重。老师画了新疆的思维导图框架，我们一起将内容填完整吧。

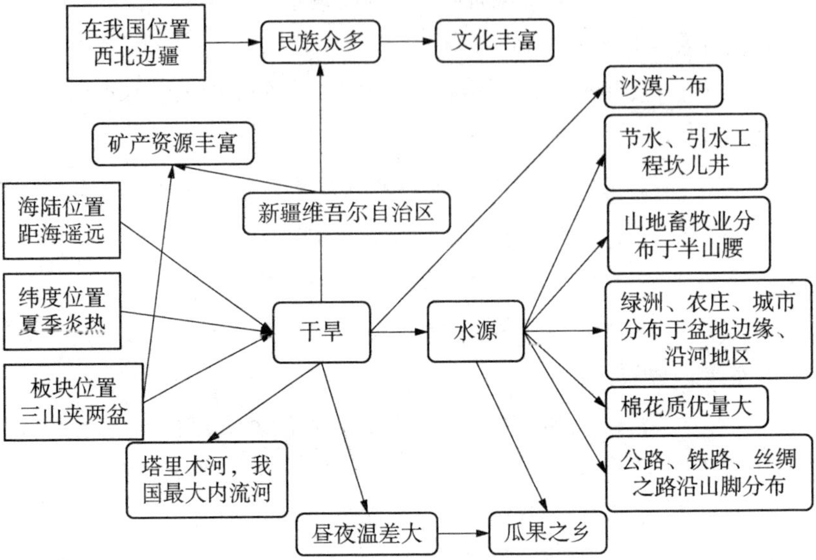

图 3-1-7　学生任务单 4

(二) 单元整体性评价

单元作业可以设计为：选择一个区域自主学习，绘制该区域的思维导图，总结该区域的核心特征，并阐述对该区域的看法，以对该区域提出发展建议。

经过一个单元的学习，检验学生是否学会了如何学习区域，是否达成了核心素养培育的目标，教师就安排学生在自主学习的区域中，任意挑选一个区域，按照学习过程，运用区域学习的框架，自己整理该区域的自然人文特征，然后分析区域内的各要素之间的联系，将它们的联系用图示表达出来，并说出该区域的核心特征。在学生的作业分享中，教师注意到大部分学生都能够按照框架找到区域自然、人文条件，甚至找到该区域的核心特征，从这个情况来看培养学生的区域认知核心素养的初步目标应是

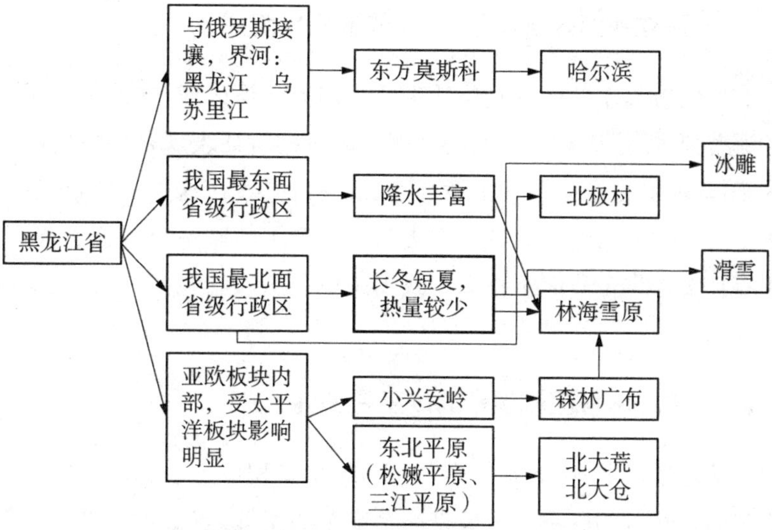

图 3-1-8　学生任务单 5

达成了；但是大部分学生绘制出详细的思维导图还有难度，上述的《黑龙江省》是班级学生公认最好的思维导图，这也是下一步教学的努力方向。

五、反思性发现

经过七年级上《中国地理·区域篇》这一单元的学习，学生能够学会如何学习区域，并且能够带着尊重和探究的态度去看待区域，总体看区域学习的目标就基本达到了：学生们也具有了初步的区域认知的素养，基本上知道了学习区域应该学习哪些要素，学会了“认识区域”；能够自己分析找出各个要素之间是相互联系、相互制约、相互影响的，具备了初步区域分析的能力；最关键的是学生对于区域所持有的态度，不是置身事外的评头论足，而是深入理解每一个区域的存在都是人地和谐发展的结果，每一个区域的人民都是值得尊重的。因此本课例按照单元教学来实践区域认知核心素养的阶段目标基本达成。

为养成区域认知核心素养，在教学过程中，需要做到以下几点：

(一)独立找出区域自然、人文的要素是前提

利用内容简单的区域先让学生学习如何认识区域,知道主要了解区域的哪些要素,形成学习区域的框架。区域的特征表现是要凭借区域的要素来体现的,要准确地找出该要素、发现该要素在这里的分布规律,才能进行要素之间的关联分析。人类与环境产生的联系都是这里有什么、基于有什么才思考我能干什么。找出区域自然、人文的要素就是知道这里有什么。

(二)主动思考区域要素的联系是关键

在清楚了区域内的"有什么"之后,学生要积极主动思考区域内的各要素之间存在着的联系。区域是一个复杂的系统,各要素从来不是孤立存在的。要吸引学生进行要素分析,选择的区域就要内容丰富,有挑战,有趣味。经过分析,学生往往会发现殊途同归,所有的要素的呈现特点都是因为一个原因,这个原因就是该区域的核心特征——主要矛盾。

(三)综合评价区域特征的优劣是目标

最后对区域进行评价及综合。由于课本涉及的区域都是特征明显的区域,也就是与我们生活的环境相去甚远的地方。这些地方的独特往往是某一要素对人类不友好造成的。本课例引导学生如何深入地理解因地制宜。虽然当地的环境有缺陷,但是当地人民将她建设成一个人人安居乐业的地方,就都是值得学习和尊重的,从而培养学生正确的价值观。

学习过程是层层递进、环环相扣的,前一个环节是后一个环节的必备前提,后一个环节是前一个环节的成长进阶;学习思考的难度是台阶式的上升,由较浅的信息提取,到相互之间联系性的思考。从学生的自主学习区域的结果来看,学生基本学会了区域认知,这样的教学方式是可行的。

当然,由于课时的限制,也受到学生的学习基础的限制,学生在进行区域分析、理解各要素的关系时还存在一定的困难。比如动物的器官差异、植物生长的区域分布是与环境相适应的结果;香蕉、苹果这些司空见惯的东西,学生不一定知道他们的产地,就会影响他们理解要素之间的关

系。对于这些成人都清楚的“常识”，学生们不一定清楚。这样的问题提醒教师在今后的区域学习中要做好提前的充足准备。

在这一单元的学习中也遇到了一些问题，比如在寻找区域核心特征的时候，教师推进得比较急，学生在这一过程中，离开教师的提示，还不能够独立地准确地找出。但在七年级下学期还有一个单元的《中国地理·区域篇》的学习，那时在学习了我国国民经济各个部门后，相信学生在理解人文现象与自然环境之间的关系时会更容易一些，学生们也更易做到独立准确地找出区域特征，正确认识区域。

六、批判性建构

七年级下学期《中国地理·区域篇》这一单元的学习，主要是为了落实区域认知的学科核心素养。学科核心素养是学科育人价值的集中体现，是学生通过某学科学习而逐步形成的关键能力、必备品格与价值观。

（一）区域认知素养要促进学生自我理解

关于地理学科核心素养，主要在于学生真正理解后学会该学科学习方法，并且领悟这一学科核心观念传递出来的价值判断。比如在区域认知这一素养中，应该是学会立足区域认知的角度认识区域，任意一个陌生的区域，都知道要从哪些方面了解它；知道如何思考和分析这个区域的现象；保持尊重的态度来探究它、理解它、学习它。每一个区域都值得尊重，每一个区域都是人地和谐存在的结果；再反观我自己生活的区域，我的家乡、我的祖国在下一步的发展中自然也要遵循这一规律，可以借鉴别人的做法。

（二）区域认知素养要与其他素养互相促进

学科的核心素养之间不是孤立存在的。这一单元，教师将主要的精力放在区域认知上，但是从来也没有离开过“地理实践力”的地图阅读，信息获取；离不开综合思维的思想；更离不开人地协调观的价值观念。只是在学生的培养上，在这一小段内容上有所侧重而已。我认为在其他素养的培育上,采用单元教学设计的方式是一个很好的选择。单元教学设计对比传统的课时设计,不再拘泥于一个小目标的达成,可以有一个高位的目标,调动各个课时之间的联系,具有整体性和层次性。教师的设计站位高了,学生的学习才能达到一个更高的水平。

案例 3: 美·情·理: 小学音乐课育人价值的挖掘

——以五(上)"丰收之夜"单元为例

上海市日新实验小学　居明华

2019 年 10 月,中共中央办公厅国务院办公厅印发《关于全面加强和改进新时代学校美育工作的意见》中明确指出:在学生掌握必要基础知识和基本技能的基础上,着力提升文化理解、审美感知、艺术表现、创意实践等核心素养。[①] 音乐学科育人旨在抓住学科的核心素养,突出音乐本体特性,提倡以"美"育人,以"情"化人,以"理"树人。

一、理解性认识

核心素养是学科育人价值的集中体现,落实立德树人的根本任务,是学生通过学习后逐步形成的正确价值观、必备品格和关键能力。在音乐这门集审美、人文、实践于一体的艺术课程中,核心素养具体来讲包括审美、共情和学理等要素。其中,审美是培养音乐核心素养的先决条件,共情是桥梁,而学理是升华。音乐有其特殊的语言和特殊的表达方式,它通过优美的旋律、丰富的和声、各种器乐与人声的音色变化以及多变的节奏与律动等带给人们至高的美感与情感,从而净化心灵。因此让学生去感受美、理解美、表现美、创造美,塑造美的心灵、美的人格,激发学习音乐的兴趣,引发情感共鸣,培养音乐审美情趣和文化观念,培育终身爱好音乐

---

① 中共中央办公厅、国务院办公厅. 关于全面加强和改进新时代学校美育工作的意见[EB/OL]。http://www. gov. cn/zhengce/2020-10/15/content_5551609. htm, 2020 - 10 - 15/2021 - 7 - 28。

的情感态度，并从音乐陶冶心理、激活大脑灵感角度讲，提升学生学习实质的认识与对学习过程的调节，从而把音乐之美播撒到学生心中，这也是学科核心素养的重要环节，是学科育人的萌芽点，更是学科育人的原动力。

在此，对音乐学科育人主要沿着育“美”、育“情”、育“理”三个重要的阶段加以探索。“育美”就是提升学生音乐审美，让学生通过学习音乐知识与技能，获得对音乐的审美能力。“育情”就是通过音乐实践，了解作品的内在情感，并演化为自身的情感态度。“育理”则是通过音乐审美体验，培养高尚情操与真挚情感，最终让学生树立正确的人生观。也就是先育“美”，再育“情”，后育“理”。只有经历了这三个阶段，才能真正达到音乐学科育人的目标，最终培养成为具有全面音乐素养且具有高尚品德和理性光辉的新时代学生。

（一）音乐育“美”的聚焦点

音乐的“审美”，旨在引领学生走进美妙的音乐殿堂，去理解与感悟音乐的审美价值。在小学音乐课堂中，音乐的审美体验包括对音乐的鉴赏能力、音乐的表达能力、音乐的创造能力。① 综观国内外，基础教育阶段的美育在于普及、陶冶。② 音乐教育培养的不是音乐家，而是对音乐具有一定鉴赏能力的鉴赏家。学生通过在课堂中的学习，掌握音乐的技能和基础知识，实现对音乐审美的能力提升，让学生感知音乐的美，从而转化为对音乐学习的兴趣，使学生真正爱上音乐，这也是音乐育“情”的深厚土壤。

（二）音乐育“情”的共鸣点

音乐是以声音来表达内心情感的艺术，它能唤起情感的力量，在人类心灵中产生深刻的影响。音乐的情感不是“空穴来风”，它是需要一定时间和内涵的积累。在音乐课堂中激发学生的音乐情感，需要从提升音乐

① 上海市教育委员会教学研究室. 中小学音乐单元教学设计指南[M]. 上海：人民教育出版社，2018。

② [德]席勒. 美育书简[M]. 社会科学文献出版社，2016。

的审美入手，培养学生的学习兴趣。先从理解音乐本身的美感，如：优美的旋律、音色的变化、和声的色彩、音乐的律动等开始，随后从作曲家的创作情感角度出发去理解和感受音乐作品，最后产生对音乐的新的认知与情感的萌发。只有这样由内而外散发出来的情感，才能在音乐课堂中在学生心中产生共鸣。

(三) 音乐育"理"的思考点

情感是音乐的必然属性，音乐课堂要让学生浸润在音乐情感中，将知识技能学习和音乐、情感相融合。在特定的文化语境中促进审美感悟，也就是通过音乐来净化、感化人的心灵，树立正确的人生观与价值观。在小学音乐课堂中，融合知识技能、情感与文化线索，使其层层递进、逐步提升，从而丰富审美体验、促进审美感悟。当学生具备了较高的音乐审美能力与丰富的音乐情感积淀，学科育人的时机与效力就会显性地产生。

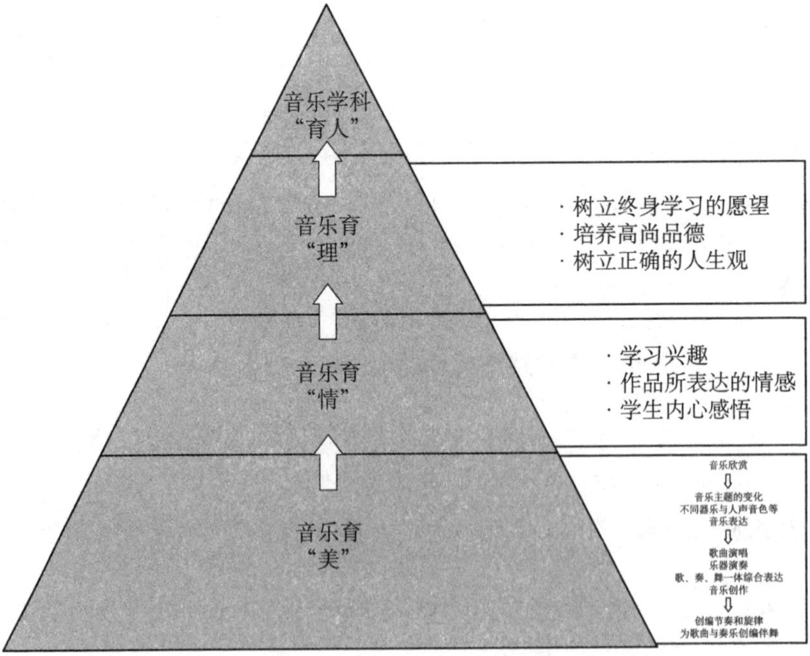

图3-1-9　音乐学科育人中的美·情·理关系示意图

二、解构性定位

实践发现：单元整体性教学能有效地将学科核心素养融入人文主题，有目的、整体性地规划设计关键的音乐实践经历，帮助学生在有限的时间内获得学科的关键知识技能，形成持续的审美实践体验，发展音乐学科的关键能力，激发学生的学习兴趣，提升音乐审美情趣，从而培养高尚的情操与真挚情感，最终让学生树立正确的人生观，大大拓宽了学科育人的深度与维度。

（一）单元主题脉络及课标要求

本单元主题为“庆丰收”。教学内容侧重于学科核心内容中音乐的表现力，单元作品总体聚焦于同一人文题材下不同音乐艺术体裁的表现形式，可以从三条“理解线索”来提炼单元内容重点：

审美性要求：①中国民间吹打乐有板无眼的节拍、一领众和的乐器演奏形式、紧打慢唱的戏曲元素所表现出的丰收场景；②欢快跳跃的旋律、富有舞蹈韵律的节拍、一唱一和的形式所表现出的丰收场景；③歌、舞、乐一体的民间综合表演艺术所展现的丰收场景。

情感性要求：依据“音乐的表现力”学科核心内容，通过综合的表现与诠释，表达劳动人民庆丰收的喜悦之情。

价值性要求：感悟劳动人民的团结、不怕困难、积极乐观与中华民族不屈不挠的大无畏精神。

（二）单元教学内容及重点定位

五（上）第四单元内容以丰收为主题，包括《丰收之夜》，由《淘金令》《庆丰收》《苗家儿童庆丰收》《正对花》《吉祥腰鼓》五首歌曲组成，共六个课时，沿着音乐核心线索主要将欣赏、歌唱、综合表演进行提炼整合。

表3-1-1 单元教学内容一览表

单元重点		单元教学基本能力要求	学习过程	学习方法	学习习惯
欣赏	庆丰收、淘金令	① 聆听作品《庆丰收》《淘金令》的音响效果,想象乐曲表现的丰收喜庆场景。 ② 初步了解中国北方吹打乐体裁,知道作品中吹打乐的表演形式。 ③ 认识民族吹管和打击乐器,感受乐器音色。 ④ 运用指定的打击乐器设计综合吹打表演,表现丰收喜庆的情景。	① 想象、交流两首作品的音乐场景,体会吹打乐在民俗丰收节庆的作用。 ② 在聆听、模仿、敲击、歌唱中感知乐曲的表现形式及表达的情绪和情感。 ③ 用指定的打击乐器设计节奏型。	① 采用听辨、模唱、演奏等方法记忆作品的主旋律,体验音乐场景、情绪的变化。 ② 借助认知、演奏实物打击乐器,模仿吹管乐器演奏动作,感知吹打乐的风格特点。 ③ 跟着音乐敲击、演奏、律动,尝试表现自己想象中的丰收场景。	① 在聆听中持续养成关注音乐要素的习惯。 ② 能够用指定的打击乐器来表现音乐。 ③ 在音乐表现中感知音乐的情景和特有的文化背景。
歌唱	苗家儿童庆丰收、正对花、吉祥腰鼓	① 感知歌曲《苗家儿童庆丰收》《正对花》的情绪,体验民间歌舞体裁表现的庆丰收的热闹场景。 ② 能用饱满的情绪、富有弹性的声音、运用一唱一和的方式演唱歌曲。 ③ 尝试用载歌载舞的方式表现歌曲。	① 想象两首歌曲的音乐场景,了解两首歌曲的文化背景。 ② 体会作品的2/4拍节拍韵律,感受歌曲一唱一和的表现形式。 ③ 学唱歌曲及学习歌曲中简单的民族舞蹈动作。 ④ 根据作品内容和已有的生活经验,设计符合音乐场景的表现性律动。	① 借助朗读,掌握歌词的节奏韵律。 ② 运用聆听、模唱、视唱等方法,能用连贯的气息富有弹性的声音演唱歌曲。 ③ 初步模仿秧歌舞步,随歌曲有韵律的表现。 ④ 选择合适的表演形式表现歌曲。	① 在聆听中持续养成关注音乐要素的习惯。 ② 能够用恰当的声音和肢体动作表现音乐。 ③ 在音乐表现中持续巩固正确的演唱习惯。

续 表

单元重点		单元教学基本能力要求	学习过程	学习方法	学习习惯
综合表现	《吉祥腰鼓》	① 了解《吉祥腰鼓》这一综合艺术表现形式及在当地民间丰收节庆民俗中的作用。 ② 尝试用歌、舞、乐一体的方式表现音乐的场景。	① 感受歌曲的情绪和综合音响效果。 ② 观看综合艺术的视频，体会作品情绪和丰富的表现形式。 ②听辨作品中的代表性节奏，观察舞步，表现作品的音乐要素特征。	① 结合视频、图示、动作等，体验音乐场景与情绪。 ② 伴随乐曲节拍韵律，学习节奏和舞步，表现音乐场景。 ③ 合作表现歌、舞、乐一体的综合艺术表现形式。	① 在音乐聆听中，关注音乐的节奏及音响效果。 ② 在表演中关注音乐节拍和情绪的配合。 ③ 在综合艺术表演中关注同伴间的协同合作。

（三）学生学情及难点定位

从认知基础看，学生对民族打击乐器有一定的认识，但对于一唱一和、紧打慢唱的戏曲元素相对陌生，需要老师进一步拓展指导；从技能水平看，学生对歌舞乐一体的表现形式较为陌生，如何综合表现，需要教师进一步指导；从方法运用看，学生能用肢体律动、乐器伴奏等方法表现音乐，但如何运用这些方法正确表现音乐要素与特征是需要老师持续指导的；从团队协作看，学生懂得音乐表现中同伴协同的作用，但演唱、演奏中的相互倾听、音量控制、协同表达以及创造中的积极参与、互相配合是需要老师持续指导的；从情境感受看，学生多是用想象感受该单元中作品的音乐情绪，但是对于不同地区庆祝丰收的场景，学生并不熟悉，同时缺少相关生活经历。

因此，如何通过综合的表现与诠释，感受劳动人民庆丰收的喜悦之情、感悟劳动人民不怕困难且积极乐观与中华民族不屈不挠的大无畏精神，这是本单元教学的难点，需要在课堂中层层深入。最终达成育人目标，需要老师的指导。

三、指向性设计

本单元以庆丰收为主题，以学生参与不同形式的音乐表达，通过欣赏、歌唱以及歌、舞、乐一体创编与表现，在学习音乐技能与知识的基础上提升对音乐的审美，在深入学习过程中不断了解民族音乐的特点，体验歌（乐）曲所蕴含的丰富情感，再转化为学生的情感抒发，最终达到立德树人的育人目标。具体包括：了解歌（乐）曲音乐要素特征、感受作品的音乐情绪；持续养成关注音乐要素特征的习惯，培养稳定的节拍韵律感，采用符合音乐要素特征的表现；跟唱音乐主题，正确演唱歌曲或开展歌表演，并创编表达，尝试为歌（乐）曲进行综合性表演。

在单元教学推进中，主要围绕审美体验、情感体验、理性价值启迪三方面，具体通过欣赏、歌唱、创编以及综合表演的方式整体推进：

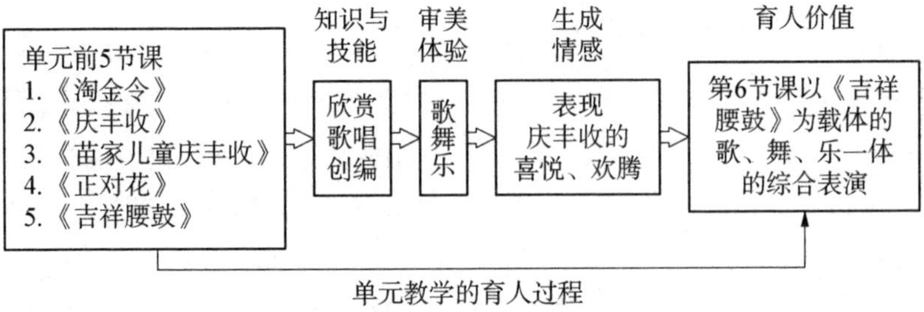

图 3-1-10　单元教学思路图

（一）民族器乐作品欣赏

认识民族民间音乐的风格特点与民族吹奏乐器与打击乐器的音色、演奏形式；感受乐曲欢快、热闹的气氛；了解中国民间庆丰收的方式与场面，体会劳动人民乐观、向上的精神面貌。

（二）中国民歌的学唱

认识中国民歌的风格与演唱方式与特点（一唱一和、方言演唱、多声演唱)；感受民歌高亢、明亮的音色与热闹欢腾的情绪；了解劳动人民生活与工作时的团队协作场面；体会集体主义精神与团队协作的意识。

(三) 歌舞创编

运用已掌握的知识与技能为单元中的“歌(乐)创编伴奏”与“舞蹈律动”，表现庆丰收时的热闹、喜悦之情。

(四) 综合表演

在前面积累的基础上，在《吉祥腰鼓》中将歌、舞、乐加以综合，以此感受大型庆祝丰收的热烈场面。用民歌欢唱、安塞腰鼓舞、一唱一和、敲锣打鼓等多种形式，让学生尽情融入情境中，在音乐表现与音乐创造的海洋中尽情遨游，最终，体会到劳动人民与大自然抗争的乐观、坚毅品质，为中华民族而感到骄傲与自豪，从而培育强烈的爱国主义情怀。

四、实践性行动

本研究选择单元教学中的三个课时片段，分别对音乐学科育美、育情、育理这三个育人要素加以阐述。

(一)《淘金令》乐曲欣赏

在第一课时乐曲《淘金令》的欣赏课中，学生了解了什么是民族吹打乐，认识了唢呐的音色与演奏方法(音乐知识与技能)，通过用母音Ba……模仿唢呐的音色并哼唱乐曲的主题旋律，同时运用肢体语言模仿唢呐的演奏，体验中国民族吹奏乐的风格特点与民族乐器“唢呐”的演奏方式，感受民族民间音乐丰富的艺术表现手法，提升对民族音乐的审美(音乐审美体验)。

片段一：第一课时《淘金令》

教师：同学们聆听了这首歌曲，有没有发现乐曲中有一件非常特别的民族乐器?

学生:是唢呐,它是吹的。(演奏方式)

教师:回答正确,就是唢呐,它是中国民族吹奏乐器,说说它的音色特点。

学生:它的声音洪亮、粗犷。(初步感受)

教师:很好,唢呐作为民族乐器中的代表,声音高亢、明亮。

教师:接下来让我们用 Ba……的母音来模仿唢呐,哼唱《淘金令》的主旋律。(体验环节)

学生:用 Ba 的母音哼唱主旋律,同时运用肢体语言模仿唢呐的演奏。

教师:同学们有什么感受?

学生 1:通过模仿、哼唱,我发现唢呐在演奏时是有"喷口"的,很有颗粒感和爆发力。(深入感受)

学生 2:歌曲旋律带给我们一种喜庆、热闹的感受。

教师:说得很好,唢呐发音具有穿透力,感染力强,多在民间庆祝丰收与喜庆场面中出现,也在戏曲、曲艺中运用。

图 3-1-11 《淘金令》欣赏及哼唱

学生在第一节课欣赏民族吹打乐《淘金令》的作品时,在初步聆听的环节,学生能够较好地感受作品欢快、喜悦的气氛。在尝试打击基本音乐节奏时：起初,学生还有一些畏难情绪,在老师的有效引导下,学生渐渐地和音乐融合在一起。在器乐的音色和演奏形式的欣赏环节,通过哼唱主题,模仿演奏方式,获得了较好的审美体验。

(二)《吉祥腰鼓》乐曲演唱

本节课是第五课时,学习的是《吉祥腰鼓》这首陕北民歌。学生在音乐知识与技能上能把握音准与节奏,需要进一步调整歌唱时的气息与演唱时的音色、咬字吐字,从而达到吉祥腰鼓这首民歌所需要的表现能力。在加入方言演唱的体验环节,大大提升了学生的学习兴趣,让学生在学习过程中感受到劳动人民乐观开朗、积极向上的一种精神,从而逐步把整节课的情绪推向一个高点。

片段二：第五课时《吉祥腰鼓》

教师：同学们,让我们先把歌曲《吉祥腰鼓》第一段歌词唱一下吧。

学生：集体演唱。

教师：同学们能运用明亮的音色演唱,体现了民歌的音色特点,但大家设想一下,陕北农民在宽阔的黄土高坡上会怎样演唱?(创设情境,情感萌发)

教师：播放一段陕北歌手的演唱。(视频欣赏)

教师：同学们讨论下,这位歌手的演唱与我们有什么不同?

学生1：他运用了陕北方言演唱,他的演唱更加地刚劲有力。

教师：回答得很好,让我们也来尝试一下吧。(出示标有拼音的方言歌谱)

学生：分组练习。(体验环节1)

教师：非常好,这样演唱你有什么体会?

学生：这样演唱更有陕北民歌的韵味,仿佛自己就是一位陕北农民在黄土高坡纵情歌唱,"心情格外地舒畅!"(生成情感1)

教师：还有谁来尝试一下，注意演唱时的力度与重音。

学生2：唱第二段歌词。（体验环节2）

教师：谈谈你的感受。

学生1：我能感受到歌曲有一种热烈、欢快的情绪。

学生2：我感受到劳动人民庆丰收时的热闹、欢腾的气氛，体会到陕北农民乐观、坚毅、不怕困难的精神。（生成情感2）

教师：让我带着这样的音乐感觉与情绪把这首歌完整唱一下吧。

学生：集体演唱。

陕北方言的演唱

1. 我——"饿"
2. 生——"sen"
3. 吃——"cha"
4. 的——"de"

图3－1－12 学生用陕北方言演唱歌曲《吉祥腰鼓》

学生在把握民歌音色的基础上，加入方言演唱体验环节，激发了学生的动力、主动性与参与性，让他们都踊跃上台尝试。

（三）《吉祥腰鼓》综合表演

在最后一节《吉祥腰鼓》课上，进行了歌、舞、乐一体的民族民间综合表演艺术形式表演。通过前五课时的学习积淀，学生在课堂中学会了诸多音乐基本知识与技能；通过分组为歌曲进行创编，亲身参与最后综合表演，提升了对民族、民间音乐的审美，在感受庆丰收的喜悦与热闹的同时，渐渐地产生了对民族音乐的情感，此时，发现学生的民族自豪感渐渐萌芽；最后歌曲《吉祥腰鼓》的演唱与综合表演，表达了陕北农民不屈不挠、乐观开朗的精神，无疑点燃了学生强烈的民族使命感与爱国之情。新时代的青少年，应该学习劳动人民精神，脚踏实地，刻苦学习，努力成为国家的栋梁之材。

片段三：《吉祥腰鼓》综合表演

教师：同学们歌唱让我感动，大家想想，除了歌唱，还可以用哪些艺术形式来庆丰收？

学生1：我们可以用载歌载舞的形式。（加入“安塞腰鼓”舞蹈）

注：安塞腰鼓是陕北特有的腰鼓舞，是非物质文化遗产。

学生2：我们可以用敲锣打鼓的形式。（加入民族打击乐）

学生3：我们可以用一唱一和的形式。（民歌的演唱形式）

注：这些音乐能力已在之前五节课中习得。

教师：同学们的想法很好，那我们就来分组尝试一下吧。

学生：分成两组练习并进行研讨展示，一组为歌曲配上舞蹈，一组是为歌曲加上打击乐、一唱一和。（综合体验环节）

教师：教师评价，生生互评。

教师：你们的表现很出色，通过这些体验，相信你们已经有了自己的理解与感受，谁能说一说？

学生：陕北农民在如此艰苦的环境中，能够与天与地“斗”，并且用乐观的态度面对生活与劳动，这样的民族精神感动了我，我们是新时代的学生，要像农民伯伯一样去勇敢面对，并克服困难，好好学习，长大为祖国贡献自己的力量！（育人价值的体现）

教师：同学们的理解非常深刻，接下来就让我们唱起来，跳起来，奏起来，一起庆丰收啦！

学生：全体师生进行歌、舞、乐一体的综合艺术表演。

本单元最后综合表演的场景，学生“敲锣打鼓、载歌载舞”，全身心地投入，既有汗水，也有泪水，感动了在场的每一个人。作为本单元最后一节课，是对之前所学的总结和提炼。学生在这节课上以歌曲《吉祥腰鼓》

图 3-1-13 《吉祥腰鼓》综合表演

为教学载体，将之前五节课所学的舞蹈、歌唱、合唱、器乐伴奏等融入这首《吉祥腰鼓》的歌曲之中，充分发挥了学生的表现力和创造力，以及对音乐的综合运用能力。从课堂的表现上能够看出，学生对本单元的"庆丰收"主题已经有了非常深刻的理解与感悟。在最后的综合展示环节，学生将之前创编的一些音乐形式进行完美的融合，课堂中营造出一片欢乐祥和、喜庆热闹的庆丰收气氛：学生仿佛身临陕北的黄土高坡，扎上了白色的头巾、腰上挎着腰鼓，跳起安塞腰鼓，用高亢有力的声音演唱这首歌曲。不仅感染、感动了台下很多观摩的老师与学生，同时也感染、净化了自己的心灵。

五、反思性发现

（一）开展单元整体教学设计，提升学科育人品质

本次整体单元的教学，无论是从整体的课程实施上，还是学生的课堂表现上，都具有显著的变化。较以往的单课教学来说，学生综合音乐素养有明显的提升与发展，有效地将课程标准与核心素养融入人文主题，并进行单元规划、组织实施教学。有目的、整体性地设计关键的音乐实践经历，帮助学生在有限的时间内获得学科的关键知识技能，形成持续的审美实践体验，发展音乐学科的关键能力，最终达到育人目标。

1. 融合内容，延伸育人价值

在教学时常会出现教学内容分散化、碎片化的概念，缺乏知识技能、审美体验与情感价值的整体性、融合性把握，课与课之间缺乏相关性的联系，学生很难深入学习并很快遗忘。然而，单元教学恰恰能弥补这一方面的缺陷。所有的单课都是由同一人文主题脉络所串联，课与课之间也存在承上启下的关联线索，所有的课都是相互融合，互为条件、互相作用的整体，教师在教学中更能把握教学的整体性与宏观性。学生在提升审美的同时，对音乐情感有一个持续培养的过程，最终转化为对音乐作品的热爱与对音乐思想的感悟。

2. 灵活教学，拓展育人空间

教材是教学活动实施的文本基础，是学生习得学科文化与知识的基础工具。但教材内容不等同于实际教学内容。这需要教师对教材进行深入的分析与思考，吃透教材，形成自己的教学策略。整体单元教学恰恰可以给教师以更宽广、更灵活的设计空间。在把握整体单元教学的基础上，深入分析课程标准，对教材进行理性解读。根据学生的学情，对教材进行灵活、合理的整合与补充，可以对教材内容顺序进行调整、重组、拓展，使教学内容与教学思想更贴近单元主题脉络，让学生每一节课都能有目标、有收获，从而更好地完成整体单元学习并获得全面的学习成果。

3. 循序渐进，提升育人价值

美国心理学家维特洛克提出："学习的发生依赖于学习者已有的相关经验，通过与以往的知识经验相结合，随之生成对新的事物的理解。"单元教学强调学习的递进性。在整合以往教学内容与资源的同时，知识点贯穿整个单元，把握好教学难易度，形成由浅入深的目标导向，从而有效地支撑音乐核心素养的形成与稳固。学生也能在学习过程中一点一滴、循序渐进地掌握音乐知识与基本技能，从而用深度教学的方式更深层次地体会到音乐中所蕴含的情感，逐渐地领悟到音乐中所珍藏的品德修养，最终实现学科育人的价值。

（二）优化音乐欣赏课教学策略，弥补学科育人短板

本次单元教学取得了一定的教学成效，但由于课型的差异，对于人文

性与理解性较强的欣赏环节存在一些问题与短板。较前两块教学来说，学生的课堂反应较为一般。可能是因小学生的心理与生理的年龄局限，他们很难静下心来去聆听并了解一首完整的或不熟悉的音乐作品，他们更乐于参与一些互动性的教学模式与教学内容，对音乐作品背后蕴含的人文意义理解不深刻。缺乏人文的音乐教学好比“一面湖水”，柔美但难掀起情感的波澜，虽然学生安静地坐在课堂中，但少有思维的碰撞、心灵的共鸣。经过反复尝试和深思摸索了一些改进方法与策略：

1. 合理运用多媒体教学，激发课堂活力

欣赏教学是一种以听觉为主的教学活动，但合理地加入视觉体验可以有效地帮助学生理解作品，就像印象派音乐与美术的完美结合一样。通过多媒体辅助，可以优化、提高音乐课堂教学的有效性，摒弃陈旧、单一的教学方法，勇于创新：(1)激发学生情趣，营造欣赏氛围；(2)动静结合模式，提升教学实效，最终使欣赏教学变得更加丰富与立体。

2. 优化教学策略，引导学生积极“参与”欣赏

只有以学生为审美主体，让学生积极参与音乐欣赏活动，才能真正提高学生的音乐素质和人文情怀。“参与”就是使学生真正成为审美活动的主体，教师则是引导者。教师应用多种策略：(1)“聆听”是参与欣赏的基础；(2)“歌唱”是参与欣赏的动力；(3)“联想”是参与欣赏的途径；(4)“讲述”是参与欣赏的深入。引导学生全身心地投入到音乐欣赏活动中来，这不仅是对传统“以听为主”教学方法进行改革，而且有利于学生主动能力的提升和学生认知水平的发展。

3. 创设多维教学情境，培养学生综合感知力

情境是指在一定时间内各种情况的相对或结合的情况，即情绪与环境。二者相互关联、相互作用，就此形成教学特定的内心情感与外部因素所交融的情感境界。音乐教育家达尔克罗兹所说：“欣赏是艺术中最令人神往和欣慰的，教师可以在其中体验到人类创造音乐的共同情感。”因此，在音乐教学中，教师就是要努力创设一种多感、多维环境，让学生同时拥有听、视、触、感多种教学体验，培养学生的综合感知能力，从而激发他们的内心情感。学生和教师在这一环境下都是受益者，在音乐课堂中，共同享受音乐所赋予的“美”与“情”。

六、批判性建构

本单元教学注重了对音乐本体性的探索，而对于音乐文化真正的深入理解与思考层面，学生的感知还是蜻蜓点水停留于表面，学生很难深入地去探索音乐背后的文化底蕴。缺少音乐文化的支持，学科育人好比釜底抽薪，缺乏强有力的内驱力与支撑力。

（一）重视单元教学中音乐文化的理解，提升学科育人的“内力”

在音乐教学中，注重文化理解能力的培养，从而产生强大的内在动力。这对学科育人最终的质量起着关键性作用，也是不可缺少的环节。

1. 深度解读教材，梳理音乐文化脉络

教材内容包含学习的目标导向，通过学习教材中的作品，可以基本掌握音乐的基础知识与基本技能。但我们在音乐教学中，除了要对教材中作品的音乐元素有很深的了解，在掌握并习得作品纯音乐部分的同时，对其背后所蕴含的文化及这些文化的延伸脉络要有一定的探索精神，避免出现单一性、片段性和片面性的教学模式导致情感理解不深刻、育人立意不高。因此，我们要在深刻解读教材作品的前提下，深入了解作品背后所蕴含的文化意义，并且展开探索与发现，以教材作品为起点，寻找音乐作品中其他延伸的文化脉络与情感联系，感悟音乐情感，获得更好的育人效果。

2. 挖掘民族音乐元素，增强学生文化自信

中国民族音乐是我国传统文化中的一颗璀璨明珠，彰显华夏民族的博大精深，体现了中华民族的情感与精神。教材中的许多作品都蕴含着丰富的民族文化，通过演唱与欣赏这些作品能够使学生了解更多、更深的音乐背后的“故事”。从学科核心素养的培养来说，将经典的民族音乐呈现给学生，是一个具有重要意义的教学活动。然而，我们往往只停留在纯音乐的层面上，缺乏对音乐背后的文化背景的了解与探索。这样的音乐学习是没有灵魂与价值的。因此，需要通过深刻地挖掘这些民族音乐作品，从整体角度全方位了解与分析，形成对传统音乐文化的深刻体验与感

悟。培养教育新一代的学生，传承与发展传统民族音乐，教师具有不可推卸的责任。让音乐之美生生不息，以此激发学生强烈的爱国主义情感与民族自豪感，这就是学科育人的至高境界。

3. 汲取国外经典音乐涵养，提升学生的艺术理解

世界音乐具有丰富性和多样性的特点。既有如南美洲、亚洲、非洲等不同国家和地域的音乐，也有如文艺复兴、古典主义、浪漫主题等不同时期音乐的代表作品，更有如舞曲、船歌、摇篮曲等具有不同音乐功能的作品。学习欣赏这些作品，可以了解他们的历史与文化，还有助于感受这些歌曲所蕴含的情感；学习这些音乐作品，使学生了解不同国家的风土人情，尝试让学生接触不同文化背景下的域外文明，丰富学生的文化空间，用心去体会文化多元美，使学生在学习与生活中拥有无数的美好理想与情操，并最终结合自己的思想形成育人的价值取向。

（二）尝试跨学科融合，拓展学科育人维度

当今基础教育提倡多元化、整体化的教学，单元教学就是一个很好的教学策略。但对音乐这门人文性、审美性相对要求很高的学科，是否有一种更全面、更深入的教学模式与课例形式？在单元教学的基础上进行跨学科的融合，将不同学科的内容进行整合提炼、取长补短，形成综合性的教学课程。因此，进一步设想将音乐、语文与美术三门学科进行融合，形成以一个主题为脉络下的音乐、文学与美学的多维度整体化教学，这样可以大大提升单元教学的人文性与审美价值，促进学科育人境界的提升。

案例4：利用综合材料开展小学美术生活化创作的实践探索

上海市闵行区平南小学　任　熠

美术作为美学艺术门类之一，是小学阶段的一门基础性学科。学习美术知识既能够锻炼和培养学生认知美、感受美、创造美的能力，又能够帮助学生体验生活中的和谐之美、健康之美。美术是现实生活中的某一场景、某一人物、某一自然景观的艺术缩影，因此与现实生活之间应该有

着千丝万缕的联系。

为了感受和熏陶学生的艺术情操、开阔学生的审美视野、提高学生的美术素养，在实践教学中，教师应当利用生活化的教学方法，将生活元素与美术元素融合到一起，从而引发学生的情感共鸣，在生活中汲取创作灵感，让生活之花散发出美的气息。

一、理解性认识

美术创作能力是学科育人价值的重要基础。通过美术学科的学习，提升学生的观察与感知能力、创意与表现能力、欣赏与评述能力。第一，观察与感知能力。通过美术学习，在观察、体验、感知的过程中发现自然和生活的造型、线条、色彩、肌理等美的形式和规律。让学生通过各种美术创意活动，学习如何有目的地分析、比较与感悟，形成观察与感知的能力。那么这些能力从哪里来？

《全日制义务教育美术课程标准（实验稿）》[①]提出“美术是人类文化的一个重要组成部分，与社会生活的方方面面有着千丝万缕的联系。通过美术课程，学生了解人类文化的丰富性，在广泛的文化情境中认识美术的特征、美术表现的多样性以及美术对社会生活的独特贡献，并逐步形成热爱祖国优秀文化传统和尊重世界文化多样性的价值观”。小学美术的生活化教学既是美术教学的目标定位，也是美术教学的重要教学方式。

陶行知先生通过融合教育与生活之间的联系，提出了生活即教育的教育理念，指出“过好生活，便是受好的教育，过有目的的生活，便是受有目的的教育。教育不通过生活是没有用的，需要生活的教育，用生活来教育，为生活而教育，教育与生活是分不开的”。从这一席话中可以看出，如果将小学美术与生活化教学理念融合到一起，必然会收到事半功倍的效果。

---

① 中华人民共和国教育部.全日制义务教育美术课程标准（实验稿）[S]。http://www.moe.gov.cn/srcsite/A17/moe_794/moe_624/200107/t20010701_80352.html,2001-07-01。

二、解构性定位

(一)关于教材的分析

美术课程的总目标是知道自然美和艺术美的基本法则,能掌握美术的基础知识和基本技能,运用美术要素构成规律进行美术欣赏和创作等学习活动,有创意性地表现学习与生活中的常见事物,形成设计与创作的初步能力,美化环境与生活。

能积极主动地参与美术活动,在活动中既善于向教师和同学学习,又能进行独立的创新活动,掌握美术表现、设计、创作、欣赏、评价等基本方法,了解审美过程的基本要求,形成良好的美术学习习惯。具有学习美术的兴趣,理解美术的社会功能,能运用美术手段传递自己的情感与思想,表达自己对美术作品的审美感受,能融入集体的美术活动,与人合作交流,分享美术成果。

表 3-1-2　小学美术教学年段目标要求

年级	知识与技能	过程与方法	情感态度与价值观
一至二年级	体验与认识几种常见的美术工具、材料的不同性能、效果。 知道中外若干最有代表性的美术家及其代表作。	联系生活,尝试进行粗浅的造型表现,表达对事物的感受。 知道欣赏和评议美术作品的方法。	愉快、积极地参与以造型游戏为表现形式的美术活动,在活动与合作中感受造型创作的乐趣,能用欣赏的眼光观察自然物和艺术品。
三至五年级	知道美术基本要素的构成规律,能运用简单的造型手段, 了解若干著名的中外传统及现代经典的美术作品,基本能表达自己的审美感受。	结合生活和已有的知识经验进行简单的造型表现、设计与创造,懂得欣赏和评价美术作品的方法。	热情主动地参与造型表现的美术活动,逐渐形成健康、良好的审美情趣,具有对民族文化艺术的情感。

续　表

年级	知识与技能	过程与方法	情感态度与价值观
六至七年级	懂得美术造型要素的一般构成规律，掌握适用的造型手段，知道中外美术史上主要的流派，能用美术词汇表达和交流自己的审美感受。	选用合适的美术工具、材料和表现手段，在造型表现、设计与创造中较贴切地表达自己的情感和思想，掌握欣赏和评价美术作品的方法。	积极自主地参与各种类型的美术活动，形成积极高雅的审美情感，理解和尊重人类文化艺术遗产，了解多元文化现象。

（二）关于学情的分析

《联想》单元属于上海教育出版社《美术》教材中的绘画单元内容。本单元主要通过收集材料进行添画联想，在教学设计过程中需要前置一些收集、引导学生提出问题、解决问题并展示收集成果的环节，从而锻炼对材料辨识、取用能力，培养美术学科核心素养，达到学科育人目的。

1. 所具备的美术能力

综合材料创作作为美术表现的重要手段之一，用各种综合材料的处理来表达对美的体验与理解，并且给人视觉美的感受。我所承担的一、三年级的学生经过几年的综合材料创作的积累，已经具备了一定的搜集、处理材料的能力，大部分学生已经能在课前根据学习单去收集、处理材料，课堂上进行相应的创作，并且能根据创作主题的不同，自动选择相对应的材料。但随着年级的增高，对学科的学习产生了一定的松懈，因此活动设计需要考虑如何持续鼓励学生积极参与审美表现。

2. 学生美术能力的差异性

小学阶段的美术活动中，男生女生表现能力具有一定的差异性，女生普遍乐于参与到美术创作活动中来。但是男生状态不及女生，男生往往因为材料丰富而特别容易激动，课堂纪律差。除了个别几位男生自控能力比较好之外，其余男生的创作能力相对比较弱。

3. 对美术活动兴趣点的不同

学生因为自身美术功底的不同，所呈现的课堂活动关注点也不同。美术课要动手创作，并且调动综合能力表现美感。在三(6)班中，整体的创作能力就很突出,他们可以运用不同的材料经过不同形式组织成比较好的效果。但是三(1)班就适合将一种材料运用到极致,不具备多种材料综合创作的能力。因此根据学生不同的兴趣点,教师需要设计丰富多样的创作类活动,以满足各类学生的能力需求与审美喜好。

(三) 关于美术教学实践路径的分析

兴趣是学好美术学科的敲门砖。在实践教学中,如果学生对美术产生了浓厚的学习兴趣,美术创作灵感将如泉涌,美术作品的质量也将跃升到一个新高度。因此,教师应把生活化元素与美术教学活动融合到一起,整合丰富的教学资源,结合多媒体教学设备的声、光、影、像以及生活中美的元素,构建一个趣味化、形象化的高校课堂,以促进学生审美能力的提升。

1. 视频导入,创意联想

多媒体教学设备已经成为美术课堂常用的一种教学工具。为了增强美术教学的趣味性,使教学过程更加清晰、直观、生动、形象,教师可以事先将讲述的内容制作成视频课件;然后通过色彩丰富以及动态化的图片与视频影像吸引学生的注意力;同时将生活的元素融入教学画面中,让学生充分发挥想象力与创造力,创作出精彩的美术作品。

2. 学科关联,思维拓展

美术学科与其他学科之间存在着密切的联系,比如,语文学科中的彩色插图,数学学科中各种各样的形状都是美术学科创作中的关键要素。因此,为了培养学生的思维拓展能力、深入挖掘学生的美术创作潜质,教师可以将美术学科和其他学科关联到一起,让学生结合生活中的某一个场景、某一种生物、某一处景观,创作出一副生活色彩浓厚的美术作品来。这种趣味性教学方法不仅深受学生的喜爱,而且让学生在创作的过程中能够提取现实生活中美的元素。

3. 情境创设,灵感激发

生活化教学与小学美术的有效融合不仅体现在生活联想与创意方面,更多的是学生对生活的感悟与真实的体验。在创作美术作品时,学生可以将自己的亲身体验转化为创作的动力与创作的要素,并且围绕这一要素，赋予作品更多的生机与活力，使作品散发出生活的气息，具备生活化的特质。因此，教师应该在教学课堂创设一个生活化的情景，导入学生日常生活中喜闻乐见、亲身体验的生活场景，将其绘画成色彩丰富、情感充盈的美术作品，使学生的美术创作能力更上一层楼。

通过将生活体验转化成为美术作品的教学模式，学生能够将心中的真实情感抒发出来，而且在创作时利用多种综合材料进行表达，学生自由发挥想象力与创造力，进而创作出质量上乘的作品。由此可以看出，每一个生活元素都可以作为美术作品的创作题材，每一种生活中的综合材料都可以成为学生创作的源泉，美术教师应该紧紧围绕学生的主观需求，用生活化的视角开展美术教学活动，使学生真正做到学以致用。

三、指向性设计

小学"美术综合材料课"以发展美术核心素养为目标，采用学习进阶理论架构课程模式，力图在美术教学活动中实现认识进阶、思维进阶、知识进阶与能力进阶。实现美术创意思维从单项到多维、从平面到立体、从基于当下生活应用于生活。创设两大模块内容，分前后两个阶段实施，每个模块设置三个典型课例。

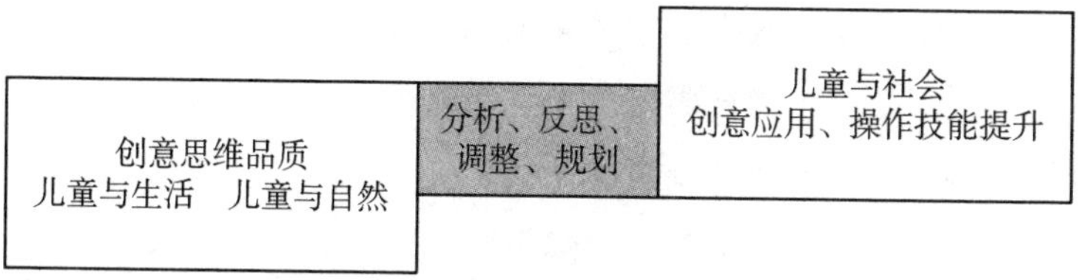

图 3－1－14　"综合材料课"设计

第一阶段实施内容：从儿童与生活、儿童与自然、儿童思维的深度与广度拓展三个方面开发课例。《像什么》《透明的联想》《一杯水的联想》均采用借物想象的形式进行，所借之物，即联想所依托的媒介均来自日常随处课件、随处可得的自然物像：云、水、山、石、树、勺子、铅笔、书包、衣帽等学生最为熟悉的事物。以儿童生活为中心，引导学生在生活中建立美术创意思维意识，能够对自然与生活中观察到的物象展开自发的多维想象，进而提升学生深度学习与高阶思维的能力。

第二阶段实施内容：基于第一阶段儿童已经具备的创意思维习惯和思维品质，把儿童富于幻想、乐于在游戏中进行角色扮演、乐于利用生活中的多种素材进行创作的特性发挥出来，实现创意思维的持续提升。

四、实践性行动

（一）综合材料的创意联想

第一阶段的美术综合课主要培养了学生善于观察生活与自然，并且从中发现美、创造美的审美、创美意识，逐渐形成美术创意思维习惯。其价值已不仅仅是美术创意活动，而是呵护儿童心灵与精神的重要载体。不论儿童身处何处，都可以不受限制地结合身边事物展开联想，从而丰富、优化其精神世界。儿童无力改变周围客观物质世界，但却可以丰盈、富足其内心精神世界，构建无限美好的想象空间。

片段一　综合材料创意联想

教师：让我看看你们收集的材料

学生 1：老师你看这是我收集的透明的塑料材料。

教师：它让你想到了什么呀？

学生 1：材料的弧度让我联想到了山水。

学生 2：老师，看我的，我带来的是白色透明主题的手套！

教师：那这手套让你想到了什么？

学生 2：那些种在后院里的胡萝卜，大人国里长腿叔叔的腿。

……

第一阶段的《联想》单元中：《像什么》《透明的联想》《一杯水的联想》三个课例均来自学生生活与自然，美术是儿童重要的生活方式，儿童生活在社

姓名:　　　　　　班级:　　　　　　学号:

1. 写一写，你收集过的材料分别有哪些？

____

____

2. 描述你现在材料袋里都有哪些材料了？

____

____

3.关于易碎主题，你能联想到什么？

____

____

4.你要收集哪些易碎的材料?

____

____

图 3-1-15　综合材料创意联想学习单

会环境之中，应对所处环境有所感悟与思考，所设计课例均指向这一目标。

实施中发现学生能够根据教师提供的问题线索进行联想，学生基于材料进行发散想象的能力得到锻炼。存在的问题如下：缺少学生动手参与的立体创意活动，学生没能实现从平面创意到立体创意的思维与提升；课例实施中的小组合作教学形式，仅仅局限在小组成员之间的讨论，没有实现真正的分工与合作、团队意识与合作意识没有体现。

结合以上反思，调整到第二阶段计划：从引导儿童关注自然和生活向关注社会拓展；从基于儿童生活、呈现生活，到应用生活、引领生活进阶；从平面化创意呈现向立体创意呈现的提升；从个别学习向小组合作学习转化。

（二）综合材料的创意应用

第二阶段教学设计重点围绕学生当下所学知识与未来生活关系的搭

建。《中国教育现代化 2035》基本理念第六条指出"更加注重知行合一",坚持能力为重,以知促行、以行促知、学以致用、努力培养学习者的职业素养和创新创造能力。

片段二　综合材料创意应用

学生 1：老师,你看我用家里收集来的棉布和不要的废纸,就做成了一个可以两个人一起表演的道具!

学生 2：老师你猜一猜,我们的这个背景板是用什么做的呀？是用的红酒塞哦!

学生 3：可是我们小组的头饰还没有想好用什么做！怎么办?

教师：他们都用了不透明的材料,你们可以用逆向思维思考一下,还有哪些生活中的材料可以拿来用?

图 3 - 1 - 16　学生作品

设计的课例基于创意应用于生活、美化生活进行设计与实施,围绕美术学科的核心素养,以学生兴趣、审美、创造力、价值观为主展开课例内容。基于多元智能理论,尊重儿童能力差异,教学中采用展现学生个性的个别学习与小组合作学习相结合的方式,且在合作中实现能力的互补与共同成长,既充分、集中、有效地展现每一个孩子独特的个性,又在合作中意识到个人能力的局限性和集体分工合作的有效性,体验集体创作的成就感，从而强化集体协作意识。从学生的学习过程与学习效果看，学生在第一阶段“创意联想”的基础上，锻炼了发散想象的能力，他们已经初步形成了材料运用的设计轮廓；在第二阶段“材料创意应用”阶段，能够根据之前建构的设计轮廓，主动搜集可利用的材料，进行简单的造型表现、设计与创造。最终作品的顺利完成使学生切实感受到美术活动与生活的密切联系。

五、反思性发现

小学阶段的美术教学是激发学生创造力的最佳阶段，这一阶段充分利用、设计综合材料的媒材活动来激发小学生的天性，激发小学生的学习情趣与艺术创造力，优化创作学习的氛围，吸引其融入美术课堂中积极参与、积极表现，锻炼自己的美术素养，为小学生的综合成长和学习能力提高奠定基础。

如上教学实践经历让教师进一步理解了小学美术学科育人的主要要旨：

（一）综合材料提高学生创造力

创造力培养是一个抽象综合价值体系，在美术课堂上开展有效的综合材料专题教学活动，提高学生的综合能力，在特色教学的过程中，开展有效的教学活动，锻炼学生的创造力思维。将美术特色资源灵活地应用在课堂活动中，积极搜集生活中的美术资源和分享材料，综合跨学科、跨领域的教学内容在特色教学活动中交叉，用专业的知识来解析美术知识和绘画技能，让学生探究生活中存在的美术现象和艺术价值。基于学科综合来提升学生的美术认知能力和学习经验，提高其发散思维和创新思维，让其融合到美术教学的氛围中。

（二）主题创意育人练就专业复合型教师人才

在以媒材为中心的教学中，最大的优势就是能够让学生亲自动手实践，并在实践中学习。教师作为教学的主导者，更应该触类旁通。

总而言之，在艺术综合材料教学实践期间，还有很多不足之处和值得商榷的地方。随着教学经验的不断累积，教师还会不断改进和完善。采用媒材艺术这个教学所展开教学的目的，就是让每个学生体会到艺术的魅力，为日后的艺术实践打下坚实的基础。新时代的教师也要勇于不断地改进教学方法，鼓励学生敢于创造，留给学生创新空间激励学生发现美、鉴赏美、创造美。

六、批判性建构

（一）利用综合材料类主题创意课程转变教学方式，少讲多做

通过以材料为主题抓手的创意类课程，凡是能让学生想的就让学生去想，凡是能讨论的就让学生去讨论，凡是学生能写的就让学生写，凡是学生能做的就让学生亲自做。给予学生充分的自学时间、提问时间、思考时间和创作时间。

（二）拓宽自主空间，发展学生个性

教师尊重、启发学生内在的主动性，放手让学生表现自己的独特性。因此通过收集材料、改造材料、综合运用材料的过程促进学生展现自己的个性。

1. 给予学生选择学习内容的空间

通过材料给予学生充分的空间，并让学生通过不同的主题认识到自己的兴趣爱好，基于此进行自主积累。选择的空间，使得学生的个性得到发展。

2. 给予学生选择学习方法的空间

由于学生自身的特点（如认知水平、理解能力、接受方式、兴趣爱好等）不同，他们所选择的学习方法也往往不同。因此，当学生通过材料主题掌握到了一定的方法之后，就可以把选择学习方法交给学生。

3. 创建学生展示学习成果的空间

通过各类综合材料主题的学习，学生会累积大量不同类型、大小、主题的创意作品。由此，可在每个班级开辟创意成长树（乐园）等展示优秀

作品；给每个学生建立成长档案袋，收集代表性习作，记录其成长的足迹。这些可以大大增强学生的自信心，提高学习热情。

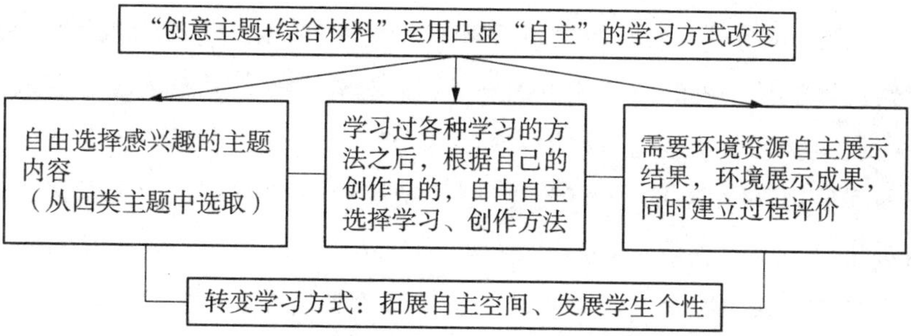

图 3-1-17　"创意主题＋综合材料"学习流程图

第二节　学科育人内容及价值挖掘

叶澜认为：学科育人价值"除了指该学科领域所涉及的知识对学生的发展价值外，还应该包括丰富学生对所处变化世界的认识；为他们在这个世界中形成、实现自己的意愿，提供不同的路径和独特的视角；学习该学科发现问题的方法和思维的策略、特有的运算符号和逻辑；提供一种唯有在这个学科的学习中才可能获得的经历和体验；提升独特的学科美的发现、欣赏和表现能力。"①即学科教学要从学科的独特性质和任务出发，发展学生的学科素养，不同的学科在学生核心素养的培育中具有独特的价值。反过来，虽然各种具体学科素养都对学生的学科核心素养发展起着支持作用，但是只有当各种具体学科素养汇聚为一个有机的整体，才能最终生成学生的学科核心素养②。

育人价值全面深度开发的难点，一是难在全面，要兼容育知、育识、育方法，向全面育人提升；二是难在关联，涉及学科与育人、知识与育人、方法与育人、工具与育人等多维度多层面的关联；三是难在转化，从普遍、一

① 叶澜."新基础教育"发展性研究报告集[M].北京：中国轻工业出版社，2004：21。
② 李松林.学科核心素养的发展机制与培育路径[J].课程·教材·教法，2018(3)：31—36。

般到特殊、具体的转化。这种转化最终指向教师基于学科育人价值的转化能力：将教学共同育人价值观，具体转化为本学科的教学设计、教学过程和教学反思的能力。[①] 在课堂教学过程中，不同学科、不同类型的学习内容，具体的"教学设计、教学过程和教学反思"存在着不同程度的差异。支架式教学是一种广泛使用的教学方式，支架式教学思想来源于苏联著名心理学家维果斯基的"最邻近发展区"理论。根据欧共体"远距离教育与训练项目"(DGX Ⅲ)的有关文件，支架式教学的定义是："为学习者建构对知识的理解提供一种概念框架(conceptual framework)。这种框架中的概念是为发展学习者对问题的进一步理解所需要的，为此，事先要把复杂的学习任务加以分解，以便于把学习者的理解逐步引向深入。"[②]教师开展支架式教学时，一般包含"搭脚手架、进入情境(概念框架中的某个节点)、学生独立探索、小组协作学习、反馈与评价"等流程。教师可根据具体教学需要，选择、设计适切的支架，如图表支架、范例支架、问题支架、提示支架、向导支架、工具支架等。

案例1：自然中孕育　碰撞下升华

——听障学生沟通与交往课《喜鹊》的案例分析

上海市闵行区启音学校　李燕珍

2016年，教育部制定了《聋校义务教育课程标准》[③]，涉及品德、历史、沟通与交往等14门学科，将聋校课程教育改革推向了新的高潮。在聋校，听障学生常伴随不同程度的听力损失，其听说表达、沟通技能、整体发展等都会受到影响。这些不仅限制了他们参与生活的范围与质量，也阻碍其形成健全人格和健康心理。为了发展听障学生的语言能力，培养听障学生的健全人格和社会适应能力，2007年《沟通与交往》课程首次出现

① 李政涛.深度开发与转化学科教学的"育人价值"[J].课程·教材·教法，2019(3)：55—61。

② 何克抗.建构主义革新传统教学的理论基础(二)[J].学科教育，1998(4)：18。

③ 中华人民共和国教育部.聋校义务教育课程标准(2016版)[S].http://www.moe.gov.cn/srcsite/A06/s3331/201612/t20161213_291722.html，2016-12-01。

在了教育部公布的《聋校义务教育课程设置实验方案》[1]中，培养听障学生的沟通与交往能力受到越来越多的关注。

一、理解性认识

教书育人，是教师的职业使命。教师借助课堂，将不同的学科知识与技能进行传播。而这些学科性的知识和技能，看似独立，却在背后蕴含着深刻的文化底蕴、思维理念和情感态度。如何在教书育人中，以德为先，培养学生的核心素养？党的十八大和十八届三中全会提出了“要将立德树人的要求落到实处”。这就要求教师要从“全人”终身发展的高度出发，以核心素养为引领，借助知识与技能的传授，培养学生对于文化的理解、科学精神的学习、健康生活的规划、学习能力的提高、责任意识的觉醒及创新理念的萌芽。

2016 年，教育部正式制定了《聋校义务教育沟通与交往课程[2]标准》，确立了《沟通与交往》的课程性质、课程标准、课程内容等要素，规范了这门新兴学科的实施。

解读课程标准会发现，《沟通与交往》是一门兼具工具性与人文性特点的课程。所谓工具性，即课程以满足聋生的沟通需求为出发点，紧密围绕其家庭生活、学校生活和社会生活，通过口语、手语、笔谈等多种沟通方式，培养聋生在不同情境中与人沟通交往的能力；而人文性，则是指课程实施中，始终坚持育人为本，践行社会主义核心价值观，以观察、体验、操作等形式，引导听障学生在构建知识和发展技能的同时，拓宽视野、活跃思维，从而继承我国优良的传统文化，形成积极向上、爱国爱家的良好品行。下面即以《喜鹊》一课为例，探讨在沟通与交往课中，如何以提高沟通交往能力为重点，培养听障学生对中国传统优秀文化的感悟与传承。

---

① 中华人民共和国教育部. 聋校义务教育课程设置实验方案[S]. http://www.moe.gov.cn/srcsite/A06/s3331/200702/t20070202_128271.html，2007-02-02。

② 中华人民共和国教育部. 聋校义务教育沟通与交往课程标准(2016 年版)[S]. 北京：人民教育出版社，2018。

二、解构性定位

(一) 教材分析

《喜鹊》一课例选自三年级语训校本教材《可爱的小动物》单元。这一单元主要学习生活中常见的昆虫、鸟类、海洋动物、家禽家畜，在听说训练中，提高学生对字、词、句的看、听与表达能力，从而能够在沟通与交往中进行实践运用。

本课例主要围绕声母音位/q/开展，分为康复和教育两个类别：从康复角度出发，以目标音位/q/开展听（或看）和说词说句，使得学生初步掌握舌面音的发音；从教育角度出发，了解和认识喜鹊的外貌特征、生活习惯和本领，理解"益鸟"的概念，培养学生对小动物和大自然的热爱之情。

解读教材内容可以发现，《喜鹊》课例的核心内容是围绕如何引导听障学生感知、辨识声母音位/q/，借助听（或看）、说（或手语）等方式，在沟通中形成技能的熟练应用。而透过核心内容，该课例紧密围绕"立德育人"的主旨，通过各种可爱的小动物，将大自然呈现在课堂中，引导学生去探求自然界的神奇与美妙，激发学生对自然、动物与生命的认识与接纳，这也符合《沟通与交往》课程学科育人的深刻内涵。

(二) 学情分析

本次授课的对象为三年级(2)班，共 7 名学生。其中，有 6 人双耳佩戴助听器，一人右侧植入人工耳蜗；助听效果两人为最适合，两人为适合，二人为看话，一人听力重建效果较好，阶段评估报告显示：5 名学生已习得声母/q/，但在词、句中的发音不稳定；2 名知道发音方式，但会出现发音错误或替代成音位/t/等。此外，全班 7 名学生在语言认知发展上也存在较大差异，有 2 名学生整体发展较好，3 名学生发展适中，另外 2 名学生发展滞后。以上情况表明：

1. 该班学生的沟通能力可以分为两个层次，其中 5 人以听＋口语为主，2 人以看＋手语为主。在实施教学中，需要结合不同学生的沟通能力，给予不同的呈现内容及学习方式，以贴合学生的最近发展区帮助学生在课堂中以最近发展区获得更适合的学习；

2. 该班学生语言认知发展差异较大，因此教学中需要设计分层目标，才能够满足不同层次学生的需求；

3. 三年级学生对于世界和社会的认识还处于起步阶段，听障学生受自身能力影响，以视觉导入为先，认知上以具象为主，对于抽象化的概念较难掌握。

三、指向性设计

基于对教材、学情的分析，本课例的学习目标与活动设计确定如下：

（一）学习目标

1. 了解/q/口语、手语的表达，选择适合自己的方式，正确认读（或拼读）词语与短文，初步激发沟通与交往的自信心；

2. 通过词句练习和模拟对话，运用所学方法清晰表达/q/的相关词句，实现有效的沟通与交往；

3. 通过主题教学和情境教学，形成对益鸟的初步认识，对生态环境的责任感，从而产生敬畏大自然、敬畏生命之情。

（二）教学环节概述

图 3－2－1　《喜鹊》教学流程图

（三）设计意图

1. 医教结合，夯实技能

"医教结合"强调的是从医学角度出发，促进听障学生的沟通技能。《喜鹊》作为实践性的沟通与交往课，突出了听障学生的视觉优势，综合听、说、读三方面,为教育康复注入全新内涵,也为提高听障学生的看、听、说能力进行了积极探索。

2. 信息辅助,丰富教学

研究证明,沟通与交往课与信息技术的结合,能够促进听障学生学会学习、学会思考、学会与他人合作交流、学会创造。因此,在本课例中,借助电子书包,实现分层教学,满足不同程度的听障学生需求,使学生既能有充分的时间进行知识迁移,又能增加学习的自主性。学生在学习词语的过程中强化声母音位/q/的准确发音,在操作的同时体会自主学习的乐趣。

3. 词句学习,分层而为

词句训练是沟通与交往课的重点和难点。为了让不同层次的学生,在重难点的学习中皆有所获,教师设计时拆分了短文,为学习设置了坡度。学生根据自己的感受和能力,自主选择不同的内容进行练习,有效地提高了学习效率。

四、实践性行动

基于《喜鹊》课例的教材内容与学生的实际情况,教师制定了以上学习目标,并选择以下三个片段展示教学实践过程:

片段一:发音运动

教师:(创设情境)暖暖的春天,突然听到叽叽喳喳的声音,谁来了?

学生:喜鹊(重复3遍)。(教师记录前测数据)

教师:喜鹊真可爱,我们亲亲它吧!(引导学生进行唇的运动)

示范:亲吻、微笑(各坚持6—8秒/3组)

学生:根据老师的示范,模仿练习。(以镜子对比,监督自己与老师是否一样)。

教师:出示/üe/,引导学生齐读(或拼读)

学生：齐读（或拼读）韵母/üe/；

教师：跟着喜鹊，动动舌头吧！（引导学生进行舌的运动）

示范：舌尖抵下齿龈内侧，舌面抬起（持续10秒/3组）；

舌尖抵下齿龈内侧，舌面抵抗（持续6—8秒/3组）；

舌面向上抬起，顶住上齿龈内侧，摩擦送气发/q/；

学生：根据老师的示范，模仿练习。

教师：分别出示字卡/q/、/que/，引导学生齐读。

技能提高是沟通与交往课的重要途径。听障学生因听力受损和言语功能不足，在日常沟通中无法有效接收和反馈信息，人际交往产生了一定的阻碍。片段一先测试了解学生的课前能力，为课后技能习得与否提供了参考依据；然后引导学生观察、模仿、实践，改善唇、舌等构音器官的运动功能，为正确发音奠定基础；最后通过运动-发音的过渡，帮助学生习得正确的发音技能，从而建立在词句中清晰发音的知识与能力。

片段二：词句训练

教师：喜鹊是我们人类的好朋友，请打开小电脑，了解一下这位朋友吧。

学生：（利用多媒体）自学词语；

喜鹊、栖息、好帮手、报喜鸟、叽叽喳喳、成群结队

教师：谁能用这些词语介绍下喜鹊呢？（引导用1—5个词语造句）

学生：（举手造句）。

能力发展是沟通与交往课的首要任务。创设不同的情境，引导听障学生进行造句并累积经验，掌握目标音位/q/的听（或看）、说（或拼）能力，从而更有效地掌握沟通交往的知识技能和运用策略。片段二利用了多媒体技术，将“喜鹊”以直观的方式呈现，为听障学生创造了真实的情景，使得其能够将发音技能进行应用，进一步提升发音的准确性。

片段三：诵读练习

教师：你们说得真棒！那喜鹊还有什么本领呢？打开你们的小电脑，一起读一读吧。

"喜鹊的体形很大，羽毛大部分为黑色，肩腹部为白色。喜鹊喜欢成群结队地生活。清晨，它们在田间捕食害虫；夜晚，它们在树上栖息。当遇到危险时，它们会发出急促的"洽，洽，洽"警报音。喜鹊是农民伯伯的好帮手，也是人们喜欢的报喜鸟！"

教师：(指导学生自主朗读短文)

教师：谁能给大家介绍一下喜鹊？(引导学生介绍喜鹊)，分段朗读；

学生：(举手朗读)。

教师：(出示视频)喜鹊遇到了麻烦，这可怎么办？

学生：(自由发言)。

教师：喜鹊是人类的好朋友，我们要保护它们，就像保护环境生态中的其他生物一样。请你说说，你的周围有什么保护环境、保护生态的好人好事？

学生：(自由发言)。

以德育人、弘扬传统文化是沟通与交往课的最终目标。坚持以德育人，让听障学生在沟通与交往中体会乐趣、学会礼仪、感知文化和传承思想。片段三引导学生通过朗读感受"喜鹊"的可爱之处，在词句的理解中激发学生思考问题、判断是非，在畅所欲言中体会表达的愉悦、交流思想的火花。

五、反思性发现

通过《喜鹊》课例的教学，7 名学生在听觉、言语、语言认知等方面基本达成了既定的教学目标，表现为：学生习得了/q/的发音技能与方法，能够通过听(或看)识别,并在句中清晰发音(或口型拼读正确);增加沟通交流能力及信心,课堂中主题说话参与度达100%;提高了参与社会的意识与责任,能表达对“喜鹊”的喜爱及“珍惜生命”“爱护动物”等关键点。

(一) 核心经验

1. 有效的口部运动打下了扎实的基础

在教学中,通过针对性地运动,改善发音器官的功能,为进一步的发音打下了扎实基础;同时,将运动与发音结合,引导学生观察、模仿发音时下颌、唇、舌的运动,从而学会清晰发音。这也证明,知识与技能的习得,是学科育人的第一步。

2. 情景化的词句练习提高了构音清晰度

本课堂充分利用了多媒体资源,为学生创设了一个真实又丰富的探索环境。学生身在其中,有了主动学习、积极表达的欲望,令枯燥的词句练习,充满了吸引力,从而在强化练习中,有效地提高了听障学生的构音清晰度。

3. 开放式的交流激发了沟通的火花

本堂课在主题说话环节融入了诵读练习,以读带说、以诵促情,为学生创造了一个开放式的情境,引导学生主动探索、积极实践、勇敢表达,将课堂与社会相连,让学生树立“我是一名社会人”的意识,既符合沟通与交往的学科特性,也实现了学科育人的目标。

(二) 问题与不足

当然,课堂也有不足之处,主要表现为以下两方面:

1. 课堂目标的评价方式比较单一且不成系统,前后测对比仅能反映学生对/q/发音的掌握情况,而学生的参与度、能力提高的程度以及情感价值观等,只能从教师课堂观察出发,缺少量化的评价标准。

2. 由于校本教材的周边资源较少,因此在教学中使用的多媒体(图片、视频、动画等)主要以教师出示的方式呈现,缺少一定的神秘感,也影响了情景创设的连贯性。

六、批判式建构

（一）教学改进举措

1. 引入课堂观察表，实现课堂评价的多元化

《沟通与交往》课程评价目的是分析学习效果，调整教学计划，改善教学方法。因此，在设计时需要突出评价的诊断与发展功能。引入课堂观察表，可以综合评价听障学生在学习过程中的参与性、反馈度、情感态度与思维发展，着重评价学生的表现与进步；量化的监控是定量评价，可以客观分析学生在学习中对发音技能、语言技能、沟通技能的掌握情况。过程性评价与定量评价的结合，令课堂变得更为立体，教师也能在课后有据可循，为日后的教学提供参考。

2. 建立课程资源库，区域联动共享集体智慧

由于《沟通与交往》属于新生学科，因此相关课程资源十分稀少。在日后教学中，可以考虑以学校教研组为单位，集体备课，共享资源并积累建立相关配套的多媒体资源库，与区域内其他学校共享资源，从而丰富课堂教学的内容与形式，为学生营造更为生动的课堂。

（二）学科育人的反思

《沟通与交往》课程的最终目标，是引导听障学生在沟通与交往的过程中，培养良好的个性、健全的人格与合作的精神，逐步形成正确的世界观、人生观和价值观。通过《喜鹊》课例的教学，从侧面反映出，学科育人下的学科教学，不仅需要以学生为中心，也需要教师倾注情感，营造积极的课堂氛围。

1. 学科育人，目标中有学生

知识垒建，曾经是学科教学的突出特点。课堂的单一结构，也让教学失去了光彩，沦落为单向的"传道授业解惑"。

当下的学科育人，则将课堂还给了学生，让学科教学变得更富有"人文气息"。目标中有学生，就是要运用课前的评估，了解每个学生的能力

水平与最近发展区，把学科教学的知识与技能进行难度的细化，以此匹配学生当下的能力。

“学成于思，思源于疑”。知识与技能的学习，要遵循学生的认知规律，基于学生的教育需求，强调过程认识、方法习得、知识迁移，在主动学习中发现知识的奥秘，积极探索中掌握迁移知识的方法。课堂教学是实现学科育人的主战场，教师必须抓住学生的认知与思维盲点、情感态度触发点，引导学生围绕知识与技能解决当下的问题，从而在学科学习中获得核心素养的提升。

2. 学科育人，教学中融情感

教育家夏丏尊曾将教育里的爱比作池塘里的水，“没有爱就没有教育”。实现学科育人的第二个重要方面，就是要在教学中融入情感，完成知识技能与情感体验的升华。

知识与技能的构建，是学科育人的基础；而课堂有了情感，才会令教学富有意义。情感具有感染的特性和动力的功能，充满活力与情感丰富的教育教学，是吸引学生的重要因素。

教育教学中的情感，其一是体现在知识点的延伸中。对于事物、人文、社会的思考会带动学生体验、建立或维系情感；其二是体现在学生与教师间的互动交流中。学生的回答、表现、提问，教师的评价、反馈、回答，小到一个眼神，大到一次掌声，都是情感在彼此之间的传递。

学科育人的课堂，在积极、正向的情感体验中，不仅有利于引导学生形成良好的心理品质，也会因为师生间的情感投入，让思维频率发生共振，提高学习效率。

案例 2：真学·真懂·真信·真用

——以“我国的生产资料所有制”为例

华东师范大学第二附属中学（紫竹校区）　孙红艳

党的十八大以来，习近平总书记站在新时代发展的战略高度，多次强调立德树人是教育的根本任务。《普通高中思想政治课程标准（2017 年版2020年修订版)》①(以下简称"新课标")指出：高中政治课程是一门以立德树人为根本任务，以培育社会主义核心价值观为根本目的，是帮助学生确立正确的政治方向、提高思想政治学科核心素养、培养正确社会理解和参与能力的综合性、活动型学科课程。高中思想政治的教学基于立德树人这一教育根本任务，重在培养学生的政治认同、科学精神、法治意识和公共参与四大核心素养。为此，需要学生能够真学、真懂、真信、真用马克思主义：真学是前提，不断学习马克思主义中国化的最新理论成果，培育和践行社会主义核心价值观；真懂是全面深刻地理解，把学与思结合起来，把学与用结合起来，能做出正确价值判断和行为选择；真信就是筑牢信仰之基，培养学生做中国共产党和中国特色社会主义的坚定信仰者和忠实实践者；真用就是要坚持内化于心，外化于行，知行合一，把爱国情、强国志、报国行自觉融入实现中华民族伟大复兴的奋斗之中。

一、理解性认识

与初中学段相比，高中阶段的学生自我意识愈发增强，主要表现为对自己的行为和态度调控水平和能力的不断提高。此时教学目标设置应该引导学生在头脑中将自己的活动结果与活动目的进行比较，引领学生以内心的行为准则对自己的言行实行监督调控，引导学生由衷地拥护党的领导和中国特色社会主义制度。

培养学生政治学科核心素养是抽象的，也是具体的；是情感上的，也是实践中的。"新课标"基本理念第三条提到"在课程实施中，要通过问题情境的创设和社会实践活动的参与，促进学生转变学习方式，在合作学习和探究学习的过程中，培养创新精神，提高实践能力"。通过创设学生熟悉的、可以深度参与的问题情境实现真学，提升学生的真认知；引导学生运用学科知识在观察、辨析、反思、推理的过程中实现真懂；通过"感受—认同—内化"不同阶段，在探索中实现真信；通过开展实践活动引导学生

① 中华人民共和国教育部. 普通高中课程方案和语文等学科课程标准(2017年版2020年修订)[S]. http://www.moe.gov.cn/srcsite/A26/s8001/202006/t20200603_462199.html, 2020-05-13。

行为，真正地达到学以致用。本研究以高中思想政治必修 2《经济与社会》第一框“我国的生产资料所有制”教学为例，引领学生在探究、质疑、释疑、实践中求真，引导学生真学、真懂、真信、真用马克思主义。

二、解构性定位

（一）课标要求

了解各种所有制经济的地位与作用，阐释公有制经济与非公有制经济的相互促进、共同发展，明确坚持毫不动摇地巩固和发展公有制经济，毫不动摇鼓励、支持、引导非公有制经济发展。

（二）教材分析

从单元教学整体看，本单元依据习近平新时代中国特色社会主义经济思想，讲述了中国特色社会主义经济建设中最基本的原理，介绍了我国经济社会建设所处的基本制度环境与经济体制，为第二单元的学习奠定了坚实的理论基础，为学生参与经济生活、正确认识经济现象提供了有效的理论武器。

从初高中衔接看，该内容是八年级下册第五课第一节内容的拓展与深化。本框教材在学生已有认知的基础上，侧重从理论及实践层面上讲述“为什么要多种所有制经济共同发展”，从而与初中相关内容共同构成比较完整的知识体系，做到螺旋式上升。

（三）学情分析

有了初中的认知基础，高一学生对这一话题并不陌生。为了明确教学起点，特通过课前调查收集相关信息，分析检测结果，立足客观学情实际情况，确立教学目标、教学策略。课前调查以问答的形式开展，旨在弄清楚学生对“我国生产资料所有制”内容及优势等的理解程度。

学生认知情况：能够从具体的经济现象中概括出我国存在的各种所有制形式，但对“我国的生产资料所有制”的认识不全面，对其特色和优势的理解模糊。

学生基本态度：认可各种不同所有制经济在社会发展中的重要作用，但对各种所有制经济的地位及意义的理解和认同有待增强。

学生能力基础：初步具备从感性思维上升为理性思维的能力，但调动和运用"我国的生产资料所有制"相关知识，论证、分析、解决问题的能力有待增强，学生理论思维能力和联系实际解决问题的能力有待提高。

三、指向性设计

（一）单元教学思路

根据新课标要求，着眼于学生的真实生活和长远发展，遵循"教学内容活动化、活动设计内容化"课程实施原则，培养学生透过现象看本质、概括与归纳等思维品质，提升学生的政治认同、科学精神等学科核心素养。

立足"我国的生产资料所有制"是什么、为什么、怎么做的逻辑线，把教材内容重新解构为"认识—论证—实践"我国的生产资料所有制。将"疫情下的中国企业与中国经济"作为主议题，设计课前、课中和课后三个阶段的不同任务。创设学生熟悉的真实情境，运用自主辨析、合作探究的教学方法，引导学生将"我国的生产资料所有制"与生活经验有机结合，增强学生对其认知，激发学生产生内心共鸣和震撼，将理性的政治认知内化为政治情感、信仰，增强对中国特色社会主义制度的自信。

综合课标要求与具体学情，本单元教学目标重在：正确认识我国生产资料所有制的形成和发展，依循历史逻辑证实我国生产资料所有制的科学性；结合中国经济交出疫情下最好答卷的探究，理解公有制主体地位的表现、原因及其重要作用，归纳我国生产资料所有制的特色和优势；进一步在课内外开展指向问题解决的实践活动，培养学生认同中国特色社会主义制度，并努力学习，心怀国家，勇于承担社会责任。其中，公有制的主体地位是教学重点，而对我国实行"公有制为主体，多种所有制经济共同发展"的必然性则是难点。

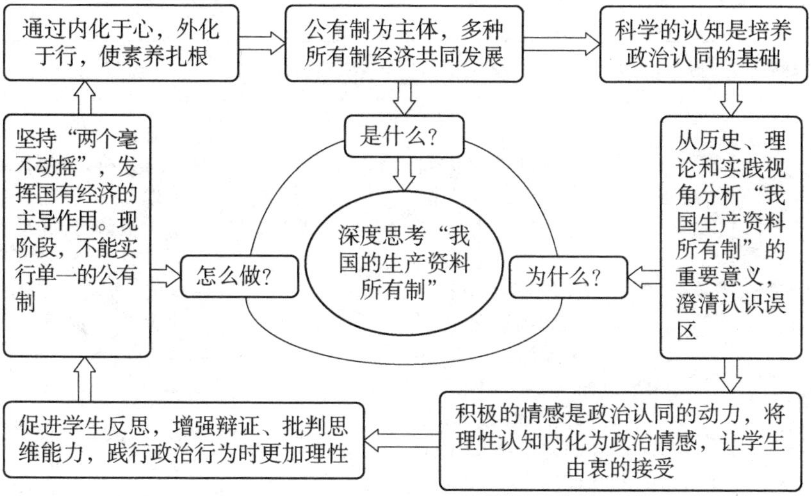

图 3-2-2　教学思路图

（二）教学过程设计

教学过程中，首先全班同学按每组约 6 人，自由组合分成 6 个小组。每两个小组分别围绕“我国的生产资料所有制”“是什么”“为什么”“怎么做”三个话题进行自主辨析和合作探究。再由各小组根据具体议题加以访谈、查找文献等方式收集整理资料；最后各小组将课件以及课堂发言的提纲交给老师。整个教学设计重在发挥学生的主体作用，促进学生自主辨析、合作学习，增强对我国不同所有制性质企业对经济发展、社会进步的贡献的感知，培养学生分析、概括、论证等思维品质。具体教学环节如下：

表 3-2-1　教学环节设计一览表

教学	教学情境	议题链	学生行为	设计意图
发现问题：是什么	时政资料：不同性质所有制企业在“抗疫”中的具体行动。	议题探究：公有制和非公有制经济的范围、性质和地位？	负责“是什么”话题的小组汇报课前学习成果，并结合实例回答以上问题。	关注学生的情感体验，调动激活学生以往学习内容，引导学生结合不同性质企业在“抗疫”中的贡献，初步认识我国生产资料所有制的性质和地位。

续　表

教学	教学情境	议题链	学生行为	设计意图
分析问题：为什么	时政资料：国有企业“跨界”战“疫”。	议题探究：选一个角度谈谈你对国企“跨界”战“疫”的看法？ 议题思辨：发展非公有制经济会不会动摇公有制主体地位？	负责“为什么”话题的小组汇报课前学习成果，并结合实例回答以上问题。 小组讨论，分享	通过对国企“跨界”战“疫”的分析，感悟国有企业地位重要和关键作用。引导学生从内心深处认同公有制主体地位，增强对中国特色社会主义制度的理解与认同。
	观点辨析：网络中关于“生产资料公有制”的不同说法。	议题探究：公有制为主体是不是社会主义初级阶段经济制度的根本特征？ 议题思辨：如何看待美国将中国经济理解为“国家资本主义”？	各小组同学思考讨论之后，展示自己的观点	从历史、理论、实践三个视角回应认识误区，引导学生懂得真理是具体的、有条件的，深度构建学科知识，培养学生辩证性的思维能力和批判性的思维涵养。
解决问题：怎么做	时政资料：疫情下我国画出“V”型增长弧线。	议题探究：即使遭受重大打击，中国经济依然能够行稳致远。请选择某个角度分析理由？	各小组同学思考讨论之后，展示自己的观点	通过分析中国有能力克服目前已经带来的困难，引导学生透过现象看本质，坚定中国特色社会主义“四个自信”。
	制订方案：疫情面前，企业如何面对严峻的挑战。	议题探究：新冠疫情期间，如何助力各类企业经营发展？请你选择某种性质的企业谈谈自己的看法。	负责“怎么做”话题的小组汇报课前学习成果，并结合实例回答以上问题。	学生不仅知道是什么、为什么，还能明白应该怎样做，通过小组设计解决方案，培养学生创新创造能力，以及分析解决实际问题的能力。

四、实践性行动

联系实际、引出话题，是高中政治教学激发学生参与及兴趣的重要方式。

(一)"为什么"话题教学

教学要点一：公有制为主体是不是社会主义初级阶段经济制度的根本特征？

探究：有人说"社会主义有公有制，资本主义也有公有制，公有制不是社会主义的本质特征"，你如何看待这一问题？

学生1：生产资料所有制性质决定社会性质。我国的公有制是新民主主义革命胜利后建立起来的人民共同占有生产资料的所有制形式。这样的形式是实现共同富裕的基础。

学生2：资本主义国家代表的是资产阶级的利益。资本主义国家与我们社会主义国家的国家性质有根本的区别。

教师：请同学们观看微视频《这就是中国》：中国是国家资本主义吗？结合材料和视频谈谈如何理解社会主义初级阶段经济制度的根本特征？

总结：我国的基本经济制度不是天上掉下来的，是在长期的实践探索中逐步形成和发展完善的。既体现了社会主义制度优越性，又同我国社会主义初级阶段社会生产力发展水平相适应，是党和人民的伟大创造。我国的生产资料所有制是对马克思主义的继承，同时又根据实践需要开辟了马克思主义新境界。

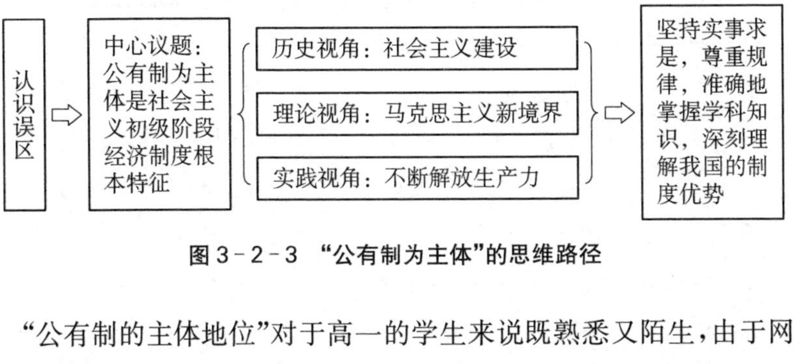

图3-2-3　"公有制为主体"的思维路径

"公有制的主体地位"对于高一的学生来说既熟悉又陌生，由于网络上的一些信息歪曲了公有制主体地位的科学内涵，严重混淆了学生的认识。因此，要引导学生思考其形成的历史背景、其确立的理论依据，结合时政知识阐述其事实依据。通过对认识误区的思考层层递进,让学生体会到真理的力量,由教材知识呈现的浅层次认同上升到深层次认同。

真信、真用来源于对学科知识的深刻理解上。从历史、理论、实践三个视角回应认识误区,不仅满足学生领会理论知识的要求,还让学生体验到思想政治学科科学精神的严谨性。通过这一思维路径引导学生切实认识我国的生产资料所有制结构对经济社会发展的巨大贡献,也为人类社会发展增添了更多的选择,在认同中理解我国坚持公有制为主体的优势和作用,坚定制度自信。

(二)"怎么做"话题教学

教学要点二:如何助力各类企业经营发展?

在极不平凡的2020年,中国向世界交出一张亮眼"成绩单"。中国经济画出"V"型增长的精彩弧线,为低迷的全球经济增添了一股强劲动力,引发外媒关注和好评。

……

教师:即使遭受重大打击,中国经济依然能行稳致远。请各小组选择某个角度分析理由?

小组C:我们小组选取的视角是两个:一是从党的领导的角度,中国共产党带领全中国人民一起努力抗击疫情。二是我国坚持"公有制为主体,多种所有制经济共同发展",各类企业积极发挥主观能动性,在"抗疫"过程中纷纷做出重大贡献。

教师:总结学生发言。追问:在疫情面前,不同类型的企业都受到冲击,生产经营都遇到严峻挑战。应如何助力各类企业经营发展?

学生:各小组讨论,5分钟后展示本组讨论的某类型企业面临的问题及可能的解决方案。

教师:组织选出最善于发现问题,以及设计解决方案最佳的小组。

总结:作为新时代的高中生,我们要关注经济社会发展,提升创造性解决问题的能力。课后我们就这一问题开展社会实践活动,请各小组与工厂、企业人员共同探讨，从而完善各小组解决方案。

一方面通过引导学生政治反思来促进学生真懂、真信。学生真懂、真信不仅要解决“是不是、如何是”等问题，更要解决“信不信、如何信”的问题。通过分析中国有能力克服疫情已经带来的困难，引导学生透过现象看本质，增强对中国特色社会主义制度特色的理解与认同。

另一方面积极的政治情感是学生真信、真用的动力。通过设计解决方案和小组分享环节，不仅有利于培养学生团结合作的能力和语言表达的能力，极大地激发学生的参与意识；而且使学生深刻理解和运用知识，提高学生运用学科知识观察、分析、解决问题的能力。培养了学生的创新意识和创新能力，使学生能用更广阔的视野看待问题。

（三）“社会实践活动”教学

教学要点三：实践性活动

开展社会实践活动过程中，笔者指导学生完成了以下几个方面的任务：

（1）成立合作小组。

（2）明确小组成员分工。

（3）撰写访谈提纲。

以上三项工作旨在让学生进一步明确在此次活动中的责任，充分调动学生的兴趣。

（4）完成考察报告。考察报告主要包括考察缘起、考察过程、考察内容、受访单位评价、考察感悟几个部分。

（5）小组汇报展示，教师以及其他小组给出等第。

真用是目的。在教学中，将“怎么做”这一教学环节延伸到课外社会实践活动，正所谓实践是检验真理的唯一标准。学生只有将学到的知识落实到实践当中才能真正地将知识融会贯通，实现学而思，学而信，学而用。在课堂教学环节，针对教师设计的实践情境问题，学生能提出解决问

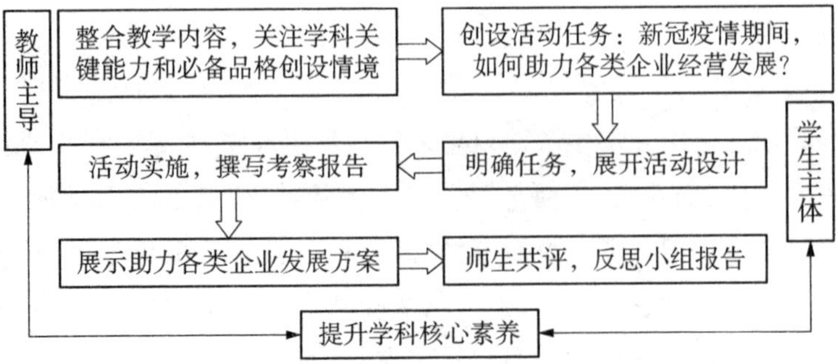

图3-2-4　实践活动流程图

题的思路、建议、方案，并能够说明理由。然而，学生只有参加实践，才能真正深刻理解书本知识，才能检验自己的思路、建议、方案是否是正确的。通过将这一教学环节延伸到社会大课堂，通过接触真实的社会，进一步评价解决问题的思路、建议、方案的有效性。经历由实践到认识，再由认识到实践的反复过程，遵循"感受—认同—内化"的认知规律，学生不仅做到真学真懂，而且在探索中深化认识，内化于心。

五、反思性发现

围绕"我国的生产资料所有制是什么、为什么、怎么做"的逻辑线对教学内容进行建构。在主议题统领下结合时政创设情境、开展学生活动，从生活到理论、从现象到本质、从知识到素养，基本达到了教学目标。下面笔者就如何在教学中使学生学懂弄通，真学、真懂、真信、真用，谈谈自己的做法。

（一）关注时政，创设真学情境

真学就是要扎实认真地学，通过真学，扎实地掌握理论知识，为真懂、真信、真用奠定基础。首先，立足客观学情实际情况，将课前的实践活动、课上的探究活动、课后的实践活动结合起来，设计有梯度的探究问题，引导学生以问题为中心开展探究。课前指导学生成立学习小组，对同学、老师、家长等进行走访调研，这样不仅激活学生以往的知识，而且激发了学生的学习兴趣,促使学生在头脑中将调研结果与活动目的进行比较。其次,“新课标”指出高中思想政治课承担着思想政治教育立德树人的任务,应与时事政治教育相互补充。通过结合时事政治开展教学,可以使学生掌握分析时事政治的方法和提高分析时事政治的能力。笔者将课本内容消化整合后,结合时政新闻,转化为学生能够进行思维操作的教学材料,在主议题“疫情下的中国企业和中国经济”之下,隐含3个子议题:“不同性质的所有制企业对抗击新冠疫情所作的贡献”“国企如何‘跨界’战‘疫’”“新冠疫情期间,如何助力各类企业经营发展”,创设学生熟悉的、真实的、可扩展的、可以深度参与的问题情境,“使学生亲历自主辨识、分析的过程,并做出判断”,提升政治认知,增强政治情感,实现政治认同。

(二)聚焦迷惑,设置真懂真信议题

真信,就是态度坚决,信念坚定。真懂是关键,只有获得真知,才能真信。真懂、真信来源于对学科知识的深刻理解。教学中要实现扎实、深入的学习,应从经典理论上彻底理顺学科知识间的逻辑关系,不能只交给学生观点和结论,不对知识形成的缘由进行探索、辨析和讲解;学生只知道“是这样”,却完全不了解“为什么是这样”,忽视了对实事求是、求真务实精神的培育。“新课标”指出:“要着眼于学生思想活动的独立性、选择性、多变性、差异性和高中阶段成长的新特点,引导他们步入开放的、辨析式的学习路径,理性面对不同观点,才能真正实现有效的价值引领”。就该教学而言,关于“公有制的主体地位”的错误认识很容易误导学生,如果在教学中不进行深刻说理,会使教育效果大打折扣。真懂不能一知半解、断章取义、机械式地理解,从辨析观点到理论分析,再到组织学生观看微视频,从历史、理论、实践三个视角回应认识误区。使学生认识到,我国实行“公有制为主体,多种所有制经济共同发展”是对马克思主义的继承,同时又根据实践的需要开辟了马克思主义新境界;它具有自己特色和优势,它不仅促进了我国经济社会的飞速发展,也为人类社会发展增添了更多选择。通过深度辨析培养学生独立性的思维品质,辩证性的思维能力和批判性的思维涵养,提升学生科学精神素养。

(三)抓住契机,开展真用实践活动

真用是目的,即要坚持知行合一,求真务实、学以致用。核心素养的培育除了依靠课堂上师生的思维活动,还需要走出教室,迈入社会的大课堂。在课堂教学的最后一个环节,笔者设计了一个指向问题解决的探究活动:新冠疫情期间,如何助力各类企业经营发展?将课堂的综合活动延伸到课外,同学们走进工厂、企业,与他们共同探讨,从而完善各小组解决方案。将理论与实践相融合,课堂与社会相连接,帮助学生加深理解运用知识,提高学生分析解决实际问题的能力以及参与创新和创造的能力,使学生系统地学、完整地学。学生不仅知道是什么、为什么,还能明白应该怎样做,从而实现"知识内容依托活动""活动过程提升素养"。社会实践活动包含以下六个环节:成立活动小组——布置活动任务——小组活动设计——开展社会实践——撰写实践报告——各小组展示及互评。撰写社会实践报告的环节使学生经历思维碰撞与归纳整理的过程;小组展示环节能够展示发现问题和解决问题的过程与策略;评价环节可以做到自我评价和他人评价的结合,形成性评价与终结性评价相结合,学习内容、学习效果评价与实践活动能力评价相结合,不仅极大地调动了学生参与活动的热情,还提高了学生参与社会实践活动的能力,进而提高了公共参与和责任意识。

为提高政治课堂效率,实现高中政治核心素养培养真正提升,未来的教学中,以下几个问题有待进一步思考:在新高考背景下围绕主议题设计什么样的问题链,能强化问题驱动力,提升议题式教学的课堂效益;教师如何成为学生合作学习的向导者和促进者;学生在实践的过程中,教师如何在协调、激发、评价等过程中更好地发挥作用。

六、批判性建构

高中思想政治学科核心素养的形成是不断建构和内化的过程,通过各种各样的情境、活动,全面深刻地理解教材中的理论知识,最终实现内化于心、外化于行,这需要不断地进行创新性的尝试和努力。为构建高质

量的课堂，针对教学中的不足，拟从以下三个方面对课堂进行重建。

（一）优化问题设计，提升参与质量

学科核心素养培育的过程是一种复杂的心理确认过程，议题教学能否应对这种复杂性，其中一个重点在于优化问题设计。在主议题下设计出具有趣味性、强思辨性、富有实践性和逻辑性的问题链，不仅可以激发学生挑战的动力，而且增强学生的辨别力、政治定力，达到知识与素养的共生共长。在教学中，笔者围绕“我国的生产资料所有制”“是什么”“为什么”“怎么做”三个话题展开教学，每个问题包含的分享、探究、思辨等多种形式。但如何把每一个话题进一步优化为有深度的序列化问题有待进一步思考。比如，在“怎么做”环节的问题链可设计为：(1)分享：你所了解某类性质的企业在“抗疫”过程中的作为，说说你的感悟。(2)探究：这类性质企业的特点、性质？针对它的具体特点，它的生产经营发展关键要素是什么？(3)思辨：如何助力它的发展？

（二）加强指导，优化合作学习

“新课标”指出：“在课程实施中，要通过问题情境的创设和社会实践活动的参与，促进学生转变学习方式，在合作学习和探究学习的过程中，培养创新精神，提高实践能力。”学生的核心素养的培养并不是依靠独立的个体能够完成的，而是通过小组合作探究的方式。通过教师精心设计小组合作探究，让生生、师生之间充分互动。在小组合作探究的过程中，让学生找到学习方法，培养学科关键能力和必备品格。比如教学中，关于合作学习的小组分工、组长职责等方面需要细化；再比如，学生的学习过程同时也是教师的有效指导过程，学生的合作学习需要教师有效的督促和指导，纠正发展方向与目标出现的偏差，保障学生学习进度及目标达成。

（三）寻找最佳结合点，优化社会实践活动

学科核心素养是学生通过学习和实践而逐步形成的，而社会实践活动有多种形式，如社会调查、专题访谈、参观访问、职业体验等。在教学

中，寻找教学内容与社会实践的最佳结合点，可以着眼于本土资源，选择专题访谈形式。通过近距离接触国有企业、混合所有制企业、私营企业等管理、技术部门人员，与他们开展对话，结合各小组设计的方案进行有针对性的沟通，进一步纠正解决问题的思路、建议、方案。不仅触发出学生更深层次的感受，激发家国情怀，增强建设社会主义的使命感，而且能帮助学生澄清认知，加深理解，更好地完成真学、真懂、真信、真用的教学目的。

案例3："小课堂"践行"大智慧"

——《活出生命的精彩》教学实践和反思

上海市闵行区纪王学校　刘　翠

2019年3月18日，习近平总书记在主持召开的学校思想政治理论课教师座谈会上强调：青少年阶段是人生的"拔节孕穗期"，最需要精心引导和培养；思政课教师，要给学生心灵埋下真、善、美的种子，把思政小课堂同社会大课堂结合起来，引导学生立鸿鹄志，做奋斗者。

一、理解性认识

"育人"是教育的根本使命，是教师的根本职责，是学科教学的根本价值，基于核心素养背景下的学科教学要凸显以学科核心素养为使命的育人取向。初中道德与法治学科育人价值是以社会主义核心价值体系为引领，根据中学生身心成长的特点，以学科理论知识为核心知识，以正确分析和解决品德成长和社会实际问题的能力为核心能力，以公民意识、社会责任、理想信念、爱国情感为核心价值，培养学生学科核心素养——政治认同、理性精神、法治意识、公共参与。课程实施引导学生紧密联系社会生活实际，经历探究学习和社会实践的过程，将掌握必备品格、培养关键能力与形成学科思维有机结合。

新中考政策已经落地，对于初中道德与法治学科老师来说，这门学科是以社会主义核心价值观为指向，考查学生在情境中综合运用学科知识分析问题的能力，其中价值判断、行为选择的能力则是重中之重。这正是初中道德与法治学科育人价值对于学生的学科生活化的体现，对学科核心素养——理性精神的落实。以此为指向的课堂教学怎么样落实育人价值，培养学生的核心素养，下面将以《活出生活的精彩》一课为例进行研究探讨。

二、解构性定位

（一）教材分析

《活出生命的精彩》是部编版初中《道德与法治》六年级全一册第十课《绽放生命之花》的第二框内容，与第八课《探问生命》、第九课《珍视生命》同属第四单元“生命的思考”，引导学生思考生命的三个重要议题“贫乏与充盈”“冷漠与关切”“平凡与伟大”。《生命的思考》这一单元在初中道德与法治学科中具有特殊的地位，它是单独开辟的一个生命教育的单元。通过学习本单元学生将认识到生命是立体的，具体包括自然生命、精神生命和社会生命三个维度，人的生命立体地表现为自然生命的长度、精神生命的高度和社会生命的宽度。《活出生命的精彩》一课是对社会生命的学习，分别从对自己、对他人和社会、对国家和人类三个层次探讨如何活出生命的精彩，鼓励学生丰富自己的生命，关心他人，亲近社会。本课主要探讨生命三个重要议题中的个人、社会两个层面两对矛盾的判断和选择，个体在社会中的价值以及价值的大小，体现为个体的社会角色、社会关系、社会贡献等，对社会生命的宽度的拓展，个人以何种状态参与社会生活。当我们带着这个问题思考本节课时，生活化育人即成为课堂实践的有效理念。

（二）学情分析

1. 学生自我意识觉醒

学生进入初中阶段后，随着自我意识的不断觉醒，开始有意或者无意地思考生命的意义，对于自身所处的社会环境有一定的思考。但是六年级学生的分辨能力、理解能力及自控能力还不够，对于复杂社会情况的分析，他们得不到一个明确的答案，或者在考虑问题时容易产生偏差，容易产生思维的矛盾或者困惑，如果得不到及时的指导，容易导致其自身精神的匮乏和对待他人、社会的冷漠。

2. 学生家庭物质水平大幅度提高带来的冲击

我校地处虹桥枢纽辐射区，随着大面积的房屋拆迁，面对因为拆迁而出现的物质生活突然富裕的情况，一些家庭中家庭教育的短板就凸显出来了。作为一个农村学校，学生家庭的受教育水平普遍较低，对学生教育的重视程度较城区而言相对偏低，有些家长自身的价值引领作用在拆迁后有些负面，过分关注拆迁利益而做出的一些违反道德的事情，对于正在形成世界观、人生观、价值观的学生而言都是不好的，不利于学生明确自身的公民责任、深入理解国家利益与个人利益的关系。

3. 学生精神生活相对匮乏、空虚

随着社会的进步和家庭消费水平的提高，学校和家庭均提供社会实践的机会，学生对这些实践活动内容关注不多，学生关注更多的是可以和同学一起组队玩游戏或者玩别的手机 APP，但是当这个活动结束后，学生回顾的话中讲的最多的就是"无聊"。"无聊"就凸显出学生精神层面的贫乏，认为生活机械而乏味，通过一些消磨时间的娱乐方式让生活变得"有趣"，而这些娱乐方式对于辨别能力、理解能力、自控能力不够的学生来说无疑是"无益"的，但学生却沉溺其中，生活没有明确的目标，缺乏生命意义的追寻。丰富的物质生活让学生缺乏奋斗的动力，通过生命教育，唤醒学生在珍惜生命的基础上，追寻生命的意义。

(三) 教学基础分析

1. 落实核心素养，指向理性精神

教材分析呈现了生命教育的几个层面，明确最终的落脚点在于以积极向上的态度参与社会生活，体现个人价值，承担个人责任。生命本身对于学生就是比较抽象的问题，教材知识用高度提炼的语言告诉学生该怎么做。充盈、贫乏、关切、冷漠、伟大这些词语都难以理解，需要生活化情境设置；学情分析解答了教学设计的前置性问题，学生对社会生命的生活经验是什么。基于学情的分析，教学过程中设置联系学生实际的生活化情境，有助于学生“理解个人生命的价值、我将以什么样的态度度过现在的时光、当我碰到两难问题时我会怎样解决”这些问题，这是生活化教学为目标实现带来的优势。

初中道德与法治生活化教学是生活逻辑与理论逻辑相结合的一种教学方式。教师在教学中基于学生的生活经验来展开理论知识的讲授，通过模拟创设生活化的教学情境，将学生的课本知识与日常生活相联系、相结合，让学习生活化，生活学习化，使学生通过事例来真切体会、感悟学科知识，深刻地理解所学知识，并能够灵活运用所学知识，提高学生的理论联系实际的能力，从而达到预期的课堂教学效果。生活化育人强调学生的生活经验和模拟创设生活化的教学情境，为学生未来参与社会生活提供正确的价值判断和行为选择的方向。这正是对初中道德与法治学科核心素养——理性精神的落实。

2. 家庭教育与学校教育的博弈，干扰理性精神培养

依据课前的调查，家庭成员使用短视频 APP 的时间长且内容单一，家长的行为给予学生“榜样”作用。对于社会冷漠，从社会舆论中获得的信息使得一些家长给予学生两难的选择，从孩子的利益出发，针对在长期的教育中学生容易形成“事不关己高高挂起”的意识问题，课堂实践中通过何种课堂活动形成正确的行为选择和价值判断，正是生活化育人在课堂实践对接点的思考。

三、指向性设计

通过对教材内容与学情的分析，制定基于课标且结合学生实际生活的教学目标，并在课堂教学中呈现。

（一）教学目标

1. 了解生命贫乏的表现，学会使自己生命充盈的方法；懂得和谐的社会来自于对自身的建设，对他人的关切；知道冷漠都有理由，但是生命

拒绝冷漠。

2. 通过问卷调查、思考讨论、观点辨析等方式，培养"运用所学知识分析社会热点问题的辩证思维能力，面对社会复杂问题的价值判断能力"。

3. 关怀和善待身边其他人的生命和情感，激发对生命意义的探索，关注自身的身心健康，不断充盈自己的生命，关切他人的生命，增强社会责任感。

（二）教学流程

为实现以上教学目标，本节课的教学流程设计如下图。

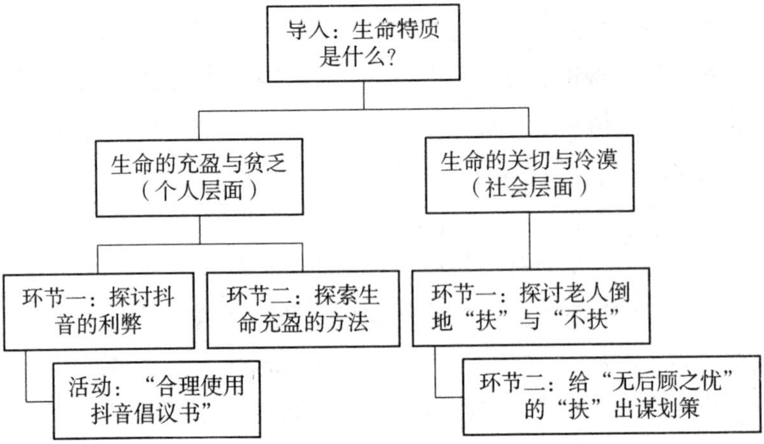

图 3-2-5　课堂教学环节图

四、实践性行动

生命教育对于社会生命部分的目标要求是以自身生命的充盈提升关切他人的意识和行为，由己及他，增强社会责任感。改变生命贫乏的现状需要对自己的生活学习状况有个正确的了解，知道生命贫乏的表现，在问题基础上改进问题，进而了解生命充盈的方法，层层推进的方式，润物细无声的方式助力学生追求生命的意义。

(一) 情境设置,感受“两难”选择

依据课程内容,创设生动具体的场景,让学生置身于课堂所设置的环境当中,调动学生的想象力、思维力和感受力,使学生在愉悦的氛围中学习知识、受到感染和教育。挖掘教材内涵创设情景,通过问答、讨论的形式创设情景导入话题;根据教材内容设置情景对话,为语言创设情景。在本课教学中,以“选择”为关键词,引导学生在贫乏与充盈,关切与冷漠中进行正确的选择,而这种选择最终是作用于现实生活。那么在情境设置中就要呈现现实生活中的“两难”情境,也是学生在现实生活中可能出现的情景。例如,在第一部分生命贫乏与充盈的学习中关于抖音的探讨。

片段一:抖音——“玩”与“不玩”。

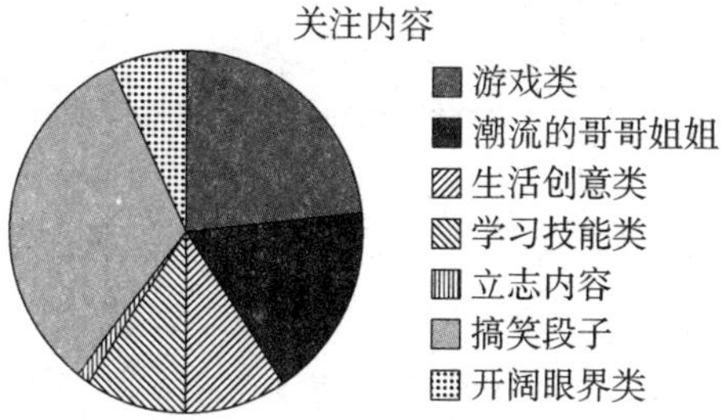

图 3-2-6　“抖音”问卷调查统计结果(关注内容)

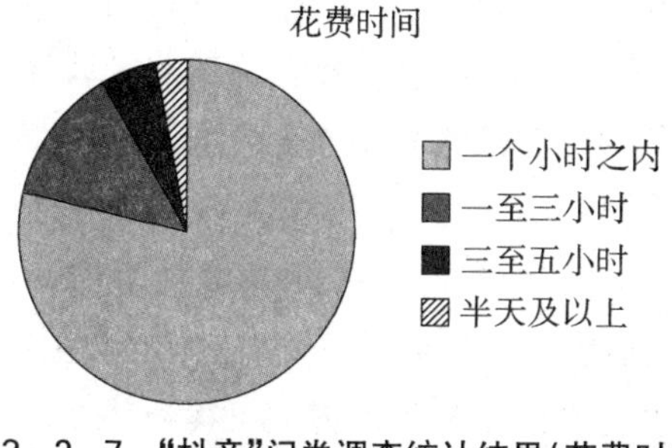

图 3-2-7　“抖音”问卷调查统计结果(花费时间)

教师：从同学们做的调查问卷数据中得出什么结论呢？

学生1：我们好像在这个上面花的时间比较长。

学生2：大家喜欢的类型都比较相同，我是喜欢游戏类和搞笑段子类。

教师给出对于抖音这一APP网络上的评价，这些评价都是一边倒地批判抖音短视频。

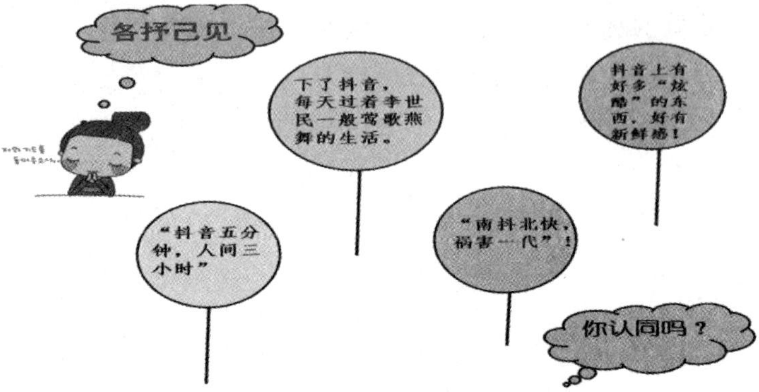

图3-2-8　探讨抖音利弊——对抖音评价

教师：你们认同这样的评价吗？关注抖音是虚度光阴、生命贫乏的表现吗？

学生1：认同，这些评价感觉是我们实践下来的真实写照，特别是抖音五分钟，世界三小时，这就是虚度光阴最直接的表现。

学生2：我觉得就应该直接把抖音给卸载掉，没啥好处似乎。

学生3：我觉得也不是，我在看抖音的时候就关注的是一些科学小实验、旅游、风景的视频，觉得让自己增加了阅历。

学生4：其实我觉得看娱乐类也没有什么不好，主要是需要控制时间。

教师：其实我们看到的只是抖音短视频里面的一部分内容，抖音已经成为最大的非遗传播平台。当我们现实生活中无法避免地使用抖音时，那么我们应该思考如何来正确地使用？

片段二：倒地老人——“扶”与“不扶”。

教师：当出现老人倒地时，我们到底该不该扶呢？每位同学用投票的方式进行选择，“扶”“不扶”“不知道”。

统计结果，不扶和不知道的比例总和超过半数。

教师：请同学们来阐述自己的理由。

学生1：不敢扶，现在都不知道是讹人还是真的，万一讹人怎么办？

学生2：扶，如果大家都不扶的话，这个社会会变成什么样子呢？

学生3：我倒是想扶了，万一我扶起来他找我要钱怎么办？现在社会上多少这样的事情啊，我可不想做好事还有坏的结果。

无论是个人层面的充盈和贫乏、社会层面的关切与冷漠，在现有生活经验和进入社会可能会遇到的情况预期下，以问题探讨的方式进行讨论和辨析“抖音APP用不用”“倒地老人扶不扶”，这并不是单纯的选择判断，是在以学科知识进行正确的行为选择和价值判断的过程。问题进一步设置怎么做，怎么样有效地使用抖音？怎样“无后顾之忧”地扶老人？培养学生的必备品格、关键能力和学科思维，也为步入社会做好准备。

（二）任务驱动，形成“正确”态度

“两难”情境的设置为任务的完成提供了思考和挣扎的机会，为形成正确的价值观和行为选择酝酿了情感并打下了基础。于是在抖音“玩”与“不玩”，倒地老人“扶”与“不扶”的探讨结束后，继而探讨如何以学科思维和关键能力践行现实生活的选择，在教学中就呈现“怎样正确地使用抖音短视频APP”“怎么无后顾之忧地扶”。

片段一：“怎么无后顾之忧地扶”。

大家讨论后，播放数字故事《谁来帮帮我》，让学生感受倒地者的情感过程。

教师：你们看完了可以谈谈自己的感想吗？如果倒地者是你的亲属，你希望有人帮助他吗？

学生1：那种想获得帮助但是又没人帮助的感觉让我觉得很可怜，我希望我能帮助他。

学生2：在这样的状况下，我似乎不会想太多是不是存在讹人。

学生3：如果倒地的是我，没有人帮助我，我会对这个社会很失望，反过来我希望我能成为一个给予别人温暖和希望的人。

教师：那么我们思考一下怎样才能无后顾之忧地扶呢？

于是在探讨中形成了这样的"无后顾之忧扶"的方法，既有社会层面也有个人层面，较为全面地呈现可借鉴的方法。

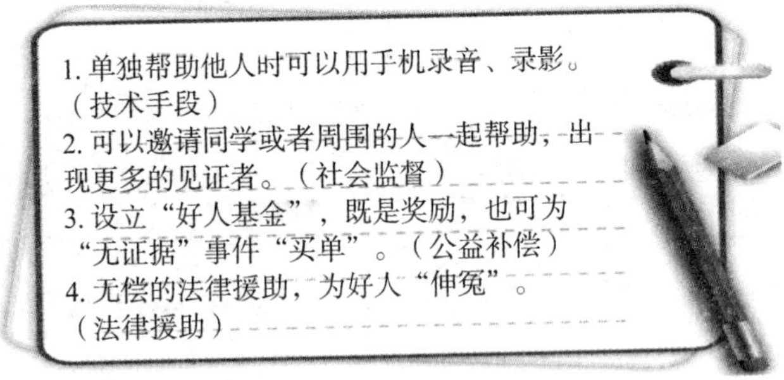

图3-2-9 学生思考建议

这个社会热点问题学生已有听闻，在文字和图片材料的基础上让学生进行讨论，不对学生的讨论进行评价。讨论结束后播放数字故事《无助的时刻》，数字故事采用文字、图片、音乐的方式给学生讲述故事，让学生对自己的选择进行反思，从中让学生产生更强烈的情感体验。小组讨论如何"扶"是对关键能力——行为选择和价值判断具有引导作用，为学生呈现程序性的方法与技能，以社会主义核心价值观引导行为。

五、反思性发现

（一）课堂目标的达成情况

本课制定的教学目标对应《上海市初中道德与法治学科课程终结性

评价指南》生命教育的必备品格、关键能力和学科思维，分别表现在以下三个方面。

第一，了解生命贫乏的表现，学会使自己生命充盈的方法；懂得和谐的社会来自于对自身的建设、对他人的关切，知道冷漠都有理由，但是生命拒绝冷漠。对应必备品格——懂得生命的可贵，具有自尊自信、乐观向上、意志坚强的态度与品质。对于个人层面生命的贫乏和充盈的选择，社会层面冷漠和关切的选择都是人生态度的一种，通过案例的分析和数字化资源的运用，增加了学生在未来现实生活中出现“选择”时积极正面的心理占上风的几率，营造温暖的社会，宣传正能量。

第二，关怀和善待身边其他人的生命与情感，激发学生对生命意义的探索，关注自身的身心健康，不断充盈自己的生命，关切他人的生命，增强社会责任感。对应必备品格——具有乐于助人、有责任心，追求公正的品质。由己及人，增强社会责任感是道德与法治学科核心素养中培养公共参与非常重要的一环，也是学生核心素养中重要的一部分。

第三，通过问卷调查、思考讨论、观点辨析等方式，使学生学会“运用所学知识分析社会热点问题的辩证思维能力，面对社会复杂问题的价值判断能力”。对应关键能力——面对复杂的社会生活和多样的价值观念，以正确价值观为标准，做出正确选择，落实学科理性精神。在课堂实践过程中，通过小组活动，对抖音使用情况的图表能进行合理的分析，辨析出抖音使用中的问题并不仅仅是关注内容，还有关注时间，形成合理使用抖音的倡议书。提出了对“无后顾之忧‘扶’”的方法是对学科思维的诠释，不仅局限于理解与阐述社会现象，上升至评价与解决问题，综合运用所学内容，针对具体社会现象发现问题、提出解决问题的措施，但是在设计相应方案及实施方面还有待教师和学生共同探讨。

（二）课堂中的“可借鉴点”

1. “小事件”引发学生“大思考”

日常生活问题引进课堂，是为了帮助学生理解相关学科原理，在日常经验与学科原理之间建立联系，进而超越常识，更高水平分析解决现实生活问题。到底是什么样的日常生活才能引进课堂呢？教师要立足“生活"，在思路上，依据学生所经历的真实生活及取得的生活经验组织学科教学。

在个人层面的贫乏与充盈这部分的内容，以抖音的使用为例子进行突破这一想法来源于春游时学生玩手机的情景，一群学生聚在一起拿着手机开怀大笑，并且邀请老师一起观看抖音短视频。在学生的"怂恿"之下，我也下载了抖音这一APP，闲暇时光只要有空就打开看，往往是抖音打开到关掉已经是两三个小时后了，突然我就意识到这一行为的严重危害，思及学生，作为未成年人，自控能力弱，当他们打开这一APP时，他们是什么样的状态呢？由于案例来自于学生生活，在一定程度上拉近了教师与学生的距离，让学生有话可说，在真实的生活情境中对自己的行为有选择和判断的能力。对于教师而言，也需要有善于观察和利用学生"小事件"的意识，通过问题链的方式引发学生的"大思考"，在思考中树立正确的价值观。

2. "小对立"引出课堂"大冲突"

在本课的"冷漠与关切"的一幕中，探究与分享呈现两张不同的图片，图一：老人晕倒，路人避恐不及；图二：几个中学生帮助倒地的男子，并拨打"120"求助。让学生对这一社会现象发表自己的看法，你认为该不该扶，你的理由是什么？持不同观点的同学都有自己的论点，能提出自己的论据，甚至在课堂上为了说服对方引发了"大冲突"。当社会舆论和家庭教育中宣传"不扶"观念的时候，持反对态度学生的论据就明显比持肯定态度的学生丰富，但这样的观点与社会主义核心价值观相违背，学科育人不是价值中立，若教师对此保持价值中立，在青少年"三观"形成的关键时期，随时会影响其他愿意付出关切的学生，课堂上的教学应旗帜鲜明地用正确的价值观去引领人，用社会主义核心价值观去塑造人。在社会主义核心价值观的引领下，探讨的是怎样才能无后顾之忧地"扶"，学生的探讨就没有偏离正确轨道，给学生的心灵埋下真善美的种子。

3. "小技术"引发学生"大触动"

对于倒地的人该不该扶的问题，学校对于学生的教育是社会需要温暖，家庭对于孩子的教育有正面、有负面的，在"保护自己免遭可能存在的风险"与"帮助他人，救助生命"的博弈中，哪种心理占上风可能对于倒地者就是天壤之别。在教学过程中，如何让学生形成正确的价值判断和行为选择的能力，需要让学生有共情的过程，让学生感受到现实社会中可能较难做到的共情。我想到数字故事这样的技术手段，其最大的特点是将感情融入教育传播之中，改善教育方法，增强吸引力，促进师生思想深度互动，为学生提供高质量的学习体验。为了让学生能够达到共情，我选择了 2018 年 4 月 23 日发生在湖南的一起老人倒地而无人帮助最后死亡的事例，设计好故事主线，以倒地者的心理变化作为描述的主线，用 PPT 等多媒体编辑软件，将收集的材料按照故事讲述的顺序组合起来，美化图片效果，配上与内容相匹配的背景音乐，让学生感受倒地者的"希望—失望—绝望"的过程，如果能提供帮助，对于倒地者和其家人来说都是"救命之恩"。从心理体验的角度让学生明确付出不仅给我们带来精神上的愉悦感和幸福感，也将受到他人的尊敬和敬仰，体验到被需要的价值感，让学生明白冷漠或许都有理由，但是没有人愿意遭遇，生命拒绝冷漠。

（三）课堂中的缺失点

1. 学情分析不细致，导致教学过程不完善

在第一部分抖音的案例中，对于抖音使用的前期调查因为投票软件的原因并没有进行，而在课堂中进行，因为已经有两次课堂教学尝试，其他班级的学生都是按照教师理解的经验进行了，但是在第三次课堂上就出现了尴尬的问题，当教师提问同学们都浏览抖音吗？从教师的生活经验出发，认为应该大部分学生都关注并且都使用抖音，结果这个班级大部分同学都没有浏览过，知道但是不使用抖音，于是后续的教学环节并不顺畅，变成了"静悄悄的课堂，尴尬无比的我"，这样的不足在于学情分析只分析大多数，并没有细化到每个班级的同学，有待改善。

2. 教材内容分析缺失，教学结构呈现不完整

在教材内容分析中缺失一部分，没有构建两部分内容之间的内在联系。《活出生命的精彩》第一框的两部分内容——个人层面和社会层面如何活出生命的精彩，教学设计时没有呈现二者之间的联系，教学结构不完整。

3. 情境关联不强,课堂思考不连续

对于第二部分倒地老人该不该扶的问题,最初的设计是请同学们举手表态,从举手中很明显不扶的人少,扶的占大多数,但是在后面阐述理由的时候却出现举手表态是扶的,阐述的理由却是不能扶。举手的方式在"有明显学科价值倾向"的问题中似乎不太合适,需要重新思考新的方法。

六、批判性建构

结合教学反思和学生反馈,教师针对课堂实践中出现的不足进行了教学重建与思考。

(一) 增加新的教学环节,重整教材知识结构

在第一部分和第二部分的探讨结束后,呈现思维碰撞、辩论环节,让同学们以小组为单位,辨析个人精神贫乏就会对待他人、社会冷漠这一问题,引导学生用生活中的实例来进行论证。在辨析中发现,个人精神层面的贫乏或者充盈与对待社会的冷漠和关切之间不是必然的决定关系,但是相互影响的,在辩论中越辩越明。当我们敞开自己的胸怀,不断尝试与他人、社会建立联系时,生命的道德体验就不断丰富,对生命的感受力、理解力不断增强,对待社会上需要帮助的人和事物就愿意伸出援助之手,不仅可以照亮自己的生命,还可以温暖他人、照亮他人、消除冷漠,共同营造一个互信、友善、和谐的社会。

(二) 运用新的技术方法,呈现真实学生经验

在课堂教学中发现这样一个现象,在具有明显价值导向的问题中,学生在大庭广众之下希望给老师和同伴以正面的回答,可能事实他并不认同。初中道德与法治学科需要评价学生的道德认知、道德判断、道德选择、道德实践能力,这样的情境设置让老师不清楚学生的道德认知、判断、选择。于是,本节课运用电子书包的课堂投票这一功能,从大数据中呈现全部学生的认知和判断,依据平台的记录邀请同学就原因来进行交流、分析,前后矛盾的现象明显减少。在抖音调查情况的统计中,尝试使用新的

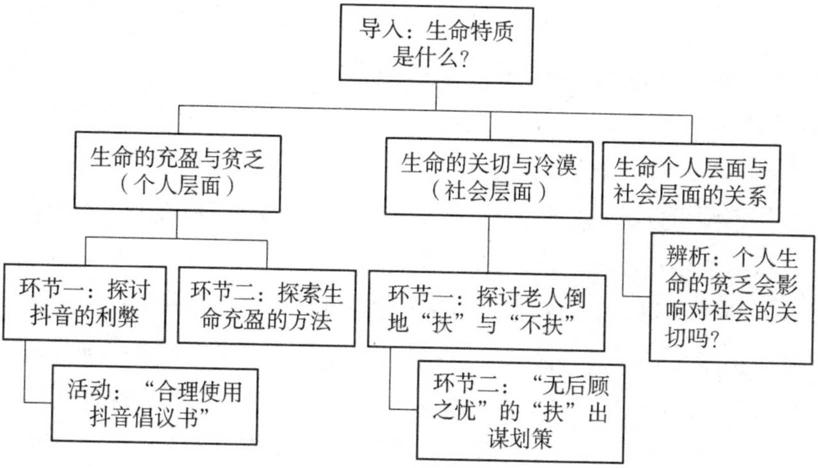

图 3-2-10　重建课堂教学环节图

技术方法，最初使用的也是电子书包的投票功能，但是投票功能仅能呈现数字，不能呈现数据分析，教师希望以图表的方式呈现结果，后来再尝试问卷星，发现问卷星可以即时直观地呈现结果，在课堂上的使用比较顺畅，助力目标的实现。

（三）运用新的教学思路，情景一以贯之

当本节课重新架构了教材内容时，明确了个人层面贫乏与充盈与社会层面的冷漠与关切之间的内在联系，当我们以关切的态度参与社会生活时，你有什么有效的方法传递温暖呢？于是在教学设计中，设置任务，当我们看到乐于扶老人的正能量事件，你们会用什么样的方式进行宣传呢？学生从大家的讨论中，发现抖音也是传播社会正能量的平台，可以用拍短视频的方式上传网络，宣传社会正能量。事实证明，当学生上传短视频后随着点赞量的不断上升，他们也更乐于发现生活的美，并且传播美、传递温暖。

（四）运用新的社会环境，形成系列化活动

系列化的社会实践活动是学科育人价值课堂之外的践行，也是探索学科生活化的有效途径之一。社会实践活动以单元为单位进行设计，从第

八课《探问生命》中的制作家谱活动，第九课《珍视生命》的传承中华传统文化活动，第十课《绽放生命之花》的小小志愿者活动，在围绕以生命教育为主线的第四单元教学活动中培养正确的生命观，这是对家庭、社会、国家的责任，凸显学科的育人价值，在潜移默化中影响学生的价值判断和行为选择。

华东师范大学周彬[①]指出，学科生活化教学是对学科知识的"解压"，使之恢复为生活经验的形态，虽然生活经验更容易让学生理解，但生活经验并不能转存到学生的知识结构之中，要将已经被教师"解压"之后的学科知识被学生转存到自己的知识结构之中，就有必要让学生走向生活学科化，即让学生重新"压缩"和抽象以生活经验形态存在的学科知识。

来自生活中的"小事件"引入到课堂之中，通过观察、讨论、辨析的方式，在技术的支撑下引发学生的"大思考"，在前后认知的"冲突"中，形成新的"触动"。正是这些组成的"小课堂"，在单元设计的背景下，以点成线、以线成面，帮助学生形成以社会主义核心价值观为指向的价值判断和行为选择的"大智慧"。

案例4：从学生的发展需要谈图像识读的育人价值

——以《标志设计》实践教学为例

上海市闵行区梅陇中学　吴　震

随着我国新基础教育改革的全面推进，学科育人价值也越来越凸显。新教改注重通过学科教学来育人，促进学生的发展，丰富和发展学生生命的意义。每门学科都承载着独特的育人功能，也蕴藏着独自的学科思维和方法。在美术学科中，图像识读就是该学科所特有的育人价值的体现。

一、理解性认识

中共中央、国务院《关于深化教育教学改革全面提高义务教育质量的

① 周彬.学科生活化还是生活学科化[J].教育博览，2008(01)：7。

意见》中明确指出："坚持知行合一，让学生成为生活和学习的主人；坚持五育并举，全面发展素质教育。"[①]21 世纪在媒体文化和信息技术的带动下，全球下的媒介形式由文字表达延伸到图解、视频、动漫、H5 策划……"可视化"元素以更直观的方式传递，更能满足我们"直达信息核心"的需求。中国社会确实开始进入视觉图像力量空前强大的"读图时代"，培养学生学会图像识读势在必行。

《义务教育美术课程标准》(2011 年版)明确提出："当代社会的发展对国民的素质提出了新的要求，学习图像传达与交流的方法、形成视觉文化的意识和构建面向 21 世纪的创造力已成为当代美术课程的基本取向。"[②]美术学科以对视觉形象的感知、理解和创造为特征，基于这一基本特征，其独有的"图像识读"育人功能尤显突出。

"图像识读"是美术学科中独有的基本素养。所谓图像识读，是指对美术作品、影视作品或生活中各种图像符号的造型、色彩、比例和肌理等形式特征，以及材质、技法和风格特征等的认识、比较与辨别。象形文字源于图画发展，早在 5000 年前人类象形文字产生之前，人们就学会了运用图画、花纹记录与传承原始的物象风貌，传递信息、传达思想，故图像比文字具有更强的直观性和真实性。当前人类文化传播方式已有了革命性变革，摄影、摄像、电影、电视、手机等现代媒介技术所传播的图像文化，在我们日常生活中随处可见，并改变了我们的阅读方式、阅读性质和阅读心理，图像发挥的作用也越来越大。因此，"图像识读"是当今社会人们在学习、生活、工作和科学研究时一种必不可少的素养，也是学生通过美术学习应具备的核心素养之本。

图像识读素养的表现是：能以联系、比较的方法进行整体观看，感受图像的造型、色彩、材质、肌理和空间等形式特征；能以阅读、搜索、思考和讨论等方式，识别与解读图像的内涵和意义；能从维度、材料、技法、风格及发展脉络等方面识别图像的类别；知道图像在学习、生活和工作中的作

① 中共中央国务院. 关于深化教育教学改革全面提高义务教育质量的意见[EB/OL]. http://www.moe.gov.cn/jyb_xxgk/moe_1777/moe_1778/201907/t20190708_389416.html，2019-6-23/2021-7-28。

② 中华人民共和国教育部. 义务教育美术课程标准[S]. 北京：北京师范大学出版社，2012。

用与价值，辨析和解读现实生活中的视觉文化现象和信息。

二、解构性定位

（一）图像识读内容与要求的定位

《义务教育美术课程标准》(2011 年版)从促进学生素质发展的角度，根据美术学习活动方式划分为"造型·表现"、"设计·应用"、"欣赏·评述"和"综合·探索"四大领域，并对各个学段、每个领域的学习目标进行了设定，初中学段有关图像识读的基本要求可概括为三个方面。

第一，欣赏不同时代和文化的美术作品，了解重要的美术家及流派；通过描述、分析、比较与讨论等方式，认识美术的不同门类及表现形式，尊重人类文化遗产，对美术作品和美术现象进行简短评述，表达感受和见解。

第二，学习设计的形式原理与方法，了解设计与工艺的知识、意义与价值以及"物以致用"的设计思想，知道设计与工艺的基本程序，学会设计创意与工艺制作的基本方法，逐步形成关注身边事物、善于发现问题和解决问题的智慧；知道视觉传达设计、工业设计和环境设计的分类；评述他人的设计和工艺作品，形成初步的设计意识。

第三，结合其他学科的知识、技能，用多种美术媒材、方法和形式进行记录、规划、创作、表演与展示；了解美术与其他学科之间的联系；了解美术与人类生存环境、传统文化、多元文化之间的关系。

《上海市初中艺术学科教学基本要求》(试验本)[①]中也从艺术形式、内容、风格、体验、创作等五方面明确指出了学习内容与要求。

第一，知道艺术的种类或体裁；艺术的表现形式及其特点，并学会模仿表达；知道艺术的基本要素，以及基本要素在作品中的表现作用。

第二，知道以自然为题材的艺术作品，理解不同艺术作品表现同一自然事物；知道以生活为题材的艺术作品，理解同一生活场景在艺术作品中

---

① 上海市教育委员会．上海市初中艺术学科教学基本要求[EB/OL]. https://max.book118.com/html/2017/0118/84864029.shtm，2017-1-18/2021-7-18。

的不同表现；理解表达情感的艺术作品。

第三，知道不同时期艺术作品的时代特点，理解不同时期艺术作品的艺术特色；知道中外艺术作品，理解不同民族与地域艺术作品的艺术特色及地方特色；理解不同门类艺术具有代表性艺术家的艺术作品与艺术经历。

第四，学会艺术感受的表达，知道社会艺术活动形式。

第五，知道艺术创作的过程，理解艺术创作的素材与构思；理解艺术形象的呈现，比较艺术作品的创作与再创作，并能评价再创作后的艺术作品。

（二）图像识读方法与角度的定位

初中美术教材以单元化设计为特点，课程内容分为美术语言、美术门类、综合运用三大类型，针对不同类型单元的图像资料，其识读方法和侧重点也各不相同。在美术教育教学中，“图像识读”主要是指学生对图像资料（主要指艺术作品）的感受、分析、理解、判断与评价的一种方式。这种方式主要表现为以下三种情况：一是纯欣赏主题课中的作品鉴赏，如美术门类中的欣赏课，图像识读就要侧重艺术的种类或体裁，艺术的表现形式及其特点，作品的创作背景及其艺术家的生活经历等，并对美术作品和美术现象进行简短评述，表达感受和见解；二是作品创作中对大师或同龄人作品的学习与借鉴，如绘画或设计课中的艺术作品解读，图像识读就要侧重教学中的知识点进行专项解析与评述；三是学习过程中对呈现的图像资料的视觉感知，这类资料几乎存在于所有类型的美术课中，需要学生自己去感悟、默会和内化。这三种图像识读法有时是同时存在，有时只需要满足某一两种情况，视课程类型和学习需要所决定。

（三）学生学情的定位

初中阶段是学生的生理、心理急剧变化的关键期，他们由喜欢幼稚变成渴望成熟，自我意识开始发展，善于寻找社会角色，并从丰富杂乱的影视、书刊、传闻中吸收敏感信息，在造型、色彩、图案、照片、歌词、剧情、韵律、文字、语言中舒畅地体验情境与感悟。初中生已经具有了一定的生活经验、知识体系和审美情趣，其中班级绝大多数学生经过小学段的美术学习，也已掌握了基本的造型要素、色彩构成、形式原理，对各类美术作品能作简单描述、理解和评价，具备了一定的看图说话能力。图像识读的学习，正是需要学生具有一定的美术基础知识和相关的学习体验、生活经验和审美情趣，经过观看、感受、思考、识别、交流后，对图像的形式特征、内涵寓意进行语言表达或文字描述。对于少数学生，由于种种因素，对小学阶段应该掌握的美术基础知识和相关的学习体验，存在一定的空白，相信经过六年级的美术常识的学习和作品表现，也能有所长进。同时，初中生对身边感兴趣的活动更是表现为积极主动的态度，对相关绘画、设计和制作乐于表现，并能引发对集体、国家和社会的关注与思考。因此，将图像识读的学习与美术活动有机融合，必将起到事半功倍的效果。当然，初中生在表现能力上还普遍表现出眼高手低的现象，只要我们巧妙设计、循循善诱，学生要想达到预设目标也并非难事。

三、指向性设计

鉴于图像识读的形式与内涵和学以致用的原则，笔者选择了七年级第一学期第五单元《策划校园文化活动》(少儿版)进行了实践教学，并以第二课《标志设计》为例，来谈谈如何从学生的发展需要来提升“图像识读”能力。这是一个美术门类的单元，属于设计与应用模块，学生在学习中，至少会涉及优秀标志设计图例，以及学习过程中相关的图像资料。学生如何从这些图像资料中获取相关信讯，提升识读能力自然成为教学的重点。本单元是学习视觉传达设计和运用视觉传达设计参与学校文化活动的综合实践课程，其单元教学目标是：

知识与技能——学习视觉传达设计的基本知识、基本技能，掌握视觉传达设计的基本形式、要素和应用；能运用不同的方法，有主题地策划学校文化活动。

过程与方法——通过自主学习、合作学习和研究性学习，结合学校文化生活，掌握视觉传达设计的基本形式、要素、构成原理和制作要求，学习视觉传达设计的思维方式和形式规律，传达特定的信息和意义。

情感态度与价值观——认真策划校园文化活动，感受与体会设计、制作和展示的全过程，培养以创意为重点的有品位的设计意识，提升视觉识读能力，形成对视觉现象有积极反应和审美判断的生活者。

本单元结合校园"惜粮"主题，进行了单元化教学设计，其中单元课时规划为：第一课《策划书绘制》、第二课《标志设计》、第三课《海报设计》。每节课均从相关图例赏析着手（图3-2-11），通过观看、感受、思考、识读等，了解绘制或设计手段，知道版式或组织形式，掌握组成元素。根据对图例的分析解读，再进入相应的绘制或设计，从而提高学生的图像识读和美术表现应用能力。为了将第二课《标志设计》中图例识读作为重点，在学生设计标志练习时运用了美术一体机作为设计手段，素材库中提供一定的元素图例，供学生参考，降低学生的绘制难度。

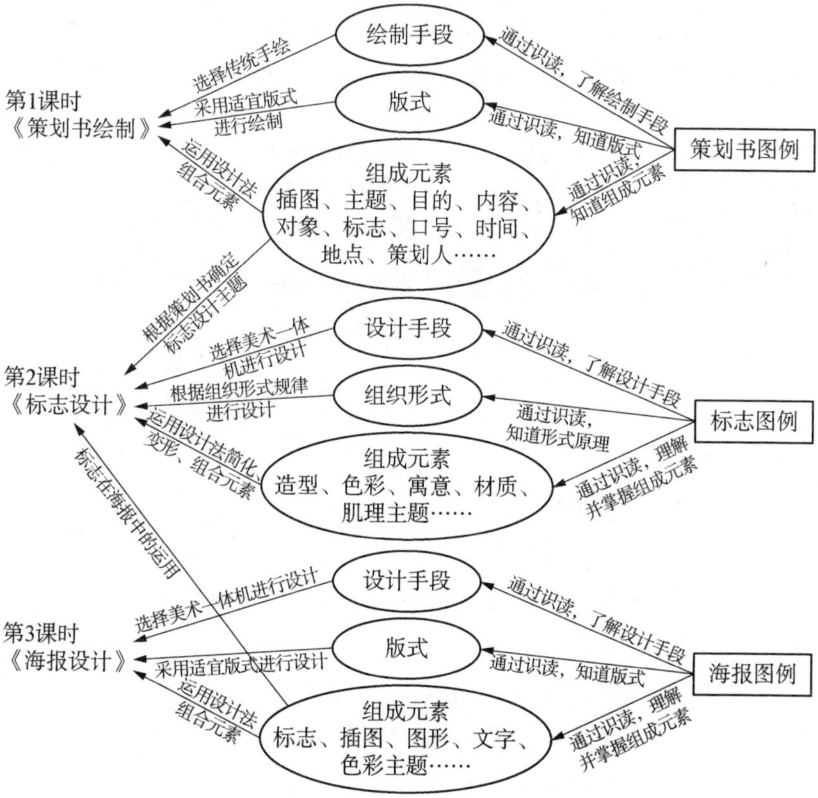

图3-2-11　《策划校园文化活动》单元课时规划及其教学活动结构图

四、实践性行动

由以上活动结构图可见，这三课的教学活动设计，既能单独成课，又紧密相连汇聚成体，标志设计源于策划书中的组成元素，但又运用到了海报设计中，成为海报设计的一个重要组成部分。从策划书到标志设计，再到海报设计，每一个作品的设计创作都离不开对优秀作品图例的赏析，通过图例赏析，分析出作品设计的手段、基本形式和组成元素，在赏析与创作中，逐渐提升对艺术作品的感受、分析、理解、判断与评价的能力。

(一) 通过图形对比，提升对艺术作品的分析能力

标志设计与其他美术作品不同，有其简洁独特的特点，对于习惯于儿童画、想象画的学生来说，对标志的功能、形式和特征的把握有些难度，教师精选相关标志作品，让学生在赏析探讨中获取标志设计的基本知识。

图 3-2-12　常见典型标志图

教师：这几幅图分别是什么标志?

学生 1：停车标志。

学生 2：请走人行道标志。

学生 3：我们学校(闵行区梅陇中学)的标志。

学生 4：中国移动 5G 的标志。

教师：你们是如何认出来的呢?

学生 1：停车场看到的"停车标志"。

学生 2：马路上看到的"请走人行道标志"。

学生 3：我们学校门口看到的"学校标志"。

学生4：手机专卖店看到的“5G标志”。

教师：如果把这些标志全部换成文字描述，你们感觉会怎么样？

学生1：感觉没有标志明显。

学生2：标志更有特点，容易记住。

学生3：标志比较好看。

学生4：像我们学校的标志，还有一定含义在里面，意义不一样。

教师：这些标志又是通过什么形式来表现画面的呢？

学生：字母、图形、数字加字母、还有符号……

教师：嗯，那停车标志为何能用“P”来表示呢？

学生：……(不知道)

教师：“P”是英文单词“Park”停车的意思。其实，在我们的标志设计中，会经常运用中文、拼音或英文的第一个字来表示，既表达了意思，又简约明了。了解一个标志，我们可以从它的出现处、表达的意思、表现方式、色彩运用等多个方面来分析。由此可见，标志具有识别、传达、象征、美化等功能，归纳一下标志的表现形式有文字形式、图形形式和文字与图形结合三种。

以上教学通过几幅标志图例对比，重在采用视角差异引发学生的强烈感知，进而提升学生对标志作品的分析能力，以达到短时间内准确了解、概述与归纳标志的三种表现形式和常见的外部造型，起到事半功倍的效果。

（二）通过色彩联想，提升对艺术作品的理解能力

色彩是美术中最重要的语言之一，也是最具表现力的元素之一，它不仅能在作品中真实再现客观事物的色彩，还能结合人们的情感与经验，传递一定的信息和思想。同样以“停车标志”和“请走人行道标志”为例来理解作品的色彩运用。

教师：这幅“停车标志”设计为何选择了蓝色？

学生1：蓝色醒目？

学生 2：给人安静感。

教师：给人安静感，对停车有什么关系？

学生：红色让人烦躁，停车停不好，蓝色给人一种安静，容易停车。

教师：嗯，那这幅"请走人行道标志"设计为何选择了橙色？

学生 1：用橙色来提醒行人吗？

学生 2：也不对呀，为何不用红色来提醒行人呢？

学生：……（继续思考）

教师（提示）：看到橙色你会联想到什么？

学生 1：橙子

学生 2：太阳

学生 3：火焰

教师：嗯，你们的联想都很到位，这样的橙色给人一种温暖感，但又红而不艳，属于一种温馨、快乐的提示，而红色呢？显得更强烈，带有一种警示、危险感，所以你们明白"请走人行道标志"设计为何选用橙色了吧？

学生：明白了。

教师：好，用同样的联想法，你们来理解一下"中国移动 5G 的标志"设计为何选择了蓝色？

学生 1：蓝色让我想到了天空，5G 的标志运用蓝色，也会让我感觉到 5G 时代的宽广。

学生 2：蓝色让我想到了水，5G 的标志运用蓝色，让我感觉到 5G 网络的清澈。

学生 3：蓝色让我想到了海洋，5G 的标志运用蓝色，让我感觉到 5G 的力量。

教师：你们说得都很好，看来你们已经学会了运用色彩联想来谈色彩感受，帮助理解标志设计的色彩运用，这也是设计者想看到的结果，如果你是一位设计师，设计作品时是不是也要有这样的考虑呢？

以上片段着重揭示出：色彩的心理效应与人们的经验、个性、气质、习惯、追求有关，色彩有丰富的表情，具有强烈的情感倾向。学生通过色彩联想，识读的不是艺术作品本身，而是对设计者设计此标志所要传达的思想、情感和理念，进行了深入的解读与共鸣，同时也丰富了色彩情感与经验，掌握了设计方法和技巧。

（三）通过寓意解说，提升对艺术作品的评价能力

美术作品是一幅无言的诗，有着独特意境和丰富情感，如何通过解读作品内在的含义，来深入评价艺术作品就显得尤为重要。以“闵行区梅陇中学的标志”为例解说设计寓意。

教师：从我们闵行区梅陇中学的标志中你们看到了什么？

学生1：白色部分像一条飘动的丝带。

学生2：一朵花。

学生3：一只飞翔的鸟。

教师：嗯，你们发现的都对，但设计师为何要设计出这样的造型呢？代表了什么？

学生1：我们学校是体育特色校，一个飘动的丝带，代表着体育运动。

学生2：我们学校是梅陇中学，所以用一朵梅花来代表。

学生3：一只飞翔的鸟是希望我们像鸟一样地自由飞行。

教师：嗯，你们说得真好，但你们都只看到了图形，其实这幅标志的表现形式还不仅仅是图形……

学生1：哦，老师，这里面还有“M、L”字母，是“梅陇”两个字的第一个字母。

学生2：哦，老师，我能看到两只飞鸟，一只红色的外面还有一只白色的。

教师：嗯，你们能发现两个说明你们的观察能力真强，这是图案设计作品中常见的正负形的结合运用，在标志设计中，我们是不是也可以运用这一技巧呢？对于这个字母的组合，就是我们前面提到的：

在我们的标志设计中,会经常运用中文、拼音或英文的第一个字来表示,既表达了意思,又简约明了。这幅作品妙就妙在将这两个字母变形后通过巧妙组合,形成了你们看到的那些图形,可谓图形简洁、设计巧妙、寓意深刻。如果再结合前面讲的——根据色彩联想来分析的话,取自红梅之色,是不是还会让我们感受到红梅香自苦寒来的意境呢?课后,我们还可以运用学到的方法来识读一下中国移动5G的标志。

以上片段通过寓意解说让学生知道:识读一个好的标志图例,不仅要从图形、色彩上去考虑,还要从它的名称、读音乃至背后的故事着手,对艺术作品进行全方位的解读与评价,也唯有如此,方能使自己设计的作品更富形式美与内涵美。

五、反思性发现

以上标志图例的识读活动,学生反应积极、课堂气氛活跃,不仅了解了相关设计知识,并能用语言表达标志设计所包含的元素和自己的见解。然而,课堂教学喧闹背后需要一份宁静与沉思,从学生的互动反应和实践练习来看,可谓喜忧参半:

一方面,图像识读在某种程度上拓展了学生的思维。通过对图像简单的识读,学生的大脑得到充分的调动,能够对图像所反映出的形式与内容进行探索,并对图像进行理论与思想的转化,最终正确理解和评价身边的图像,包括同伴们的创作作品,提高了自身的理解与想象思维能力。另外,每个学生有着不同的认识基础和生活体验,对图像自然有着不同的解读,所以在图像识读的过程当中,学生们能各抒己见、集思广益,积累并丰富了自身的理解与想象思维。正如有位同学在课后和同伴们提到:"没想到我们学校的标志居然有这么多的意思在里面,今天算是了解了,真不错!"带有如此想法的学生,想必也不在少数。

此外,《标志设计》这节课中,在学生标志设计实践环节,学生也一改以往以圆形为基本型的设计,呈现出了圆形、方形、三角形、不规则形等多种造型的标志，即便是同一基本型、相同的元素，也呈现出了迥然不同的设计效果，这些既是图例赏析时引导的结果，更是学生发散性思维表现出的结果。

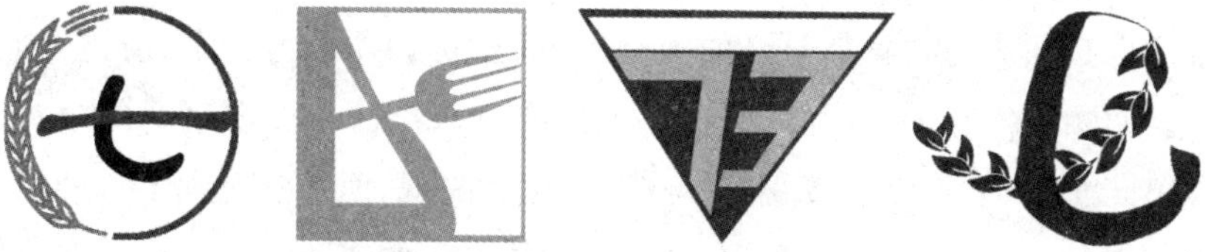

图 3－2－13　《标志设计》学生作业

另一方面，图像识读缺少了形式规律的融入。虽然《标志设计》这节课中，学生的思维比较活跃，设计出的标志也呈现出了多种造型的作品，但真正算得上的佳作屈指可数。在实践时，学生大脑中虽然想到了表现方法和相关元素，然而原本拥有的一点形式原理，此时此刻在形式组织上却无所适从，不懂得如何简化、变形和组合，或者只是简单堆砌，根本谈不上有机组合或巧妙组合，在组织形式上无规律可循，作品自然也谈不上美。那么，问题的根源在哪里呢？反观图例赏析部分，虽然所列举的标志图例均为优秀作品，在图形简化、变形和组合上算是可圈可点，在赏析时，教师却疏忽了这一知识点的引导或点拨（以上教学活动结构图中红色圈内容），学生也缺少了这一方面的探讨与思考。作为学生实践时的一种表现方式和必经之路，缺少了对形式规律的解读与总结，无疑大大阻碍了学生的创作进程。所以，在图像赏析环节，如何将形式组织规律正确融入，甚至作为重点探讨内容并另设一个课时，都是值得教师去深思和努力的。

六、批判性建构

从本案例我们不难发现，“图像识读”对于学生的美术学习是多么重要，它提高的是眼界，拓宽的是思维，引导的是方法，提升的是审美……然而，在获得一连串的看似成效显著的同时，我们不禁诘问自己，这样的“图像识读”对话方式是不是还缺乏些学生自主的态势呢？

（一）学生的自主图像识读能力如何培养

联合国教科文组织在《学会生存——教育世界的今天和明天》报告中明确指出："未来的学校必须把教育对象变成自己教育自己的主体，受教育的人必须成为教育他自己的人，别人的教育必须成为这个人自己的教育。"回顾我们师生一问一答式的"图像识读"方式，表面看来对传统的老师单向灌输、学生被动接受的模式有了很大改观，但依然看到了一种以老师为中心、课本知识结构为中心的影子，从学生的实践活动和设计作品效果上我们也不难察觉，学生的思维局限和依赖性依然显著，这与提升学生自主识读能力和培养未来图像识读素养还有很大差距。教育的使命就是使人学会生存，如何把着眼点从教育转向学习，从外部的"教"转向内在的"学"，还需要我们不断去探讨和追求。因此，在本节课图像识读能力的培养上，设想一下，如果能以主题为切点，让学生以个人探究或小组合作方式主动进行图像解读，是不是更为可贵呢。

（二）学生的自主图像识读能力如何持久

当然，即便我们在标志图例赏析环节做得再严谨，依然还会存在美中不足的地方，因为"图像识读"能力的形成本身就不是一蹴而就的，它是一个长期持续的过程，一节美术课的成效自然也是微乎其微。但笔者一直认为，"图像识读"能力的提升，不仅仅在优秀图例的赏析中，也不仅仅是在同龄人的对话中，还在于所有学习资料的感化与共鸣中，除了提供给学生相应专业知识与技能的图例赏析外，所有呈现给学生的视觉现象，包括课程融合、课件制作，活动组织等均应符合审美原理和追求审美判断，唯有如此方能成就孩子一生。这种点滴灌输与无声熏陶犹如春起之苗，不见其增，却日有所长。诚如叶澜[①]教授所说：每个学科对学生的发展价值，除了一个领域的知识以外，从更深的层次看，至少还可以为学生提供认识，并阐述、感受、体悟、改变这个自己生活在其中，并与其不断互动着的、丰富多彩的世界和形成，实现自己的意愿，提供不同的路径和独特的

---

① 叶澜.重建课堂教学价值观[J].教育研究，2002(5)：6。

视角、发现的方法、思维策略、特有的运算符号和逻辑；提供一种唯有在这个学科的学习中才可能获得的经历和体验；提升独特的学科美的发现、欣赏和表达能力。由此可见，提升学生图像识读素养源于对经典图文的用心识读，源于各类知识的融会贯通，源于学习流程中不经意间的图像资料的视觉感化……正所谓“图像识读”重在点点滴滴的神领意造、贵在风雨无阻的日积月累，为了让学生成为一位有品位的生活者，我们不仅要注重每节美术课中图像的识读与应用，更要注重美术学习中对视觉形式语言和审美价值判断的涵泳与积累。

案例 5:“唱念做打”学京戏，传唱国粹之美

——以四年级《唱京戏》教学为例

闵行区实验小学　朱祎丹

音乐作为人类古老的艺术形式，承载着人类情感表现与交流的需要，也蕴含着丰富的文化与历史的积淀，而音乐学科就是强调对音乐艺术进行体验、感知与表达，以此来陶冶情操，建立文化认同感，提升学生的艺术素养和人文修养。

一、理解性认识

教育部在《关于全面深化课程改革　落实立德树人根本任务的意见》中，要求以培养“全面发展的人”为核心，以此细化研究学科核心素养，即学生学习一门学科获得必备品格和关键能力，是学科育人价值的集中体现。在《普通高中音乐课程标准(2017 版 2020 年修订)》[①]中将审美感知、艺术表现、文化理解定为音乐学科核心素养。聚焦学科核心素养，可以更好地给课堂教学以指导，引领教师更重视专业素养的提升，以严谨的学术

① 中华人民共和国教育部. 普通高中音乐课程标准(2017 版 2020 年修订)[S]，http://www.moe.gov.cn/srcsite/A26/s8001/202006/t20200603_462199.html，2020 - 05 - 13。

思考、扎实的知识体系和师德品质，促进学生素养的全面发展，推动学科育人价值的有效落实。

音乐课程强调审美性，审美是音乐学科育人价值的核心，审美感知更是作为学生发展核心素养之一，为音乐教学活动的开展明确了具体的方向。

（一）音乐语言的习得与积累，审美感知润物无声

音乐学科因其特有的学科属性，需要通过一定的知识积累、技能习得才可能叩开审美的大门，学生审美能力的培养，也应借由音乐的手段进行。因此在实际的课堂教学中，需要紧紧凸显学科特征，对音乐要素进行充分挖掘，通过音乐语言的习得与积累，给学生创造"审"美的氛围和能力，对美"日久生情"，才能真正发挥审美育人的作用。

（二）用音乐的方式感知音乐特征，丰富学生审美实践

音乐的美流淌在风格之中、旋律音符之间，对于音乐美的体验应着眼于音乐本身。不难发现很多学生对于音乐家、音乐作品的名称可以如数家珍，但却无法哼唱出一段音乐的旋律，对于这样的音乐审美，不是从音乐本身出发，而是类似"名词解释"一般的理解，学习到的是知识，而不是音乐，那就更谈不上感知到音乐的美。因此，在音乐学习中，不能只知概念，而要真正走进音乐，通过学生自己亲身参与唱、跳等表现，才能掌握音乐的特征，而"审美"就融化在这唱跳之中。

笔者以四年级第一学期第一单元《唱京戏》一课为例，进行提升小学审美能力的实践研究。

二、解构性定位

国粹京剧，虽比百戏之祖的昆剧晚了几百年形成，因其吸收各剧之长，融会贯通后形成了特有的音乐艺术风格，而其中的"独特性"就是需要学生在音乐活动中感受积累，不求甚解，但赏其美。

（一）教材分析

《唱京戏》选自四年级第一学期第一单元，采用了《苏三起解》的旋律曲调，重新填词编曲而成，$\frac{2}{4}$拍四句歌词，概括地唱出了京剧表演、行当、脸谱艺术的特点。节奏虽不复杂，但休止符、连音线的运用，却增加了歌唱的难度，其中，装饰音、一字多音的加入，让作品更具有京剧的韵味。

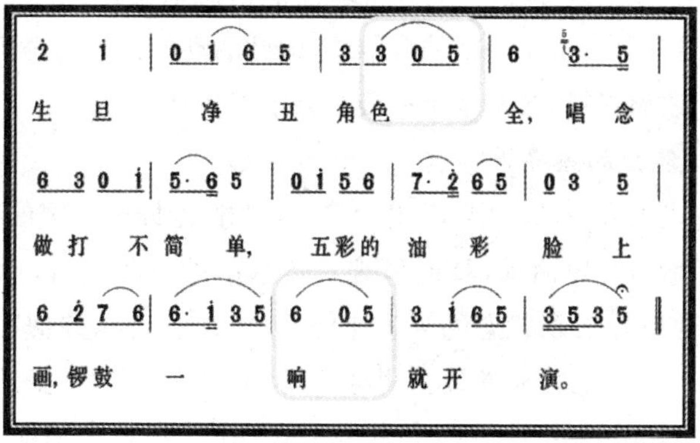

图 3－2－14　教材内容节选

从谱例中可以看出歌曲中有 6 个休止符的出现，而这些休止符在歌唱中的表现与要求，也是大相径庭：第 2、7、9 小节中的休止符在“板”（戏曲中的强拍称为：板）上，第 5 小节的休止符在“眼”（戏曲中的除强拍外称为：眼）上，改变了歌曲原有的韵律感，而第 3、12 小节的休止符出现在连音线表示的一字多音中，需要演唱出一种灵巧干净的欲言又止之感，对学生歌唱能力的表现有一定的要求。

四年级学生对京剧并不陌生，一年级有京剧脸谱的认识与学习，三年级有《穷人的孩子早当家》的聆听与欣赏，虽然并非连续性的学习，但却为四年级学唱《唱京戏》提供了相关音乐知识与音乐感知的前期铺垫：一年级“京剧脸谱的认识”——初步感知，激发学生对中国国粹的学习兴趣；三年级《穷人的孩子早当家》——体验模仿，初步了解了京剧的风格特点；四年级《唱京戏》——歌唱表演，以表现出京剧的魅力。可以说一、三年级的学生体验的京剧之美是一种“初见”，而作为歌唱课的《唱京戏》，可以说是真正意义上的“第一次亲密接触”。

（二）学情分析

1. 音乐预备能力整体特点

歌唱作为音乐表现的重要手段之一，来传递自己对美的体验与理解，给人以美的享受。笔者所执教的四(1)班的学生经过几年的积累，已具备了一定的歌唱能力，大部分学生能唱准歌曲的音高与节奏，并能根据歌曲的需要，运用连贯、跳跃的气息进行歌曲的情感表达。但随着年级的升高，对学科的学习产生了一定的疲倦感，因此活动的设计需考虑如何持续激发学生的歌唱兴趣，鼓励学生积极参与审美表现。

2. 音乐能力的差异性

小学阶段的音乐活动中，男生、女生表现能力具有一定的差异性，女生普遍乐于参与音乐活动，且能呈现一定水准的音乐表现，而男生相对较弱，能呈现较好表现状态的男生比例不及女生，音乐课似乎变成了女生的主场，久而久之容易导致男生逐步游离在课堂之外，变成音乐困难户。四(1)班男女生的音乐能力发展不太均衡，女生歌唱能力、表现能力较强，男生除个别几位学生表现较为突出，其余男生音乐能力相对薄弱。

3. 音乐活动的兴趣差异

学生因为自身音乐能力的不同，所呈现的课堂活动关注点也不同。课堂音乐活动以唱、奏、演为主要表现形式，在四(1)班中，歌唱能力突出，形体表现能力较强，爱唱爱奏爱演的学生仅占1/4，大部分学生因自身音乐能力或其他原因只偏爱其中一项，因此根据学生的不同兴趣点，教师需设计丰富多样的音乐活动，以满足各类学生的能力需求与审美喜好。

三、指向性设计

京剧作为中国的国粹却鲜少出现在当代学生的主流审美中，学生或许从语文课《梅兰芳》中，认识了京剧大师梅兰芳，或许从美术课《画脸谱》

中，知道了不同的颜色表现不同性格的人物形象，但京剧作为中国的“歌剧”知识固然重要，其根本魅力还是在京剧大师的举手投足之间。因此本课的设计思路是以“唱念做打”的方式进行课堂实践，运用“耳”与“声、形、表”的结合，制定了学习目标：能以明亮的声音、清晰的吐字和欢快的情绪演唱歌曲《唱京戏》；准确表现歌曲的节奏，并结合肢体动作，初步体验京剧的表现特征，感受国粹京剧的魅力所在。

为更好地落实学习目标，本节课设计了三个针对性的活动：

【活动设计一】：我是京剧小戏迷，赏京剧之美

“打”——找出“板”位置上的休止符

1. 观察模仿：教师示范听戏，学生模仿；

2. 听辨实践：出示歌谱，寻找“打板”的位置：3 个“板”1 个“眼”处。

这里活动设计中的“打”不同于京剧中的“打”，主要是通过拍打出歌曲中的红圈标记出的四个休止符，休止符是无声的，如直接告诉学生此处不可发出声音，学生反而更容易发出声音，无声的统一对四年级学生太难，因此反其道而行，把不允许出声的休止符，全都拍打出声音来，大家先听到了彼此的声音，然后再调整至无声休止状态，才是心中有数、心中有拍。而这样的一个过程后，学生对于歌曲一板一眼的韵律感及其变化就更容易觉察到，从而内化，也为之后的活动中解决歌唱时的节奏问题做了铺垫。

【活动设计二】：手眼身法不简单，学京剧之魅

1. “做”——根据四句歌词，设计四组动作，跟着老师学“做”；

2. “念”——理解歌词，并在节奏中念歌词；

3. “唱”——学唱歌曲，加入四组动作。

预设难点：

(1) 装饰音的学习：[4]小节“唱”字；

(2) 逻辑重音：[1]小节“生、旦”；[5]小节“不”；[9]小节“脸”；

[13]小节"开"；

(3) 一字多音：容易出错的是"锣鼓一响就开演"中的"一""开"；

(4) 连音线中的休止符。

歌唱课始终离不开"唱"，尤其到了四年级，更是需要学生有歌唱表现的能力，除了音准节奏要准确外，歌曲的特点也要有所展现，因此预设了几处不容易唱好字音与节奏的地方，增加了唱出"京味"特点的指导。同时，歌曲学唱的过程一直是活动设计的难点，相对欣赏课丰富多样的表现，歌唱课就比较单一，一句一模仿的教唱方式略显技能化，于是我把活动用梨园学艺的方式赋予新的意义，回到民间戏曲最传统的学戏方式，学唱歌曲。

【活动设计三】：登台亮相我是角儿，传京剧之魂

(1) 戏曲行当：生旦净丑；戏曲表演四功：唱念做打

"西皮流水"是京剧曲牌的一种

(2) 京剧艺术大师——梅兰芳

(3) 尝试"反串"角色

本活动设计是对前两个活动设计的巩固与提升，通过介绍京剧知识：行当、表演四功、京剧曲牌，帮助学生更清楚歌词的内容，了解京剧文化。而京剧艺术大师梅兰芳的介绍，则是聚焦京剧行当中的旦角(为青年女性形象)，为学生之后的"反串"角色做知识、行为的先导。

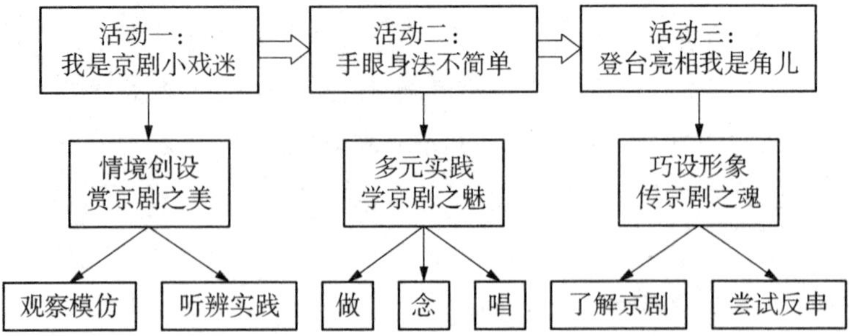

图 3-2-15　活动设计流程图

四、实践性行动

（一）情境创设，建立音乐审美感知

在“活动一——我是京剧小戏迷，赏京剧之美”的学习中，主要是通过创设听戏的情境，帮助学生感知京剧的风格特点。

在学唱歌曲之前，教师请学生尝试做一个小小京剧粉走进戏园，介绍一些看京剧的礼仪，可以拍手叫好，也可以跟着歌曲的一板一眼打节拍，打节拍的时候，可以用拍手的方法，也可以用一只手位于大腿之上，轻轻地有弹性有韵律感地叩击腿部，学生觉得新鲜学得有模有样，待学生韵律感形成后，我开始提醒学生要“有范儿”，要想象自己晃着脑袋在戏园子里听戏，同时出示歌谱，并要求在标记处叩击腿部，或用拍手表示。

在尝试了一把小戏迷后，又将情境切换至梨园学戏，有了戏园、梨园两种情境，学生对于音乐技能的消化就在不知不觉中。音乐的感知与学习需要重复，有了情境的创设，让重复练习变得不那么枯燥，更有趣味性，从而更好地感知京剧的韵味。

通过这个活动的练习，学生能感受到京剧中不同节拍强弱交替的律动特点，感知不同节拍、节奏音型与音乐表现的关系，初步了解京剧这一民族音乐的独特风格。

（二）多元实践，丰富音乐审美体验

在“活动二——手眼身法不简单，学京剧之魅”的学习中，主要是通过设计“做、念、唱”的多元实践形式，促进学生采用多种方式学习，丰富学生的音乐审美体验。

学生随着年级升高，其音乐表现力却反而受限了，但在京剧的学习中，为了更好地感受戏剧的魅力，身段舞姿的学习必不可少，不仅是了解京剧的一种有效途径，更是能在京剧身段中找到“唱戏”的感觉，并在学动作的过程中熟悉歌曲。通过介绍从前的人如何在梨园学唱戏，没有钢琴没有歌谱，都是师傅教一句学生学一句，用最传统最悠久的学法来学唱

京戏。

《唱京戏》的演唱就从身段入手，学生渐渐有了京戏的感觉，他们的歌声中更有京戏的味道了，同时每一句歌词设计一个动作，并把眼随手动的要领告诉学生，同时提醒学生观察老师，哪些地方需要亮相，抓住"旦""单""画""响"这几个字转头看向观众，学生们学得带劲儿，齐刷刷地和老师"咿咿呀呀"熟悉曲调，当整个班级整齐亮相时，效果很是壮观。中国的戏剧从来都是"唱念做打样样会，手眼身法不分家"，因此通过模仿体验手到、眼到、身段到，体验京剧的口到、心到、气韵到。

（三）巧设形象，激发音乐审美情趣

在"活动三——登台亮相我是角儿，传京剧之魂"的学习中，引导学生进入角色，通过"反串"表演等形式来激发学生的音乐审美情趣。

整个教学过程中，教师的演唱始终伴随着整个学习的过程，学生在学习动作的过程中，歌声早已不自觉地融入表演中，是时候"登台亮相"了。

原本教师设计的动作比较靠近旦角儿，但在学生学的时候，教师发现有个男生却做出了老生的感觉，而这个小家伙还是平时上课令人头疼的学生。课堂中，他每一次亮相，目光炯炯有神，也是因为他传神的表现给了我很多灵感与启发，教师问学生是否知道"梅兰芳"，学生不陌生，其实梅兰芳唱得就是旦角儿，很多我们熟悉的名角儿都是反串的，"你们是否愿意尝试一下反串"，于是兴致勃勃的男生个个翘起了兰花指，女生也会假模假样捋一捋长长的胡须……学生笑声一片，也初步体验交流了反串的魅力和不易。在音乐课的学习中，往往女生的优秀表现占半边天，但是通过介绍四大名旦之首的梅兰芳，给男生们打打气，看看真正的好男儿是如何从：祖师爷不赏饭吃，经过自强不息，成为中国京剧表演艺术大师的。

学生的表现虽不够成熟，但他们乐于参与其中，去感受去表现，正如德国教育学家第斯多惠所说："教学的艺术不在于传授知识的本领，而在于鼓励、唤醒和鼓舞。"

五、反思性发现

整节课学生参与度高，课堂氛围良好，三个活动设计能有效落实，能从学生的表情中可以看出对京剧产生了一定的兴趣。但在实际教学中，还是呈现出了一些问题，值得探究与思考。

（一）片面追求活动的丰富多样，音乐表现流于表面

教师在环节的设计上有一定的巧思，“梨园学艺”的情境营造，符合四年级学生的兴趣，因此学生“学艺”过程与老师互动良好，“唱念做打”的切入点引起了学生的兴趣，但也是一把双刃剑，学生亮相登台学了热闹，而歌曲的歌唱表现不够扎实。

在歌曲演唱时，受到动作的影响，学生的歌声呈现不连贯，例如[1]小节中“生旦”二字均为逻辑重音，但由于动作要求需要京剧中的亮相，因此学生在演唱时，两个字总是断开，使得歌声断层，教师在课堂中呈现出的状态是：听出了学生歌唱的问题，也进行了指导，但由于活动内容较多、时间不够，导致本节课中无法彻底解决。但学生的音乐表现一旦形成就很难改变，就像一道数学题做错了自己很难检查出来，因为已经形成了定式，音乐表现也一样，学生一旦表现偏差，不能及时停下解决，再要调整就需要花费更多的力气。

对课堂活动进行减法，有侧重点地进行指导，给扎实音乐表现留下足够的时间，只有着眼于正确的音乐表达，才能帮助学生建立良好的艺术审美感。

（二）整齐划一的表现形式，限制学生个性化的表达

在课堂实践中，通过学生模仿老师设计好的动作，借此掌握一些京剧的表现语汇，整齐划一的动作，齐刷刷的亮相给人以视觉上的美感，但同时也限制了学生自己对《唱京戏》的想象与理解，或许学生有自己的想法。不必所有的动作都由老师包办，不要总觉得老师自己设计的就是好的、美的，学生的审美有时也不差。我们可以提供一份菜单供学生个性化组合，抑或留出最后一个乐句，给学生自己展示的权利。

对于学生音乐能力的培养，也不可揠苗助长，对于博大精深的京剧文化浓缩在 35 分钟内之内，面面俱到是不可能的，学生能力不同，擅长表现也不同，个人喜好更不同，可以考虑把"唱念做打"拆开成几种表现形式，给学生自由挑选进行表现，或许呈现的效果会有更大惊喜，也借此来丰富学生的审美表达。

（三）学科本位思考有余，审美育人有待深入挖掘

音乐学科因其特有的音乐语言需要在课堂中进行感知与表现，同时音乐表现需要一定的音乐技能进行支撑，音准节奏如果不准确，那就无法再深入进行挖掘，因此在教学活动中，对学生音乐表现中存在的音乐技术技能问题的预设，有较充足的准备，对于活动环节之间的音乐逻辑也有一定的思考，这些都是保证音乐学科审美的基础。但本节课不能仅仅停留在歌唱的准确表现，更需要通过这些活动，帮助学生感受京剧的魅力——独特唱腔的美、优美身段的美、锣鼓敲打的美。这就需要老师在教学中，进行关键性的示范与指导，帮助学生认识更立体的京剧艺术，为京剧所吸引、所陶醉。

六、批判性建构

（一）听觉先导，多感官联动，建立有音乐思维的审美情趣

音乐是听觉的艺术，一切音乐活动都应该以听觉为先，听是音乐审美的基础，多听多品，才有可能咀嚼出其中的魅力与意境。品的过程一直就是教师所需要思考的，品的方式也需要教师细细推敲，充分调动眼、口、心，并使他们仅仅以耳朵为先决，同时又弥补听觉能力的不足，以品出音乐的语言，才能用音乐的思维去欣赏、去感受，逐渐形成关注音乐的审美情趣。

（二）求同存异，半开放选择，以唤起学生内心的审美渴望

音乐审美虽有一定的标准，但还是具有独特性。老师所感受到的美，未必是孩子能接受的美，反之亦然，教师无法替代学生去审美，如果长期

以老师的审美作为唯一标准，久而久之，学生会习惯性迎合教师的喜好而渐渐失去自己的审美欲望。学生没有平台与机会去表达自己对美的认识与感知，那么对于美的渴望也就逐渐弱化消失了。课堂应给予学生表达美的权利，尤其可以半开放地给出选择权，在美的前提下，老师给出的小小的选择权，就像一颗投入水中的石子，再小也能泛起阵阵涟漪，推动学生内心对美的渴望。

（三）打破界限，跨学科融合，全方位多视角提升审美育人

以音乐为中心，深入研究剖析其他学科的人文知识、审美内涵、文化价值，都可以帮助学生产生知识的迁移引起共鸣。就像本课的内容京剧，本身就是一门综合性的艺术，涉及领域包括表演、舞蹈、演唱、器乐等，尤其是美术学科京剧脸谱、语文学科梅兰芳都可以运用进课堂中。不能只局限在教音乐，或因追求音乐的完整呈现，而把学生只看作传声筒、提线木偶。可以借助学科聚焦和跨学科学习，提升审美视角，将知识体系互相关联融合，促进学生更好地发展。

案例 6：从发展的需要谈学生审美判断的育人价值

——以《寻找奇妙的点》实践教学为例

上海市七宝中学附属闵行金都实验中学　胡升级

“以德育为核心，以培养创新精神和实践能力为重点的素质教育”是我国当今教育改革与发展的方向。在尊重人、理解人、关心人的基础上，通过生动活泼、形象具体、启发引导、平等交流的方式方法，促进美术学科素养的提升，已成为必然。美术学科既要向学生传授美术的基本知识和技能，还要提高学生的审美能力，发挥美术学科的育人价值。

一、理解性认识

教育的根本任务就是立德树人。《义务教育美术课程标准》(2019 年

版)明确提出:"美术课程以社会主义核心价值体系为导向,弘扬优秀的中华文化,力求体现素质教育的要求;以学习活动方式划分美术学习领域,加强学习活动的综合性和探索性,注重美术课程与学生生活经验紧密关联,使学生在积极的情感体验中发展观察能力、想象能力和创造能力,提高审美品位和审美能力,增强对自然和人类社会的热爱及责任感,形成创造美好生活的愿望与能力。"

"审美判断"是美术学科五大核心素养中最具纽带和关联作用的基本素养。指的是对美术作品和现实中的审美对象进行感知、评价、判断与表达。在美学史上,笛卡尔较早论及"审美判断"的内涵,"审美判断"反映的是审美心理过程,是主体对事物审美特性进行分析和概括后作出确认和评价的过程。包括审美的感性判断和理性判断。前者指简单地肯定或否定事物的美或丑,后者指通过理论来论证事物的美与丑。康德对"审美判断"也作了系统阐述,他认为"审美"只涉及事物的形式而不触及利害关系等内容;是自由的、无明确目的的;是个人主观的,又有着广泛的普遍性;是一种非逻辑的不借助概念的"情感判断"和个人先验的无关功利的"纯粹观照"。

审美判断的表现是:能感受和认识美的独特性和多样性,形成基本的审美能力,显示健康的审美趣味;能用形式美的原理和其他知识,对自然、生活和艺术中的审美对象进行描述、分析、评价和判断;能通过语音、文字和图形等表达自己的审美感受,用美术的方式美化生活和环境。

二、解构性定位

(一)审美判断含义与规定的定位

审美是以个人爱好和趣味为出发点的。在现实的审美活动中,面对不同类型的审美对象,是否喜欢或感觉到美不美,每个人都会作出自己的反应与感受,这实际就是一种审美判断。因此,从概念界定来说,所谓审美判断,就是指审美主体进行审美活动时所具有的特定心理感受与评判过程。

审美既然是以情感愉悦和趣味满足为特点的感性活动,而不是理智的概念活动，那为什么审美又成了一种“判断”呢？这里便体现了审美判断的独特性。具体来讲，审美判断的独特规定性包含有以下几点：

首先，所谓“判断”，在这里是指审美要求有一种人人都共同承认的普遍必然的有效性质。一般说来，审美趣味、快感往往因人而异。可是，“尽管趣味仿佛是变化多端，难以捉摸，终归还有些普遍性的褒贬原则；这些原则对一切人类的心灵感受所起的作用是经过仔细探索可以找到的。”康德认为，“审美虽然是感性的、个体的和主观的，但是如果他把某一事物称作美，这时他就假定别人也同样感受到这种愉快。他不仅仅是为自己这样判断着，他也是为每个人这样判断着，并且他谈及美时，好像它（这美）是事物的一个属性。”这就是说，审美判断同样也要求具有如同逻辑判断那样的普遍必然性，对每个人都有效。欣赏黄山，有人觉得它奇巧，有人觉得它奇险、奇幻，也有人觉得它奇怪、奇趣。具体感受虽然各异，但在肯定它作为自然美对象、获得审美愉悦方面，却又是人人共同的。这种共同的看法，就是审美判断的普遍有效性。它所起到的作用，正像符合理性认识的规则一样。

（二）审美判断内容与要求的定位

美术课程改变单纯以学科知识体系构建课程的思路和方法，从促进学生素质发展的角度，根据美术学习活动方式划分为“造型・表现”“设计・应用”“欣赏・评述”和“综合・探索”四个学习领域。其中审美判断就属于“欣赏・评述”的学习领域，总目标是：

1. 感受自然美，了解美术作品的题材、主题、形式、风格与流派，知道重要的美术家和美术作品，以及美术与生活、历史、文化的关系，初步形成审美判断能力。

2. 学会从多角度欣赏与认识美术作品，逐步提高视觉感受、理解与评述能力，初步掌握美术欣赏的基本方法，能够在文化情境中认识美术。

3. 提高对自然美、美术作品和美术现象的兴趣，形成健康的审美情趣，崇尚文明，珍视优秀的民族、民间美术与文化遗产，增强民族自豪感，养成尊重世界多元文化的态度。

初中学段有关审美判断的基本要求可以概括如下：

(1) 欣赏中外优秀美术作品,了解有代表性的美术家。通过描述、分析与讨论,用简单的美术术语对美术作品的内容与形式进行分析,表达对美术作品的感受与理解。

(2) 以讨论、比较等方式,欣赏不同种类的绘画作品(如速写、素描、中国画、油画和版画等),了解有代表性的画家。以讨论、比较等方式,欣赏中外雕塑艺术作品,了解有代表性的雕塑家。以讨论、比较等方式,欣赏中外建筑艺术作品。以讨论、比较等方式,欣赏中国工艺美术作品。尝试以查阅或搜集资料的方式,了解中外著名美术家及代表作品。运用常用的美术术语,通过讨论和写作,表达对美术作品的感受与理解。

(3) 积极参与美术欣赏活动,主动搜集、了解中外美术作品及有代表性的美术家。运用简单的美术术语,通过口头描述或写作等多种方式,表达对美术作品的感受与理解。利用互联网、辞书或美术专业书籍等查阅美术方面的资料。

(三) 审美判断方法与角度的定位

审美判断作为美术这门学科的核心素养之一,它具体指的是根据形式美的原理,感知、分析、比较、诠释隐藏在那些美术作品里的美的因素,赏析我们生活中出现的视觉文化的现象,通过这些来进一步做出判断、表达看法。总而言之,审美判断是基于当今人们对判断美与丑事物的需要而提出的,也是当今人们在学习、生活和工作中不可或缺的素养。所以,美术的学习有利于人们培养与发展审美判断能力。

初中美术教材以单元化设计为特点,分为美术语言、美术门类、综合运用三大类型,针对不同类型单元所呈现的美术作品,其审美方法和判断的角度、侧重点也各不相同。在美术教育教学中,"审美判断"主要是指学生对艺术作品的感受、分析、理解、判断与评价的一种方式。这种方式主要表现为以下三种情况:第一是纯欣赏主题课中的作品鉴赏,如美术门类中的欣赏课,"审美判断"就要侧重艺术的门类、形式以及艺术的表现形式及其特点,作品的创作背景及其艺术家的生活经历等,并对美术作品和美术现象进行简短评述,表达感受和见解。第二是作品创作中对大师或同龄人作品的学习与借鉴,如绘画或设计课中的艺术作品解读,"审美判断”就是要侧重教学知识点进行专项解析与评述。第三是基于学生对自身素养的要求，在文化和思想以及情感等因素的影响下形成自己的“审美判断”，这一点需要学生自己去感悟、默会和内化。

这三种“审美判断”有时候是同时存在，有时只需要满足某一两种情况，视课程类型和学习需要所决定。

（四）审美判断主体与学情的定位

六年级阶段是小学到初中的衔接阶段，学生的生理、心理发展不均衡，也是生理、心理急剧变化的关键期，他们由喜欢幼稚变成渴望成熟，自我意识开始觉醒，开始注重自己的形象，关注别人对自己的评价。在积累了一定的生活经验、知识体系后开始慢慢摸索自己的审美情趣。

绝大多数六年级学生经过小学段的美术学习，基本已经掌握了基本的造型要素、色彩构成、形式原理，对各类美术作品能作简单描述、理解和评价，具备了一定的审美判断能力。但还需要学生通过学习，能够积累一定的美术基础知识和相关的学习体验、生活经验和审美情趣，经过观察、感受、思考、判断、交流后，对美术作品的形式特征、内涵寓意进行语言表达或文字描述。存在少数学生，由于种种因素，对小学阶段应该掌握的美术基础知识和相关的学习体验的缺失，导致他们的审美判断能力还停留在小学低年级阶段的审美认知水平。

其实生活中的美几乎无处不在，只是我们缺少发现美的眼睛，以及迷失衡量美的标准。初中生绝大多数只会将审美判断建立在自己感兴趣的事物之上，审美标准也是遵循着从众心理，听从伙伴们的观念，缺失自己的主观思考。因此，将审美判断的学习与美术活动有机融合势在必行，也只有这样才能起到事半功倍的效果。当今社会正处在尚美时代，人只有当他具备审美判断能力时才是“完全的人”。因此，审美判断的意义与内涵已然成为了学生的必修课。

三、指向性设计

本单元教学内容源自九年义务教育课本少儿版六年级美术教材第一

学期第二课《寻找奇妙的点》，通过欣赏、讨论、练习等途径探索，学习"点"的相关知识，并能运用综合材料来表现含有"点"的艺术作品。

本单元属于美术课程标准中的"造型・表现"。课程标准要求观察、认识与理解点、线、面三个造型要素，运用对比、变化、统一等形式原理进行造型活动，增进想象力和创新能力。

"点"是美术造型的基本要素之一，这是美术教学目标中知识技能的范畴，六年级学生通过小学的美术学习，已认识"点"，并知道点的基本知识。通过本单元学习，力图帮助学生在此基础上形成对点的性质、组织形式的整体认知，并了解点在平面构成与画面构图中的作用。在练习、作业创作方面，学生能自主探究掌握要领，还能够在此基础上有所创新。因此，本节课的学习目标设定如下：

1. 通过活动让学生了解"点"的含义，探索点的不同种类。

2. 体会在具体情境中画一个或多个不同种类的"点"的美术表现的差异，凸显"点"在画面中的重要性。

3. 在听说、思考、体验、分析等教学活动中，学会用"点"的各种变化进行绘画创作。

4. 通过学习活动增强学习兴趣，提升生活中发现美的能力，懂得在为人做事方面努力让自己做得更好。

围绕以上学习目标，为了更好地达成学科育人的目标，本节课在阅读绘本的过程中将故事的内容与教学内容进行巧妙地结合。因此本节课的活动由两条线贯穿而成，一条是绘本故事的发展，另一条是学科教学的内容，但是又不能生硬地将两条线缠在一起，因此需要通过一系列的活动来进行串联和并联。

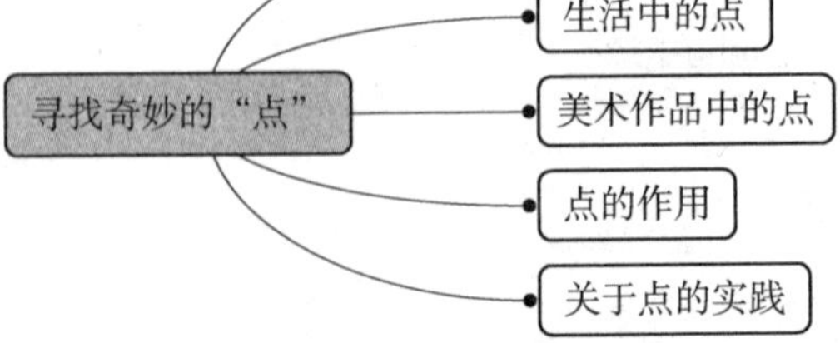

图 3-2-16 教学内容图

活动一：情景育人，学会如何画更好的“点”

在故事情节中提出假设，站在主人翁的立场去看问题：假如你是主人翁，你会怎样去思考？怎样才能画出更好的“点”呢？

学生借助于“审美判断”在画纸上表达自己的想法，以此发现自己和同学之间的思想差异，也能激发对“更好”这个词的理解，衍生出生活中对待事物和问题寻求更好解决途径的习惯养成。

活动二：实践育人，通过营造环境表达“点”

学生结合学科的知识和技能，运用自己的绘画手段创作一幅作品，在作品中展现个人对“点”的认知，并且思考如何才能画得更好一些。利用知识点完成作品的实践活动，并在展示与评价活动中通过“审美判断”表述自己的观点以及评论其他同学的作品。

四、实践性行动

素养本位的美术教学中“好问题”会给美术教学带来极大的不确定性(丰富性)，就像“投入水面的石子”所引起的“涟漪”，会引发学生深入地思考，以及基于问题的“深度学习”。其间，重要的不是获得知识，而是获得一种对艺术的眼光、卓越的思维品质和探究能力。

(一) 通过情境的创设，提升审美感知能力

教师用绘本故事《瓦斯蒂和她“点”》导入。

瓦斯蒂是一个小女孩，她总是想不出要画什么，一堂美术课结束后，瓦斯蒂还坐在座位上，画纸上依旧什么都没有。这时，美术老师走了过来(图 3－2－17)。

故事说到这里教师就开始提问了：“瓦斯蒂想不出要画什么，你们有没有遇到类似的情况呢？”

教师发现学生刚开始的时候瞪大眼睛先是一愣，然后齐声回答“有！”这个时候有一部分学生的表情是严肃的，有一部分学生的表情是害羞的，也有一部分学生是微笑的。教师又接着抛出第二个问题：“既然瓦斯蒂画不出什么，为什么没有像其他小朋友一样离开教室呢？”

图 3-2-17 《瓦斯蒂和她"点"》绘本故事插图 1

这个问题有点难度，教师觉得学生很难答到点上，没想到稍微引导，学生很快达成共识："瓦斯蒂之所以没有离开应该是她对她所遇到的问题的态度，遇到困难她并没有放弃，她的内心是想把画画好的。"教师趁机引导学生："遇到问题应该多想一想，不放弃不抛弃！"

美术老师并没有批评瓦斯蒂，而是让她"随便画一笔"。在美术老师的劝说下，瓦斯蒂不耐烦地在纸上随便戳了一个点。老师拿起画纸，仔细研究起来，仿佛瓦斯蒂的画是一件有着深刻寓意的艺术品(图 3-2-18)。

图 3-2-18 《瓦斯蒂和她"点"》绘本故事插图 2

这样的情境创设会更加生动一些，也会吸引学生的注意力。除了角色扮演之外，还要研究角色互换，问题来了："假如你是老师，看到瓦斯蒂戳的点，你会怎么想，你会恼火吗?"

让学生站在老师的角度去思考问题也是德育中站在他人的角度看问题的体现，学生的回答有些人说："会，因为太难看了"，也有人说："不会，瓦斯蒂确实是按照老师的要求随便画了一笔嘛"！

“好，同学们回答得都很有道理，那么接下来到底会发生什么呢？我们一起继续往下看。”

然后老师将画纸推到瓦斯蒂面前，让她签上名字。瓦斯蒂想，好吧，或许我不太会画画，但是我会签名。一周后的美术课，瓦斯蒂惊讶地发现，自己画的那个点被老师挂在了办公桌上方，还用金色的画框装裱起来了(图 3－2－19)！

图 3－2－19　《瓦斯蒂和她“点”》绘本故事插图 3

当瓦斯蒂看到挂在老师办公室里的那个点，她想：“嗯……！我可以画比这个更好的点。”瓦斯蒂拿出她以前从来都没用过的水彩，开始画画。瓦斯蒂画了又画，一个红点、一个紫点、一个黄点、一个蓝点(图 3－2－20)……

图 3－2－20　《瓦斯蒂和她“点”》绘本故事插图 4

她继续尝试，用好多好多种颜色画出好多好多个点。瓦斯蒂想：“要是我能画小点，那我也能画大点。“她挥舞着一支大画笔，在一张大纸上作画，颜色四溅，想画大的点。瓦斯蒂甚至不用专门画点，就能营造出一个点出来(图 3－2－21)。

图 3-2-21 《瓦斯蒂和她"点"》绘本故事插图 5

几个星期后，在学校的美术展览会上，瓦斯蒂画的"点"赢得了许多师生啧啧的称赞。

图 3-2-22 《瓦斯蒂和她"点"》绘本故事插图 6

随着故事持续推进，教师提问：故事讲到这里，说明了一个什么道理？

学生 1：我觉得瓦斯蒂是一个认真的女孩子，在遇到困难时并没有放弃，这样的品质值得我们学习。

学生 2：她在画画的时候不停地画，画了很多不一样的画，而且越画越好，这样的不断追求值得我们学习。

学生 3：老师的不抛弃、学生的不放弃都值得肯定，特别是瓦斯蒂在艺术道路上孜孜以求、不怕苦、不怕累的精神太值得我们学习了。

学生 4：瓦斯蒂总是想办法把这个"点"画得更好，我想我也会像她一样把一件事情做好，还要想办法做得更好。

通过这一环节的学习，学生了解了瓦斯蒂这一位有代表性的美术家，知道瓦斯蒂画画时坚持不懈的态度，感受到瓦斯蒂审美判断能力的变化对于她绘画学习与创作的价值，从最开始不想画、不会画，到越来越喜欢画、画得越来越多、越来越好，从最开始完全画不出点，到能够逐步判断怎样的点是更好的点，从而画出的点颜色更丰富、形式各不同，赢得许多师生称赞。

（二）通过作品分析，提升审美理解能力

为了加深学生对点的认识和理解，教师又列举了课本上的美术作品来加以诠释，强化学生对点的认识。

教师展示石鲁的作品《转战陕北》，并开始提问。（图 3－2－23）

图 3－2－23　《转战陕北》中国画

教师：从这幅作品中你看到了什么？

学生 1：我看到了一群山峰，山峰上站立着几个人

教师：你看到的那个人是谁？

学生 1：应该是毛主席。

教师：对的，这幅画中的毛主席的形象为什么画那么小呢？

学生 1：嗯……我要再想想。

学生 2：我觉得这幅画里的毛主席看上去像一个点，应该是强调这个点？

学生3：尽管毛主席的比例在整个画面上很小，而且是以背影的形式呈现，有一种指点江山的气概。

教师：说得对，虽然画面中毛主席占据的比例很小，可以理解为一个点，却给人一种顶天立地、气吞山河的印象，反而体现了毛主席的伟人气质。那么，如果去掉这些"点"会怎样呢？（图3-2-24）

图3-2-24 《转战陕北》两幅画对比

学生4：如果去掉这些"点"，画面会显得空洞，主题也发生了改变，不再是歌颂毛主席伟人的形象，而描绘的仅仅是祖国的大好河山了。

教师：说得很好！由此可见，在这幅画中，点的作用显而易见。

在名作赏析的过程中，通过假设加深学生对作品的理解和认识，在比较中不难发现作者的创作意图。内容和形式能够准确地表达作者的思想和情感，运用这样的方法可以更好地提升学生审美的能力。在两幅画的对比过程中，学生初步理解了美术与生活、历史、文化的关系，学会从多角度欣赏与认识美术作品，提升了对于美术作品的理解与评述能力，进一步形成审美判断能力。

（三）通过点的对比，提升审美判断能力

教师展示贾科莫的雕塑作品《红衣主教》，并将作品进行修改同时呈

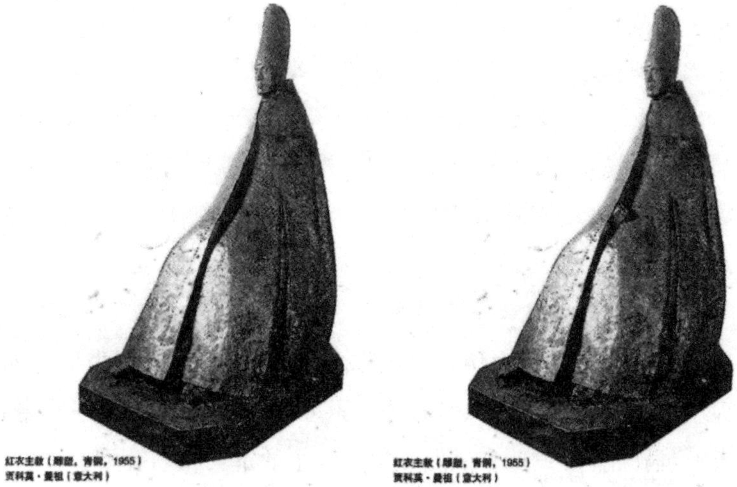

图 3 - 2 - 25　《红衣主教》两幅画对比

现出来。(图 3 - 2 - 25)

教师：接下来，大家来找茬，图片中有一件美术作品是真的，另一件是假的，你们能区分吗？

学生 1：我觉得左边的这幅是真的。因为这样看上去更加整体一点。

教师：还有其他的判断吗？

学生 2：我觉得右边的是真的，它比左边的多了一只手，而这只手就应该是作品中的点，我想画家是想要强调这个点。

教师：那你们觉得这个“点”想要表达什么呢？

学生 2：我发现这只手是紧握的拳头，应该是想要表达这个红衣主教的权利吧，所以我觉得这件作品是真的。

教师：很好，你观察得很仔细。我们都知道这件作品的主题是要塑造一个红衣主教的形象，他的身份决定了他职业的庄重和严肃的性质，我们从他的面部表情可以看出。他把自己裹在严实的法袍里，好像与世隔绝不食人间烟火的状态，而这只露出来的手恰恰是他内心的写照。你能看出这个红衣主教的内心是怎样的吗？

学生 3：我觉得他有点纠结，紧握的拳头似乎是权力的象征，也反映出他想挣脱束缚的想法。

教师：对的，你说得很有道理。其实这只手的作用已经超出我们的想象了，如果没有这只手，作品给人的感受仅仅是一个不近人情的红衣主教罢了，正是因为这只手的存在，凸显了他作为一个人的内心情感，在冷冰冰的外表下还有一点浓浓的人情味，这只手可谓是点睛之笔啊！

这个环节叫作辨别真伪。对比作品、分析作品能够激发学生对作品深入地思考。在文化和知识涵养的积累下，全方位地对作品进行分析，思考作者的创作精神，以此来激发和提升学生的审美判断能力。

(四) 通过实践创作，提升审美表达能力

1. 体验与创作

教师：我们知道了点在美术作品中的作用，那接下来请你们确定一个有趣的主题，再画出那个不可或缺的“点”，并签上你们的名字(图 3 - 2 - 26)。

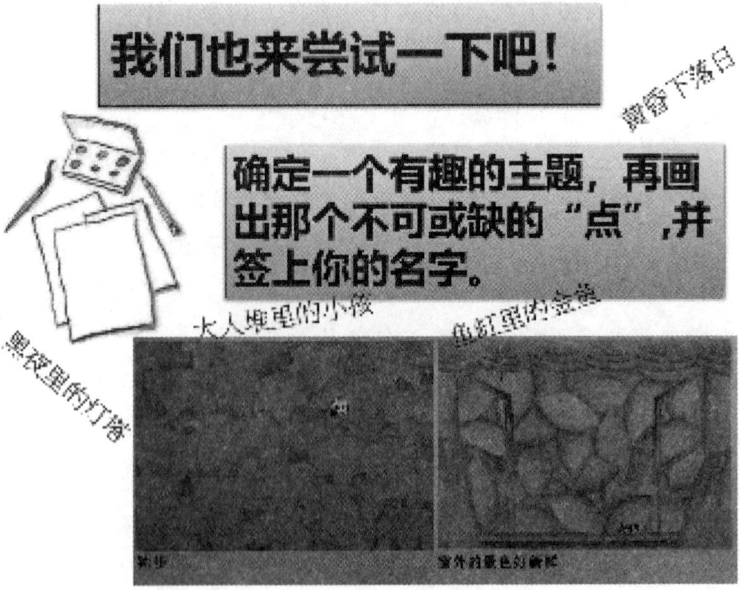

图 3 - 2 - 26　创作主题要求说明

2. 形式与要求

如何把“点”放在一个有趣的情境中，根据画面需要选择自己喜欢的色彩，自由发挥。

3. 作品展示

教师展示学生的作品(图 3－2－27)，并请学生对作品进行评价。

部分学生作品	 ①	 ②
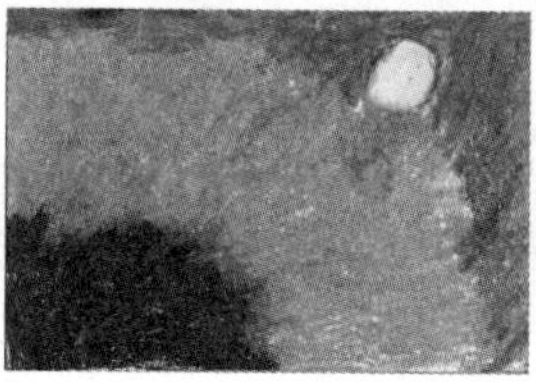 ③	 ④	 ⑤

图 3－2－27　作品样例

4. 评价要求

(1) 你所画的“点”在创设的情境中是什么？

(2) “点”在你的画面中的形态是否美观？

5. 学生自评与互评

教师：对于展示的这些作品，谁来说一说你的看法呢？

学生 1：我喜欢①号作品，他似乎营造了一个日出的情景，太阳就像一个点，他运用到黄色作为太阳本身的颜色，和周围环境的蓝色形成了对比。

教师：哦，你说到了色彩的对比，其实色彩的作用和点的作用一样重要，对吗？

学生1：嗯……

教师：还有谁想说一说？

学生2：我觉得③号作品蛮好的，虽然不知道画了什么，好像有点抽象，但是看上去很好看，那个点的颜色很美，看上去像阳光。

教师：你说得很对，这件作品用到了灰色，在纯度上也有一定的对比。还有谁来说说呢？

学生3：我想说说第⑤号作品，树枝上仅剩的一片金黄的树叶是这幅画中的点，看上去整个环境很安静，唯一的树叶又让人觉得有点点凄凉。

教师：其实这种寂静甚至凄凉的情感也是可以表达的，只不过我们正处在青少年阶段，应该更多地表达乐观而积极向上的主题会更好。

教师组织学生结合评价要求表达对自己或同学作品的看法和认识。这也是对审美判断的实践操作，能够让学生在叙述和表达中提升自己的审美表达能力。通过前面几个环节的学习积累，学生在对"点"进行判断时，角度更加丰富，审美表达既有感性判断，也增加了更多理性的分析，可以看出学生审美判断水平的提升。

五、反思性发现

如何激发学生对美术课的兴趣？如何把美术课上得更有趣？一直困扰着一线美术教师。本课例是以一则绘本故事贯串整节课的始终，并结合学科知识的教学和运用，共同展开，让学生耳目一新。孩子在学习乃至生活中，常常会因为找不到方法而畏惧不前，因为对自己的表现不满意而自我否定，从而失去对学习的兴趣。本课例藉由演绎一则故事，在故事里和同学们一起学习做人的道理，同时也学习美术的相关知识，并且将二者有效地融合在一起，串联、前后呼应、升华等就像电影特效一样运用到课堂的活动中，学生兴趣非常浓厚。

（一）激发学生的学习兴趣，在掌声中实现学科育人

兴趣是最好的老师，激发学生的学习兴趣是渗透德育的关键。这时，孩子们最需要的，不是教导和指责，而是一点点鼓励，一点点肯定，如同瓦斯蒂被完全接纳和理解的“点”。从羸弱、难看和愤怒，一步步转变为强大、绚丽和愉悦，不仅是她艺术道路上的转折点，更是她生命中的重要转折点。教师只有多给予孩子鼓励，多给予孩子赞美，理解他们幼小的心灵，呵护他们珍贵的自信心和创造力，他们才会有足够的勇气向前探索，有足够的底气面对世界表达自我，有足够的动力去发挥和创造，也会对教师和学科的感染力充满兴趣。

（二）采用合作学习的方式促进绘画创作

每位学生都有其个性和差异，大多活泼好动、富于幻想。教学时教师充分利用学生的这些特点来活跃美术课堂，让学生在愉快的环境中学习，在合作讨论以及创作中不断培养良好的品德与习惯。如在作画前，让学生把日常的生活与经历分别在课堂上以口头形式表述出来，尔后将其进行对比，引导学生换位思考体会尊老爱幼的传统美德，并从中受到教育和启迪。当学生理解了大意之后，采取分组合作、分工协作等方法让学生进行绘画创作，在合作过程中既增强了学生的友谊，又培养了他们的团队精神，还让他们体会到集体力量的作用，集体荣誉感也油然而生。

（三）增强学生的情感体验，促进学生主动学习

教师课堂的表现，影响着学生情感的发展，教师教学时的言谈举止，对学生起着潜移默化的作用。绘画是无声的语言，如何让它成为师生心灵沟通的桥梁，成为师生相互交流的纽带，教师作为组织者，首先，要创设一种和谐、自由、轻松、愉快的氛围，组织学生自由作画，进而激发学习的主体性和创造性。其次，在授课中应多用鼓励的语言，让学生感受到教师对他们的信任，让他们在和谐的氛围里体验美、发现美、创造美；第三，作为引路者，应在正确引导的前提下，有目的地唤起学生的作画兴趣，以科学的方法带领学生走进艺术的殿堂，由浅入深，循序渐进地向学生灌输新

的内涵，并针对生活中的新发现，以及所见所闻所感去分析美、丑、善、恶，用手中的画笔描绘出来；第四，作为辅导者，要把自己放在与学生平等的位置上，相互信赖，使学生愿意向教师靠拢，与教师真诚相处，愿意接受教师的指导和教诲。

六、批判性建构

（一）以美育人，寻求多种途径丰富育人的过程

美术以美育人，美术学科育人价值的内涵，即通过美术课程中的绘画、雕塑、工艺、设计、欣赏等学习主题去培养学生的观察与感知能力、创意与表现能力、欣赏与评述能力等；通过各类艺术活动，如参观、访问等，帮助学生学会人际沟通与交流，树立自信心和责任感，形成对民族艺术的继承与保护意识，并具有开放、包容的国际视野。

比如，学习中国的山水画，可以先让学生利用假期游览祖国的大好河山，在学生脑海中留下深刻的印象，然后按照学生意愿，指导学生构成画面，对照画面让学生真切地感受祖国山川秀美、家乡之美。在美的环境中激发学生的审美情趣，培养学生良好的道德品质。"以景育人，以情动人"，改变他们畏惧、压抑、缺乏主见等心理状态。

（二）挖掘学科能力，带动发展各项综合能力

美术学科能力是学科育人价值的重要基础。通过美术学科的学习，提升学生的观察与感知能力、创意与表现能力、欣赏与评述能力等。

1. 观察与感知能力。通过美术学习，在观察、体验、感知的过程中发现自然和生活中的造型、线条、色彩、肌理等美的形式和规律。让学生通过各种美术活动，学习如何有目的地分析、比较与感悟，形成观察与感知能力。

2. 创意与表现能力。通过美术学习，在联想、想象、变通的过程中，借助于媒材，进行有主题或无主题的创作与表现。让学生通过各种创作活动，学会运用发散性思维进行构思和创造，将艺术的规律和创意灵活地

运用于生活、工作以及各类活动中，丰富学生现在和未来的生活，形成创意与表现能力。

3. 欣赏与评述能力。通过美术欣赏、参观、调查等活动，在解释、分析、阐述、评价的过程中，帮助学生理解、尊重和珍视我国及其他国家的艺术传统，了解美术在文化发展上所扮演的角色及功能。让学生学会评价自己或他人的作品，并能够与他人分享。

第三节　学科育人路径及策略探索

成尚荣提出“从学科之魂、学科之眼、学科之法”去探寻学科育人的独特理念与方法，并指出所谓“学科之魂”是指学科的特质及其所蕴含的核心思想、核心价值，它是学科的灵魂之所在；“学科之眼”，是指学科独特的思维方式，即是认识、思考、把握学科本身的“窗口”，又是从学科出发，观察、认识、思考整个世界的“窗口”，是独特的学科视野；“学科之法”是指学科学习具体的学习策略、途径、方法和工具，同样具有学科的特征。“学科之魂、学科之眼、学科之法”密不可分，是一个高度聚合的、融通性特强的一个结构。其内在的逻辑关系是：以“学科之魂”为核心价值追求，聚焦“学科之眼”，通过核心概念（核心知识、大概念等）展开思维，又用基于学科大问题的具体方法来探究、体验、领悟，经历学习过程①。从学科的核心思想、思维方式、具体策略等角度对学科育人路径与策略进行系统思考，为教师在日常教学中落实学科育人目标提供重要的准绳，在物理、化学、科学、劳技等自然科学学科探究与学习是一种常见的学习方式。在探究学习中，学生学习科学探究的思维方式、体验科学探究的过程，感悟科学探究的价值，促进了学科的核心思想、思维方式、具体策略等的融通与发展。

正式将“探究学习(Inquiring Learning)”作为一个科学概念提出的人是芝加哥大学施瓦布教授。他于1961年从教育方法角度将探究学习定义为：“儿童通过自主地参与获得知识的过程，掌握研究自然所必需的探

---

① 成尚荣.学科育人：教学改革的指南针和准绳[J].课程·教材·教法，2019(10)：82—89。

究能力；同时，形成认识自然的基础——科学概念；进而培养探索未知世界的积极态度[①]。"学习过程中的师生关系仍要体现"教师主导、学生主体"这一基本精神。只有这样，它才能有别于学生在好奇心驱使下所从事的那种自发、盲目、低效或无效的探究活动。事实上，学生探究活动过程所涉及的观察、思考、推理、猜想、实验等活动是他们所不能独自完成的，需要教师在关键时候给予必要的提示[②]。探究学习通常可表现为基本类型：实验性探究、工程性设计、逻辑推理任务、基于测量的研究、技术性设计、开放性的研究等[③]。探究学习一般都包含提出问题、分析与假设、制订方案、查找信息与证据、检验与完善、展示交流等环节。探究的任务往往具有一定的挑战性，需要小组合作共同完成。在学习与体验的过程中，学生习得学科知识、培养合作能力、体验科学研究过程。

案例1：小学自然学科实验教学育人功能的实现

——以《声音的传播》为例

上海市闵行区平南小学　唐祁军

小学自然作为一门基础性、综合性、实践性学科，承担着培育学生科学素养、为学生终身发展奠定良好基础的使命。在这一育人使命与指向下，实验教学成为其不可或缺的教学内容，并在一定程度上也决定着其独特的育人方式和路径。

一、理解性认识

（一）实验活动是自然科学探究素养培育的有效载体

小学自然以科学探究为核心，让学生经历探究活动和解决问题的过

① 钟启泉.现代教学论发展[M].北京：教育科学出版社，1998。
② 徐学福.探究学习的内涵辨析[J].教育科学，2002(2)：33—36。
③ 肖川.论学习方式的变革[J].教育理论与实践，2002(3)：41—44。

程，体验科学的过程和本质，培养探究精神，发展“学会学习”的能力，为将来的生活和终身学习做准备。它立足于学生现代生活和未来发展，着眼于提高21世纪公民的科学素养，积极倡导以实验为主的多种探究活动，促使学生体验科学探究的过程。

实验是自然学科进行科学探究的重要方法，也是学生获得科学知识的重要途径。在新课程背景下，实验教学不仅可以使学生获得科学知识和技能，激发学习兴趣，引发探究动机和行为，而且有利于学生进行科学方法的训练，培养实验能力和创新精神，养成良好的科学态度，提高科学素养。

（二）科学方法教育是自然学科育人价值得以拓展和实现的关键

在教学实践中，由于种种原因，实验教学往往是教学薄弱之处：活动时长不够、实验简单，缺乏体系；学生依样画葫芦完全听从于教师，体验肤浅、缺乏思考……要改变实验教学中的这些现象，教师必须找到一条行之有效的途径。《美国国家科学教育标准》指出：科学探究是学生在学习过程中利用科学方法进行决策，强调学生对科学方法和一般程序的体验和学习①。换句话说，科学方法不仅是课程内容，还是获取知识的手段；是理解科学知识的纲领，也是运用科学知识的桥梁。在小学自然实验教学中，对科学方法进行教学是自然学科育人价值得以拓展和实现的关键。只有通过明确而系统的训练，小学生才能理解和掌握相关的科学方法，发展科学思维，提升科学素养，实现学科的育人价值。

在此以小学四年级自然学科《声音的传播》实验教学为例，旨在探索自然学科育人的功能和价值。在以引导学生使用正确的科学方法进行深度学习、培养学生科学探究技能的同时，立足学生立场，培育科学观念，赋予学生科学学习、科学精神自然生长的力量。

---

① 美国国家科学院．美国国家科学教育标准[EB/OL]．https://wenku.baidu.com/view/c5185a81f605cc1755270722192e453611665b16.html，1999/2019－3－14。

二、解构性定位

(一) 四年级实验教学科学方法内容的定位

在自然实验教学中,科学方法可以包括实验方法、探究方法、思维方法三个层面。其中实验方法是基础,是科学探究过程中具体操作的需要;探究方法是手段,引导学生经历探究过程;思维方法是核心,促进学生积极思考。

《上海市小学自然学科教学基本要求》中指出:科学探究包含提出问题与作出假设、搜集证据、处理信息、解释问题、表达交流等五个要素[①]。四年级学生探究能力水平表现要求为:能识别可以探究的、与科学有关的问题;用规范的语言和文字表述;提出合理的假设。能制定简单的探究计划,具有控制变量的意识。学会选择和使用一些测量工具和实验仪器,具有安全操作的意识。能多方面搜集证据。能利用文字、图表等方法记录探究的结果;进行归类,具有评估意识。能建立联系;做出解释。具有反思的意识。能撰写简单的探究报告;与同伴进行交流与评价。根据小学低年级和中高年级学生在思维水平能力、生理和心理特征等方面的差异,第一阶段科学探究活动以观察、分类、测量、预测、推断、交流为主;第二阶段是增加调查、收集整理资料、解释数据、实验与制作、建立模型等。

《声音的传播》一课从科学探究五要素出发,主要培养学生细致观察、实验操作、解释现象、比较分析、设计实验等探究方法与技能。

(二) 学生学情定位

从学生的实际看,小学四年级学生对实验操作已经有了一点基础:能根据问题提出假设,根据老师的引导和建议实施实验计划;能通过观察、分类、测量、使用仪器等简单实验方法收集证据,进行实验验证,具备了初步的实验探究能力。但由于受到学段与年龄的限制,实验经验总体

---

① 上海市教育委员会教学研究室.上海市小学自然学科教学基本要求[M].上海:上海科技出版社,2018。

来说不足，对操作方法、探究技能、思维方式掌握都有限，需要安排更多切实可行的实验加强体验。本课例中，教师准备了多个实验活动引导学生进行细致观察、规范操作、合理设计，让学生在亲历实验探究的过程中提高学习科学的兴趣与热忱。

三、指向性设计

（一）实验教学路径图

围绕学生现有学习场景和学习过程，结合我校自然学科数字教材项目的实施和推进，我们尝试以小学自然学科四、五年级数字化教材运作作为数据源，尝试以“数据驱动教学”模式转型，通过一对一交互式数字教材设备的应用，把学生科学探究中的提出问题与假设、搜集证据、处理信息、解释问题、表达交流学习过程中的数据以多样化形式记录下来，准确定位每一位学生的科学方法的学习情况。通过前测找准学生科学素养的基点水平，针对短板，设计关联探究活动，以单项训练的方式进行干预，最终达到提升学生科学探究能力的学习目标。

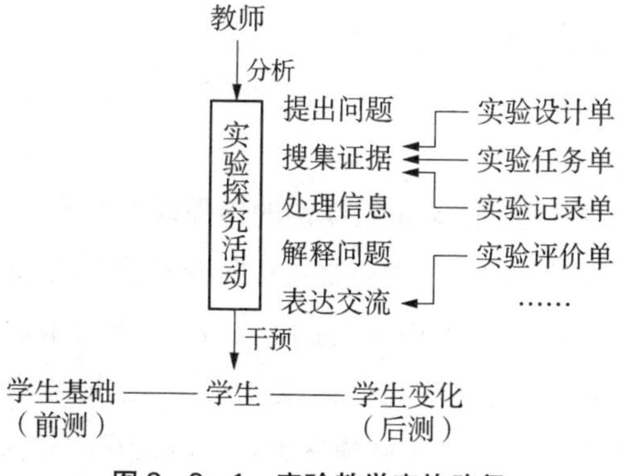

图 3－3－1　实验教学实施路径

（二）实验环节设计思路

《声音的传播》是四年级第一学期第八单元第二课时的教学内容，是在本单元第一课时《声音的产生》的基础上进一步引导学生观察实验现象,知道声音需要通过物质进行传播;并且通过实验比较固体、气体、液体传播声音的本领。课例以实验活动形式贯穿学生整个学习过程,是较典型的在实验教学中实施科学方法教育的课例之一。

1. 学习目标设计体现"课标"三位一体的总体要求

(1) 通过观察生活事件、观察实验现象和动手操作实验,知道声音可以通过气体、液体和固体传播,真空不能传声。

(2) 通过观察、比较与应用,学会分析问题,能提出"声音通过什么途径传播""气体、液体和固体谁的传播能力最强"相关假设,并掌握实验规范操作、搜集数据、处理信息与解释的能力,能采用言语、设计行为应用实验加以表达和交流。

(3) 能激发对科学实验的兴趣、热情,养成实验数据求真、负责的科学习惯和态度。

2. 学习过程设计围绕科学探究五要素

课程环节设计思路依照探究活动:提出问题假设、搜集数据、处理信息、解释分析、表达交流等五要素分三环节进行。

环节一:探究声音通过什么途径传播

以"宇航员进入外太空后为什么听不到声音?"为话题展开讨论,提出问题,学生形成假设:"外太空没有空气,真空环境声音无法传播"。为了搜集证据,教师设计了三个实验,引导学生通过观察、实验来获得证据,验证假设。

环节二:探究气体、液体和固体谁的传播能力最强

在学生得出"气体、液体、固体都可以传播声音"结论基础上提出新的问题:"气体、液体、固体谁传播声音的本领大?"通过"比较空气、水、沙子传声本领"的实验学生再次搜集证据,解释现象,验证猜测。

环节三:拓展应用——探究哪种固体材料传声本领大

在前两个活动的基础上,继续质疑,通过制作、实验等方式学生自主探究固体材料(如棉线、塑料线、金属丝等材料)的传声本领。

教学环节设计由生活中常见的问题出发,经历假设、观察、设计实验、实施实验、收集证据、解释、表达、交流、结论、反思、再质疑等探究活动与过程,培育学生关注生活、勇于探索、不断思考的科学精神。

3. 实验活动设计注重科学方法的体验过程

(1)“真空打铃”实验——习得细致观察实验的方法

学生通过点击数字教材观看视频，获得观察实验现象（先整体后局部）、搜集证据的实验过程体验，同时对前、中、后实验现象进行对比、分析、推理解释，最终得出结论。

(2)“计时器发声”实验——习得设计实验的方法

学生通过观看教师实验演示，获得观察实验现象的体验，同时在教师引导下口头设计实验、解释实验现象、合理推理出结论。

(3)“桌子传声”实验——习得实施实验的方法

学生根据实验要求设计实验并自主完成操作，能根据实验现象合理推理结论。

(4)“比较谁的本领大”实验——习得设计对比实验、实施实验的方法

学生根据实验要求自主设计实验并完成操作，学会控制变量实施对比实验、分析解释实验现象，推理得出结论。

(5)“制作线电话”拓展实验——习得制作实验器具，设计对比实验、实施实验的方法

学生完成线电话的制作，并根据实验要求自主设计实验完成操作，学会控制变量实施对比实验、分析解释实验现象，推理得出结论。

4. 学习任务单设计依托数字教材推送

课例中，当教学观察实验“真空打铃”环节时，教师通过数字教材向学生推送任务要求。

“真空打铃”实验任务单：

(1) 点击“微课”，下载实验视频；

(2) 仔细观看视频，说一说你依次观察到了哪些实验现象？

(3) 点击“实验记录单”，完成练习。

当学生点开“微课”任务，在视频链接的左侧栏中，又会看到老师为他们预先准备的观察文字提示和实验记录单的链接。

"真空打铃"观察提示：

(1) 想一想声音是怎样产生的，实验中当小球振动时，为什么有时听得到声音，有时又听不到声音？

(2) 仔细观看实验视频，说一说你依次观察到了哪些实验现象？

(3) 对比前后实验现象，说说你的发现。

表 3-3-1 "真空打铃"实验记录单

	观察感官	观察到的实验现象	我的发现
抽气前			
抽气后			
放开闸门后			

课前，教师制定了评价量表，通过数学教材平台推送，收集呈现该班学生实验观察能力、分析能力的活动数据，并对此进行分析。

表 3-3-2 学生"真空打铃"评价量表

活动要求	评价等第				达成情况
	A	B	C	D	
能使用多感官观察实验现象，关注到实验的变化	能描述抽气前、抽气后，放开闸门后看到和听到的现象，关注到小球和声音在前后操作中的变化。	能描述实验大部分环节看到和听到的现象，关注到小球和声音在前后操作中的变化。	能描述实验大部分环节看到或听到的现象，关注到小球或声音在实验操作中的变化。	能描述实验某部分环节看到或听到的现象，关注到小球或声音在实验操作中的变化。	

续　表

活动要求	评价等第				达成情况
	A	B	C	D	
能正确描述实验过程与步骤，建立实验步骤与现象之间的联系	能清晰地描述教师在实验三个环节中的操作动作，并能讲清操作与现象变化之间的关联。	能清晰地描述教师在实验三个环节中的操作动作，讲清操作与部分现象变化之间的关联。	能描述教师在实验中的部分操作动作，讲清操作与现象变化之间的关联。	能描述教师在实验中的部分操作动作。	
能分析现象产生的原因	能分析实验操作与现象变化之间的因果关系，解释现象，得出结论。	能分析实验操作与现象变化之间的因果关系，得出部分结论。	能分析部分操作与现象变化之间的因果关系，解释部分现象成因。	能根据现象猜测结论。	

（三）设计意图

1. 针对不同的探究内容，采用不同的实验方式，解决实验过程简单化问题

本课例五个实验中，有可观性实验，以提高学生实验关注度；有探究性实验，以激发学生的探究欲望；有拓展性实验，以深化学生的科学认知。但不管是哪一种类型的实验，都鼓励学生主动参与，引导他们经历提出问题、形成猜想、制定计划、进行实验的探究过程。

2. 贴合学生生活，从学生的经验出发，解决学生言听计从依赖性强的问题

本课例以学生感兴趣的话题引入，让学生主动发现问题、提出问题，并从自身经验出发制定计划、解决问题，充分挖掘了学生的探究潜能和潜质。在实验过程中，解放学生的嘴，让学生进行充分地交流；解放学生的手，让学生充分进行实验操作；解放学生的脑，让学生充分地思考，引导学生探究实验现象背后的科学本质。

3. 科学思维和实验操作紧密结合起来，解决学生探究思维不活跃的问题

实验操作是学生掌握科学知识的入门向导和手段，学生以实验事实出发形成概念，上升为科学规律，编织进自己的知识网络中，最终构筑成知识框架，是学生经过由表及里、由此及彼、去粗取精、去伪存真的思维过程。在学生实验操作的过程中，自始至终都充满着培养和锻炼学生思维品质的契机。在本课例的教学过程中，教师适时引导学生结合实验观察过程，激发思维活动，实现由感性阶段向理性阶段的飞跃。

四、实践性行动

(一) 充分发挥实验作用，提供学生以多重学习体验

能力的培养与活动密切相关。学生通过亲自动手进行实验，不仅可以培养学生观察、动手、思维等能力，还可以加深对知识的认识和理解。

1. 细致地进行实验观察

【情境再现一】

学生在教师指导下自主点开数字教材链接观看"真空打铃"实验视频，在任务单、提示单、记录单等工具的指引下完成活动任务。

教师：在这个实验中，你们依次观察到了哪些现象？这些现象说明了什么？

学生1：根据自己的实验记录单汇报：我观察到真空玻璃罩里的小球在抽气前是跳动的，同时听到较响的轰鸣声；当真空玻璃罩里的空气逐渐被抽走，声音也逐渐变轻，最后几乎听不见；当阀门打开，空气又回到真空罩里时，轰鸣声又慢慢变响。我认为声音是靠空气传播的，没有空气声音也就不能被传播了。

教师：除了声音的变化，你还注意到哪些细节？

学生2：我发现无论抽气前、抽气后还是打开阀门后，玻璃罩中的小球一直是跳动的，振动产生声音，说明声音一直在产生。当空气

被抽走时，玻璃罩中振动还在继续，只是声音不能被传播出来，所以声音的传播需要空气。

学生3：我还发现空气越少，声音越轻；空气变多，声音也变大，音量的变化与玻璃罩中空气量的多少有直接关系。所以我也同意他们的意见。

……

细致的实验观察为学生正确认识物质本质及变化规律提供了实验事实，逐步养成学生实事求是、严谨认真的科学态度。

2. 规范地进行实验操作

【情境再现二】

教师：如何证明液体也是可以传播声音的呢？

（出示实验所需器材）

教师：你们能根据老师提供的器材来设计这个实验吗？想一想具体怎么操作，要注意哪些问题？

（学生四人小组轻声讨论）

学生1：我认为把计时器放入水中，如果能听到声音，说明水能传声，如果不能听到就说明不能。

教师：你们解决了怎样"证明液体是可以传播声音"的问题。还有同学想要补充吗？

学生2：最好把计时器放在密封袋中，这样计时器就不会进水弄坏了。

学生3：密封袋里的空气必须尽量抽干，放到水中时，密封袋和计时器都不能沉在水底接触到水盆，否则有气体传声或固体传声的嫌疑。

教师：你们解决了如何操作实验的问题，而且还关注到了细节，真棒！

……

最终，在学生们严谨细致的提示下，实验操作顺利完成。

正确的操作是顺利完成实验的基本保证，在实验教学中，学生必须明确实验操作要求和注意事项，以细致严谨、规范负责的态度完成实验过程活动。

3. 有条理地进行独立思考

【情境再现三】

教师：气体、液体、固体都可以传播声音，那么它们谁的传声本领大呢？

学生1：我猜测是气体传声本领最大，其次是固体，最后是液体。因为日常我们听到的声音都是通过空气传播到我们耳朵里的，所以我猜测空气传播声音的本领最强；刚才我们做了"水中计时器传声"的实验，计时器放入水中后声音明显轻了好多，所以我认为液体传声的本领最弱。

教师发现大部分同学都同意学生1的意见，于是再问：还有不同的想法吗？

学生2：我猜测固体传播声音的本领最大，其次是气体，最后是液体。因为刚才在做"桌子传声"实验的时候，我发现耳朵贴在桌面上听橡皮摩擦桌面的声音要比离开桌面听清晰响亮好多呢。

教师：真棒，你已经学会通过比较来判断事物的现象和规律了。但你的猜测对不对呢？

学生们再次陷入迷茫，都不敢确定谁的说法是正确的。

教师：想知道谁的说法正确，我们必须通过实验来验证，想一想这个实验应该怎样设计呢？

（教师展示出该实验所需的器材，学生讨论并设计实验方案后，着手操作完成实验）

学生3：我用了同样的操作方法和过程完成了沙子、水、空气传声的实验，发现耳朵贴在沙袋上能听到非常清晰的摩擦声，水袋其次，空气袋几乎听不见，所以我认为固体传声本领最大，液体其次，空气最小。

教师：其他同学的实验结果一样吗？

（同学们纷纷点头表示同意）

教师：想一想，为什么刚才猜测的结果和实验的结果会不一样呢？

学生4：猜测时，我们以“水中计时器传声”的实验和“桌子传声”实验作参考，一个距离远隔着空气听；一个距离近耳朵直接贴在桌子上，实验条件、操作方法没有统一，会影响实验结果的判断。

……

同中求异、异中求同。知识间的比较、概括、总结，可以培养学生良好的思维习惯，强化逻辑思维和抽象思维能力。

（二）提供两类实验，经历不同探究过程，掌握认识科学的方法

实验作为科学探究的一种重要方法，在教学中可以分为验证性实验和探索性实验。验证性实验是学生对假设进行检验的一种实验，主要通过“问题——假设——验证——结论——应用”的过程完成。探索性实验是学生在实验和观察的基础上通过科学抽象来获得结论，主要通过“问题——实验事实——科学抽象——结论——应用”过程体现。本课例中，气体可以传播声音、液体可以传声、固体可以传声以及比较气体、液体、固体谁的传声本领大，都被设计成验证性实验来完成。而由这些实验得到的启示：不同的固体传声本领一样大吗？不同的液体、气体呢？学生在课后拓展活动中自主进行了探究与发现。

五、反思性发现

（一）激发探究兴趣，从被动实验转向了主动实验

本课例中学生通过感知教师水中计时器传声演示实验的现象和观察真空打铃中实验仪器、装置产生感官兴趣；通过亲自动手操作获得实验现象产生操作兴趣；通过探究实验现象产生的原因和规律形成探究兴趣；通过运用所学知识、技能和方法进行一些创造性的实验活动形成创造兴趣。在对一个个问题的寻根问源中打开了科学探究之门，从被动的模仿教师实验转变为主动的探究实验，激发了内在学习的动机需求，调动了学生学

习的主观能动性。

但在教学过程中，教师"扶着走"的痕迹还是很明显，教师要多给学生开放的、生成的实验空间，让学生从心底生长出对知识的追求和热爱，使学生对实验的过程"知其然"，更能"知其所以然"。

（二）鼓励亲身实践，从结果实验转向了过程实验

学生经历的是"从生动的直观到抽象的思维，再从抽象的思维到实践"这一人类认知的一般步骤。本课例中，教师通过五个实验活动来为学生提供生动的气体、液体、固体能传声的实验现象和事实的认识材料，引导他们对这些认识材料进行分析和处理，经过比较、分类、分析、综合、抽象和概括等形成科学概念和原理，达到对声音传播的本质和规律性的认识。在学生亲历探究的过程中，个别学生实验结果与自己预测的结果不一样，甚至与课本上权威结论有出入。教师要鼓励学生尊重实验现象和事实，敢于质疑，允许出错，并在不同的环境下反复实验。让学生在探究中自己去发现、判断、分析、比较和创造，获得对生活、对世界、对人生的感悟与体验，最终具备直面问题、解决问题的勇气和智慧，激发他们乐于创新的精神，真正做到从注重结果的实验转变为关注过程的实验。

（三）培养创新精神，从统一实验转向了个性实验

学生的学习是有差异的，这不仅体现在学生科学知识上的差异，也体现在科学方法和能力上的差异。本课例中，学生实验的内容、要求、步骤都呈现出雷同情况，实验实施的过程、所记录的数据也极为相似，难以拓展。教师应该尊重学生的差异，启发他们多途径假设与思考，培育解决同一个问题的创新精神和创新求变的意识。从组织全班的统一实验转向实施分层的个性实验，只有这样，学生才会更加自信，更加尊重事实，科学素养才会不断地提高。

六、批判性建构

如上教学实践经历，让教师进一步深入理解了小学自然学科育人的

要旨，并借以重塑教师有关实验教学的价值认识与行动信念：

（一）自然学科育人要培育学生科学求真、严谨求实的态度和责任感

小学自然学科渗透着科学知识、培育着科学探究能力，然而要让学生在知识中真正站立起来、在能力中强大起来，离不开科学求真、严谨求实的态度和责任感。对于小学中高段年级而言，他们已经亲身经历实验，正需要通过自身从实验思考与操作行为的规范、严谨来切身体会科学的求真、求实精神，从而培育大胆假设、小心求证并对结论负责的科学探究习惯和意识。

（二）自然学科育人要注重学生创造思维的发展

美国著名实用主义教育家杜威指出："发展中的经验就是所谓的思维。"教师要将学生的实验操作置于思维下，将学生的实验与经验联系起来、与自主创造结合起来。要引导学生反思实验现象并深度思考实验现象背后的科学本质，让学生运用科学的眼光观照生活、用科学的大脑考量世界。

（三）自然学科育人要赋予学生自然生长的力量

基于生本立场，秉承人性关爱。自然学科实验教学中，需要渗透绿色理念，培育科学观念，引导学生树立正确的科学价值观，赋予他们科学学习、科学精神自然生长的力量。

案例 2：基于学科育人的自然学科教学

——以《物体的沉和浮》一课为例

闵行区七宝镇明强小学　刘依婷

要让学科育人价值在小学自然课堂教学中落地生根，教师的教学设计与实践必须变革。本案例以《物体的沉和浮》一课为例，探讨如何基于

"一个核心+三个关键要素"教学设计框架,通过挖掘教学内容所承载的育人价值,基于核心素养确定教学目标,创设有效的教学情境,设置适切的学习活动,设计合理的评价反馈,从而实现对学生核心素养的培育。

一、理解性认识

(一) 自然学科育人价值的内涵理解

核心素养是指学生应具备的适应终身发展和社会发展需要的必备品格和关键能力,突出强调个人修养、社会关爱、家国情怀,注重自主发展、合作参与、创新实践。核心素养指导引领学科课程教学,彰显了学科教学的育人价值。小学自然学科作为上海市中小学课程体系的一部分,在培养学生人格、促进学生成长方面有着独特的作用和价值。

《上海市小学自然课程标准(试行稿)》指出小学自然课程是一门对小学生进行科学启蒙教育的基础性学科。小学自然课程的核心素养包括三个方面:一是认识自然现象,形成科学观念,习得观察、实验等技能;二是体验科学活动和发现科学问题,运用科学知识与方法开展不同形式的科学探究和实践;三是具有探索各种自然现象的好奇心,养成尊重事实的科学态度,增强对自己、对身边的人、对自然和社会的责任感①。通过小学自然学科核心素养的培养,使学生树立"与自然相伴"的意识。

图3-3-2 小学自然学科"核心素养"

① 上海市教育委员会教学研究室.教学与评价的风向标——上海中小学各学科核心素养研究[M].上海:上海科学技术出版社,2017。

胡卫平指出："科学学科的核心素养是学生在接受科学教育过程中逐步形成的适应个人终身发展和社会发展需要的必备品格和关键能力，是学生通过科学学习内化的带有科学学科特性的品质，主要包括科学观念与应用、科学思维与创新、科学探究与交流、科学态度与责任等方面。"[①]主要内容如图 3－3－3 所示：

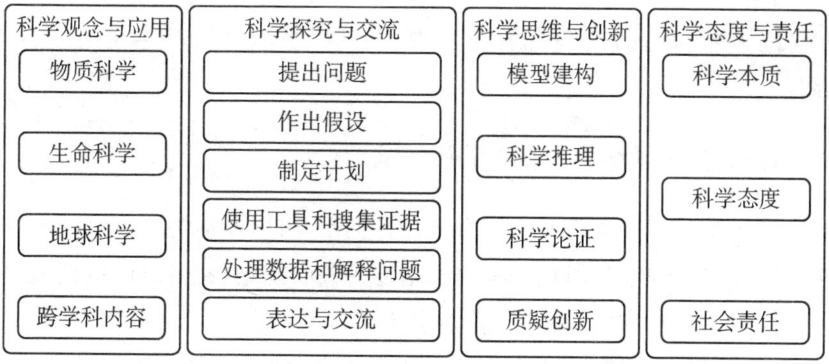

图 3－3－3　小学自然(科学)学科核心素养框架

（二）基于学科育人教学的基本特征

教师在日常教学过程中，教学目标的确定、教学内容的组织、教学过程的实施、教学结果的改进、教学评价的设计等一系列教学环节都应紧紧围绕学科育人这一主旨，以学生学科核心素养的发展作为衡量准则。具体来说就是源于学科核心素养设立教学目标，优化和重整教学内容，教学过程的实施需创设有效的教学情境、设置适切的学习活动，设计合理的评价反馈，挖掘学科教学所承载的育人价值，落实立德树人的根本任务。

基于学科育人的自然学科教学具有以下特征：①依据学科核心素养来确立教学目标，即将学科总体的学生核心素养具体化为课时教学目标；②创设与学生生活背景、知识背景相关的有效教学情境，呈现学习任务或项目，激发学生自觉、主动地参与学习；③组织学生在解决问题的过程中，通过"提出问题""作出假设""制定计划""使用工具和搜集证据""处理数

① 胡卫平. 基于核心素养的科学学业质量测评[J]. 中国考试，2016(8)：23—25。

据和解释问题"和"表达与交流"等活动，展开协同性、活动性的学习，逐渐体会科学规律发现的过程，逐步形成科学方法和科学态度；④合理的评价与反馈，即设计与教学目标相匹配的评价，为学生提供解决情境下问题的表现机会，从中获取与目标达成相关的评价信息，基于评价促进学生自我反思、自我规划和自我管理。在这样的教学中，教师不再灌输知识，而是提供支架如情境、任务、活动、问题、资源、评价等，并伴随学生的进程随时调整自己的支持行为与方式以适应、组织和指导学生达成育人目标。

（三）基于学科育人教学的设计框架

基于学科育人的自然学科教学设计框架，可以概括为"一个核心＋三个关键要素"，即以学科核心素养的培育为核心确定教学目标，以情境、活动、评价为三个关键要素展开教学设计。

以学科核心素养的培育为核心确定教学目标，这是育人为本的自然学科教学的基础。教学目标是教学的出发点和归宿，是对学生达到的学习成果或最终行为的明确阐述。将教学目标与核心素养之间建立联系，并以教学目标为导向创设教学情境、选择活动方式、设计学习评价，能使核心素养在这节课中变得具体化、可行动、可落实。

以"情境""活动""评价"的设计为三个关键要素，这是育人为本的自然学科教学设计的主体内容，是达成学科育人的必要支架。

要创设有价值的问题载体作为情境。脑科学研究成果证实知识和技能只有嵌入在具体的情境中，才能更容易理解、更易于迁移；而复杂知识的掌握、核心素养的培育，则更需要进行基于复杂情境的深度学习。

要设计、选择与学科核心素养目标匹配的学习活动。学什么（知识与技能），怎样学（过程与方法）和学会什么（能力与品格）是一个整体，具有内在的一致性，因此知识与技能的习得要与学习活动的过程相匹配，只有这样，知识与技能才有可能成为素养。学科育人的重中之重是开启思维，而开启思维的钥匙是学习活动。学习活动的设计要有更高的思维容量与深度，具有联结性、层次性、系统性，激发思考，引导学生在"提出问题""作出假设""制定计划""使用工具和搜集证据""处理数据和解释问题""表达与交流”的过程中，自主地把点状思维联结形成思维链，并以一定的逻辑关系显性化为运用与表达，在分析、综合的过程中实现高阶思维的培养。

要设计与学科核心素养目标匹配的评价任务。评价既要关注学生学习的结果，更要重视学生学习的过程。将知识技能的要求与核心素养的达成有机结合，建立目标多元、方法多样的评价体系，来提升学生各方面的素养。在教学过程中不断地收集评价信息，促进学生对评价任务的认识，学会通过评价任务来评估自己的学习情况，更加积极地参与到学习活动中，促进核心素养的发展。

二、解构性定位

（一）教材分析

上海科技教育出版社《自然》二年级第二学期教材第三单元“小帆船”，由《物体的沉和浮》、《船的发展》和《制作小帆船》三部分学习内容组成。本单元的学习，以身边的物体为研究对象，通过观察、阅读、制作等活动，认识物体在水中的沉浮和船的发展，初步学会制作并调试小帆船，勇于表达不同的观点，体验船的发展给人类生产和生活带来的影响。本单元的学习为四年级下学期第五单元《沉与浮》进一步学习沉浮现象，认识物体在液体和气体中都会受到浮力及影响物体沉浮状态的因素，并能运用所学运动和力的相关知识解释生活、生产中的简单问题等做好铺垫。

《物体的沉和浮》是本单元的第一课时，属于《上海市小学自然学科教学基本要求（试验本）》[①]“运动和力”主题的学习内容，对应学习要求为“知道不同的物体在水中有沉有浮”。本节课教材内容如图 3-3-4 所示，包含了两部分学习内容，一是通过预测、验证等探究过程，发现物体在水中有的沉有的浮；二是利用身边的材料制作小救生圈，提高运用科学知识解决实际问题的能力。

① 上海市教育委员会教学研究室.上海市小学自然学科教学基本要求（试验本）[M].上海：上海科技出版社，2018。

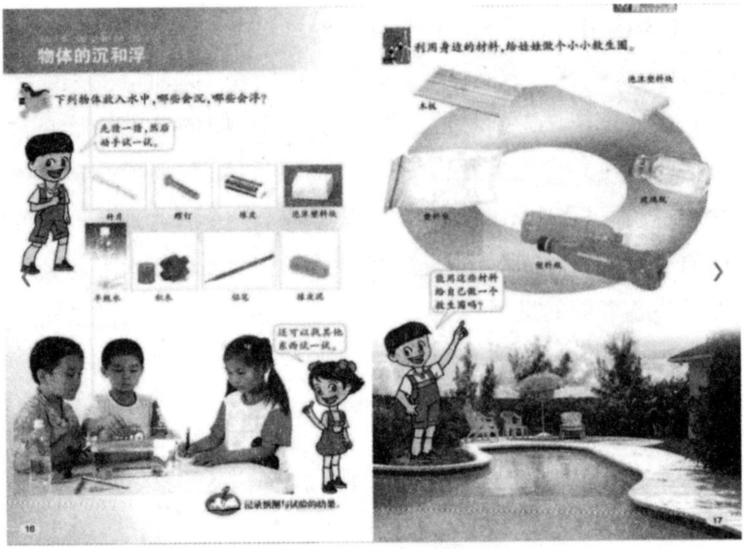

图 3－3－4 《物体的沉和浮》教材内容

(二) 学情分析

二年级学生在他们的生活经历中观察到物体的沉浮现象，但他们会凭直觉有一些错误或片面的认知：如沉浮与大小有关、与轻重有关，与材质有关等。学生已具备一定探索世界的能力，能够通过观察去获得新的认知，因此教师在教学时要给予学生足够的时间和空间让他们去实践和探索。虽然这个年龄段的学生对于做实验有一种本能的喜爱和浓厚的兴趣，但由于年龄小，容易兴奋而注意力分散，导致无法有序实验和深入思考，如何通过引导和激励，帮助学生逐步养成有序实验的习惯是需关注的地方。

(三) 解构核心素养目标

多年以来教师通常按"知识与技能""过程与方法""情感态度与价值观"三个维度分开陈述教学目标，但在实施过程中显现出一些不足，其最大的问题就是在一定程度上割裂了教学目标的整体性，忽视了知识技能、过程方法和情感态度三者之间的内在联系。杨九诠认为："从核心素养的立场看待,三维目标是一个整体‘座架’,任何一个维度都包含着其他两个维度。知识与技能维度,与对象化、单向度的‘双基’不同,呈现为三维目标的‘固体’状态,蕴含着其他两个维度‘引而不发,跃如也’的势能。过程与方法维度,呈现为三维目标的‘液体’状态,表现为学生学习时思考与行动的状态和机制。情感、态度和价值观维度,呈现为三维目标的‘气体’状态,是弥漫在学生学习行为中的身体—心理、感性—理性交融的精神元素。”①相对于三维目标,核心素养整合了学科基础知识、核心能力、核心价值观以及学生全面发展所需的关键能力和品质,是对三维目标的深化和提炼、发展和超越。

将学科育人作为统领教育教学的灵魂,那么教学目标理应依据自然学科核心素养来确定。充分分析学生学情与教材内容,结合学科核心素养的基本任务,梳理核心概念、核心能力、核心价值观,将三维目标进行统合,综合渗透,避免割裂设计。

据此,《物体的沉和浮》一课的教学目标设定为:

1.(科学观念及应用、科学探究与交流、科学态度与责任)通过“探究物体的沉浮”活动,知道不同的物体在水中有沉有浮,建立初步的浮力概念,敢于表达不同的观点,感受实验验证等认识事物的方法,体会实事求是和严谨的重要性。

2.(科学思维与创新、科学态度与责任)通过“帮助小兔浮起来”活动,提高运用科学知识解决实际问题的兴趣和热情,提高动手操作和勤于反思的能力。

3.(科学思维与创新、科学态度与责任)通过观看“可沉可浮的可塑橡皮”和“可沉可浮的蛟龙号”视频,激发创造性思维,感受我国科技的飞速发展,增强社会责任感和使命感。

三、指向性设计

《物体的沉和浮》一课教学设计的基本思路是:一是“探究物体的沉

---

① 杨九诠.三维目标,核心素养的分析框架[J].上海教育科研,2021(01):1。

浮”，通过猜一猜、做一做、讲一讲，先大胆猜测物体的沉浮现象，再进行实验、观察和记录，最后描述观察到的现象以及思考的问题，在活动过程中逐步建立初步的浮力概念。在争论和思考过程中，养成大胆猜想、勇于质疑、尊重事实的科学态度；在实验验证的过程中，体会实事求是和严谨的重要性。二是“帮助小兔浮起来”活动，通过选一选、做一做、讲一讲，先选择自己认为可以帮助小兔浮起来的物体，再尝试做一做，观察自己选择的物体能否成功解决问题，然后讲一讲，描述观察到的现象和自己的发现和思考，提高运用科学知识解决实际问题的兴趣和热情，提高动手操作和勤于反思的能力。三是观看拓展视频，通过观看“可沉可浮的可塑橡皮”和“可沉可浮的蛟龙号”两个拓展视频，引发进一步探究沉浮奥秘的兴趣，激发创造性思维，感受我国科技的飞速发展，增强社会责任感和使命感。

（一）创设有效的教学情境

育人是为了让学生个体将来面对复杂的社会生活、生产情境时能分析情境、提出问题，并用正确的方式解决问题，还能在解决问题的过程中与周围人进行良好的交流、沟通、合作。基于学科育人的教学，要求教师在课堂教学中为学生创设有效的教学情境，并围绕情境设计问题以整合教学内容，以此为主线展开和统领整个教学过程。学生在“真实”的情境中进行问题的思考、分析及解决，在此过程中促进品格的养成和能力的发展。

据此，《物体的沉和浮》一课以“帮助小兔浮起来”作为教学情境主体，以情境作为线索，将教学内容、核心科学概念等融合其中。贴近学生的生活且趣味性十足的情境，容易引起学生的好奇心和求知欲，激发学生的学习兴趣和探究欲望；一系列的问题串则引导学生一步步展开学习活动。

（二）设置适切的学习活动

基于学科育人的教学从以“教”为主向以“学”为主发展；从只重视知识的传授转向重视学生学习活动的设计组织和指导。学习活动的目标需指向要培养的必备品格和关键能力，指向学生在该节课的学习中学科核心素养培养要达到的水平。学习活动是在特定的情境中进行的，围绕问题的探究来设计、组织，可采用观察、体验、实验、模拟、阅读、调查、制作、种养、服务等各种不同形式，学习活动可以是个体完成的，也可以是依靠团队协作才能完成的。高质量的学习活动可以将知识学习与学生的学习兴趣和学习需要联系起来，可以引发学生的积极思维活动，并促进关键能力和必备品格的形成。

《物体的沉和浮》一课设计学习活动如表3－3－3所示：

表3－3－3　《物体的沉和浮》的教学情境和学习活动对照表

教学情境	学习活动
①生活中如何帮助不会游泳的小兔浮起来？	联系生活实际经验，讨论交流如何让不会游泳的小兔浮起来。
②选择什么物体可以帮助小兔玩偶浮起来？	探究物体在水中的沉浮（①选一选、②做一做、③讲一讲）：猜测物体的沉浮现象，进行实验、观察和记录，最后描述观察到的现象，知道不同的物体在水中有沉有浮，建立初步的浮力概念，敢于表达不同的观点，感受实验验证等认识事物的方法，体会实事求是和严谨的重要性。
③你能尝试帮助小兔玩偶浮起来吗？	帮助小兔玩偶浮起来（①选一选、②做一做、③讲一讲）：先选择自己认为可以帮助小兔浮起来的物体，再尝试做一做，观察自己选择的物体能否成功解决问题，然后讲一讲，描述观察到的现象和自己的发现和思考，提高运用科学知识解决实际问题的兴趣和热情，提高动手操作和勤于反思的能力。
④一定是浮起来的物体才能帮助小兔玩偶浮起来吗？	通过观看“可沉可浮的可塑橡皮”和“可沉可浮的蛟龙号”两个拓展视频，激发创造性思维，感受我国科技的飞速发展，增强社会责任感和使命感。

（三）注重合理的评价和反馈

评价既是检测课堂教学目标是否达成的工具，又是促进课堂教学目标有效达成的重要载体。评价应始终贯穿在整个课堂教学过程中，使课堂教学在不断地测评、反馈和调整中趋于完善，最后高效地达成课堂学习目标。基于学科育人的教学要求将评价融入课堂教学中，设计与教学目标相匹配、与情境相匹配、与活动相匹配的评价。学生在解决情境问题时，必然伴随成功、失败、疑惑等，通过评价帮助学生清晰各个学习活动做什么、怎么做、做到什么程度，让他们明确活动要求、承担更多责任，促使他们学会学习；及时收集评价信息并反馈，促进学生勤于反思，再学习、再建构、再提升，往复循环，进而引发学生深度思考和自主建构；同时以小组为主题来设计评价还有助于提升合作能力。

《物体的沉和浮》一课评价设计如表 3-3-4、表 3-3-5、表 3-3-6 所示：

表 3-3-4 《物体的沉和浮》教师评价表

活动要求	达成情况
认真听	☆
有序做	☆
大胆说	☆
勤思考	☆

表 3-3-5 "帮助小兔玩偶浮起来"学习活动小组自评表

活动要求	达成情况
轮流操作，不争不抢	☆
轻轻摆放，如实记录	☆
实验结束，整理材料	☆

表 3-3-6 "探究物体在水中的沉浮"学习活动小组自评表

活动要求	达成情况
完成"圈一圈"	☆
完成"拍一拍"	☆
完成"想一想""讲一讲"	☆

四、实践性行动

【课前预备】出示教师评价表中相关评价要求。

学习习惯评价要求

认 真 听
有 序 做
大 胆 说
勤 思 考

图 3-3-5　学习要求

设计意图：基于学科育人的教学评价，注重过程性评价和结果性评价的有机结合，倡导学生自评、同伴互评与教师评价相结合，发挥日常学习评价功能。课堂起始出示评价表，帮助学生了解这节课在学习习惯方面的总要求。

(一) 创设情境，引入新课

【赛灵格教师端】小兔外出游玩情景图。

教师：秋高气爽的日子，小兔宝宝高高兴兴地出来秋游了。可是，不会游泳的它遇到了一个大麻烦，它被一条河拦住了。“我要过河，你们能帮帮我吗?”

学生 1：可以套上游泳圈。

学生 2：可以乘小船过河。

教师：小朋友们真会想办法，把生活中的经验都用到这儿来了，太好啦！今天小兔宝宝真到教室里来了，就是它。用一盆水来代表小河。

【实物展示】出示小兔玩偶和一盆水。

教师：这里没有小船也没有救生圈，只有这些物体：钢尺、木板、泡沫板、可塑橡皮、金属盒、蛋挞托、金属勺和空玻璃瓶。你们准备选择哪种物体来帮助小兔呢？说说你选择它的理由。

图3-3-6　可选物品

【赛灵格教师端】出示八种物体图片。

学生1：可以用泡沫板，因为泡沫板有浮力。

学生2：可以用金属盒，我觉得金属盒子比较轻，可以浮起来。

教师：这两个小朋友不约而同地选择他们认为能浮在水面上的物体，而不选择会沉的物体。今天这节课我们要一起学习的就是《物体的沉和浮》。

【板书】课题：3.1 物体的沉和浮

行动分析：基于学科育人教学的显著特征之一是创设有效的教学情境。本课例以"帮助小兔浮起来"作为教学情境主体，引导学生在具体情境中探索、思考以下问题：①生活中如何帮助不会游泳的小兔浮起来→→②选择什么物体可以帮助小兔玩偶浮起来→→③你能尝试帮助小兔玩偶浮起来吗→→④一定是浮起来的物体才能帮助小兔玩偶浮起来吗。以趣味的情境引入，一下子吸引了学生的兴趣，且将课堂教学与实际生活链接起来。

(二) 探究物体在水中的沉和浮

1. 界定沉浮概念

教师：关于课题我有一个问题，把物体放入水中，怎样算沉怎样算浮呢？

学生：物体漂在水面上是浮，沉在水底下是沉。

教师：听上去很道理，大家同意这个观点吗？

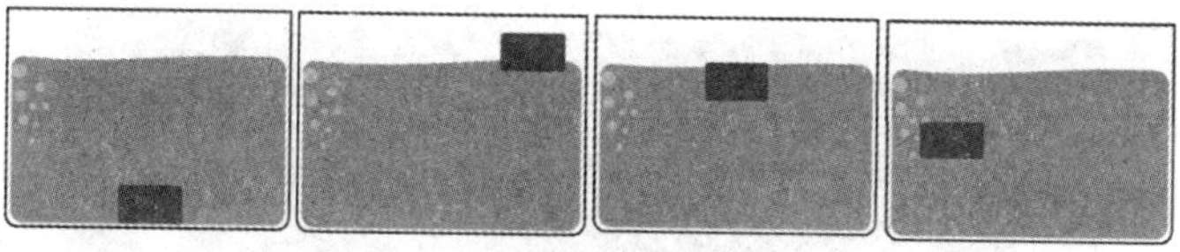

图 3-3-7　沉浮图片

【赛灵格教师端】依次呈现四组图片。

教师：这四种情况，算沉还是浮呢？

学生：第一个是沉，第二个是浮，第三个……

教师：小朋友们有点搞不清楚了，对吗？在研究沉和浮之前我们要先给出一个标准，我们把物体放入水中碰到底部这样的情况认定为沉。而没有碰到底部，一部分在水面上一部分在水面下，或者在水中间悬浮着，都认定为浮。

2. 猜一猜

教师：这八种物体在水中是沉还是浮呢？请小组活动进行猜测，把你们的猜测结果记录下来。浮用↑表示，沉用↓表示。如果小组意见不一致，且你们相互说服不了对方，就用？来表示。

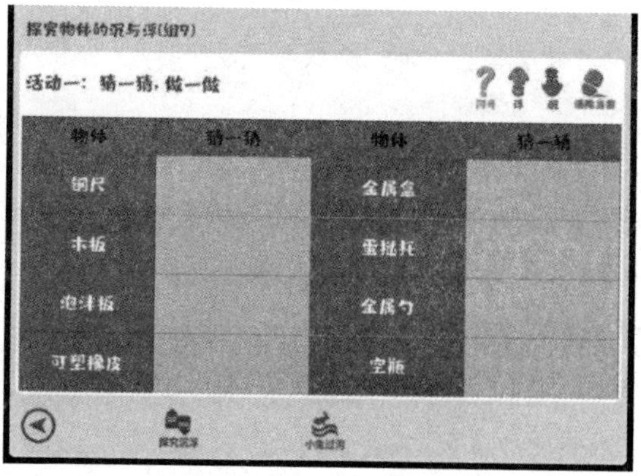

图 3-3-8　小组任务单

【小组活动】四人一个小组进行讨论，并在赛灵格学生端填写推测结果。

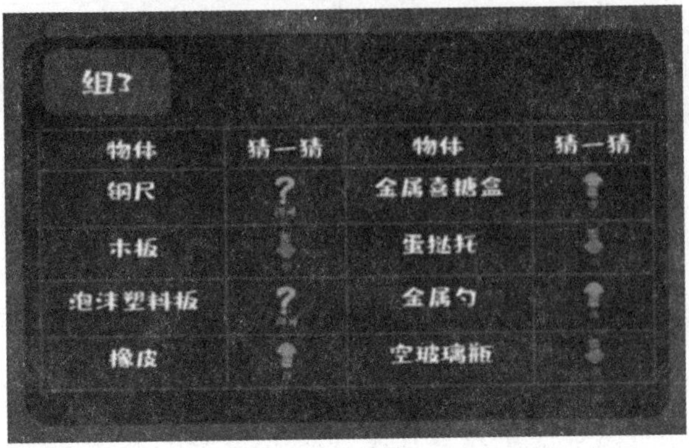

图 3-3-9　小组学习结果

【赛灵格教师端】大屏幕呈现各小组的猜测记录单数据。

教师：谁来分享你们小组的猜测结果，也请说说猜测的理由。

学生 1：我觉得钢尺有点重，应该会沉，但我的同伴认为钢尺形状是薄薄的，可以浮；金属盒像小船应该会浮。……

学生 2：我以前做过实验，看到木板会浮上来；蛋挞托和泡沫塑料板都很轻，我觉得应该会浮起来；金属勺、橡皮挺重的，空玻璃瓶也重，会沉下去。

学生 3：我觉得空玻璃瓶会浮，因为我做过许愿瓶，放在河里是浮的。

学生 4：金属都很重的，所以金属盒、钢尺、金属勺肯定都沉的。

……

教师：从大家的猜测结果，可以看出大家的意见很不一样呢！听大家讲的猜测理由，似乎都有点道理。怎样才能知道这些物体是沉还是浮呢？

学生齐说：做实验！

3. 做一做

【赛灵格教师端】大屏幕呈现实验"探究物体的沉和浮"记录单。

教师：我们将通过实验来验证自己的猜测是否正确。实验中观察到的现象请记录在"做一做"一栏中。如果实验后，你们对某些物体是沉还是浮仍旧有疑惑，仍可以用？来表示你们的疑问。在右上方有个评价按钮，点击可以看到实验活动要做到哪些要求。

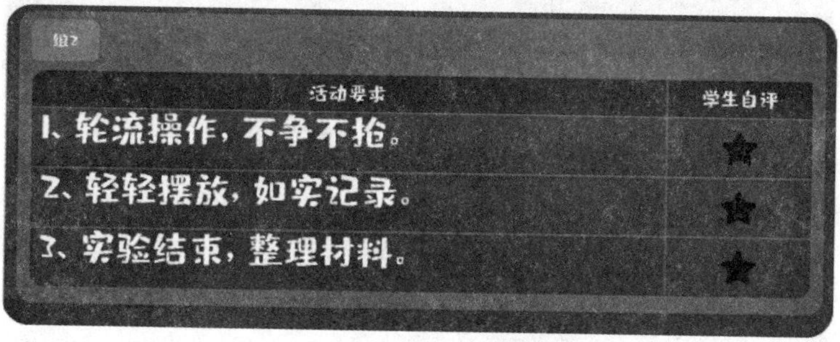

图 3-3-10　学生自评表

【赛灵格教师端】大屏幕呈现"探究物体的沉和浮"评价表。

教师：轮流操作，不争不抢：小组每个人都有操作两种物体的机会，请保持水盆里始终只有一个物体，不要相互干扰；轻轻摆放，如实记录：不要把水溅出来，根据观察到的现象如实记录结果；实验结束，整理材料：音乐响起，请收拾材料擦干桌面，在音乐结束前回到座位上。做到这三点，别忘记给自己的小组加星，看看哪些小组可以满星完成活动。

【小组活动】四人一个小组到实验区开展实验，并在赛灵格学生端完成记录。

4. 讲一讲

教师：实验结束，来看看各个小组的自评表，真不错，都是满星完成实验任务。下面，请大家分享实验结果。

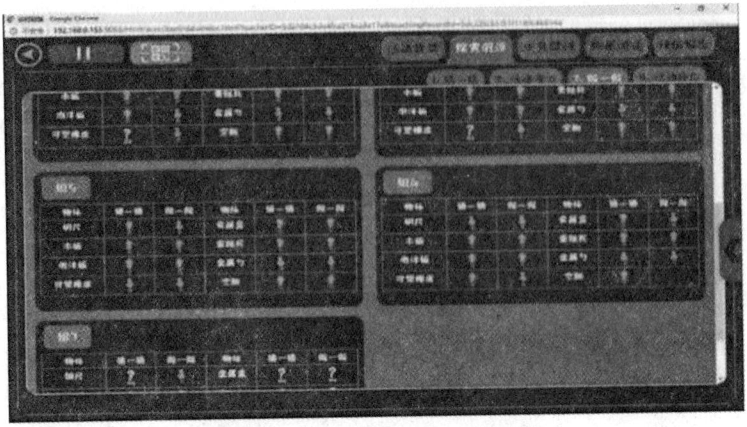

图 3－3－11　多个小组学习结果

【赛灵格教师端】大屏幕呈现"探究物体的沉和浮"实验记录表。

学生 1：钢尺沉，木板浮，泡沫板浮，可塑橡皮沉，金属盒浮，蛋挞托浮，金属勺沉，空瓶浮。

图 3－3－12　实验操作实况

学生 2：我们不同意。我们第五组小组发现金属盒是又沉又浮的。你们看！

【赛灵格教师端】教师端平板拍摄学生 2 的实验操作，实时投屏至大屏幕上。

学生 2：把金属盒倾侧过来放在水里，你们看，它就沉到水底了。

学生 3：我们是第 7 组，我们也发现了金属盒是可沉可浮的，还有蛋挞托跟金属盒类似，不同的放置方法，实验结果不一样。

【赛灵格教师端】教师端平板拍摄学生 3 的实验操作，实时投屏至大屏幕上。

教师：这两个小组的小朋友勇于表达不一样的观点，真了不起，要给这两个组格外地加上星星。其他小组实验结果是怎样的呢？我们一起来看一下。

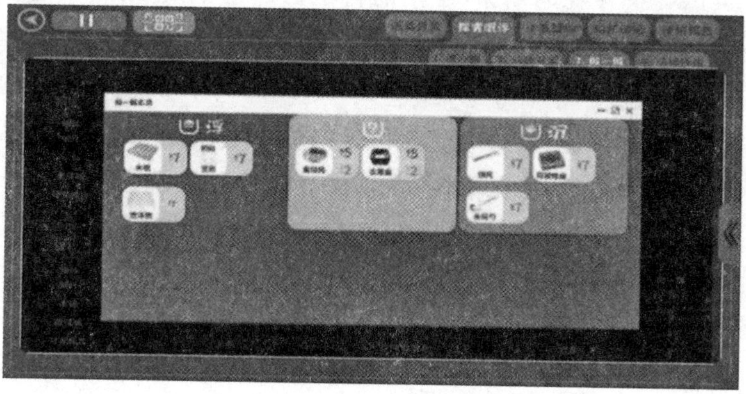

图 3-3-13　小组学习结果记录

【赛灵格教师端】大屏幕呈现实验记录的汇总统计图。

教师：大家的实验统计表明，木板、泡沫板和空玻璃瓶在水中是浮的，钢尺、可塑橡皮和金属勺是沉的。对于金属盒和蛋挞托，各有两个小组在记录单上打了问号，你们都是认为不同的实验方法会出现不一样的沉浮现象，是吗？小朋友们通过实验，我们知道这些物体在水中的沉浮情况。不同的物体在水中有沉有浮。

【板书】不同的物体在水中有沉有浮。

行动分析：基于学科育人的教学的显著特征还包括设置适切的学习活动和设计合理的评价和反馈。“探究物体在水中的沉和浮”是本课例的重点学习活动。①精心设计交流环节，提高质疑反思能力。猜一猜、做一做、讲一讲，其中讲一讲贯穿了整个学习活动始终。猜一猜环节需要口头表达出自己的推测，并对其他人的推测做出合理的质疑；做一做环节在小组活动中，发现验证结果与推测不一致，与小组同伴交流发现和想法；讲一讲环节，将小组活动结果向全班分享，小组间的不同发现必然又再次引发质疑和反思，在此过程中学生不断反思前概念、逐步完善和建构新概念。②精心选择实验材料，开发猜想验证潜力。教师提供蛋挞托、金属盒等实验结果不确定的材料，学生的实验过程不同、结果不同、结论不同，课堂有了更多的不确定性，让学生出现了怀疑和争论，也让他们尝试多元的思考、尝试寻找客观的依据，学生的科学精神、创新思维逐步地养成。③精心设计实验记录，帮助建构核心概念。学起于思，思源于疑。猜测记录单和实验记录单中，均有"↑"、"↓"和"?"三种填写内容。不确定的"?"代表了更多的可能性，有利于激活学生思维。质疑是点燃学生积极思维的活动，同时质疑也是培养创新意识的重要环节。④巧用信息交互平台，协助汇总统计数据。利用赛灵格平台，学生使用平板电脑来记录猜测实验结果，数据记录和数据统计同步进行，便捷的数据交互大大提高课堂效率，留出更多时间给学生深入的思考和充分的表达，以实现知识向素养转化。⑤巧用儿歌及时评价，教学有效调控。该活动除常规学习习惯评价外，还设计了与活动指导一一对应的评价。朗朗上口、童趣生动、清晰易懂的儿歌式评价，指引学生知道自己做什么、怎么做、做到什么程度，评价让学生更加明确活动要求，为自己的活动承担更多责任，且以小组为单位进行评价，更有利于学生合作能力的培养，真正实现评价促进学习活动的开展。

(三) 帮助小兔玩偶浮起来

教师：现在，如果让你们来选择帮助小兔浮在水面的物体，你们会选了吗？给大家一点时间，小组讨论一下，每个小组可以选择一种帮助小兔的物体。

【小组活动】讨论后，在赛灵格学生端勾选一种可以帮助小兔玩偶浮起来的物体。

教师：大家都选了什么物体，讲一讲你们选择的理由。

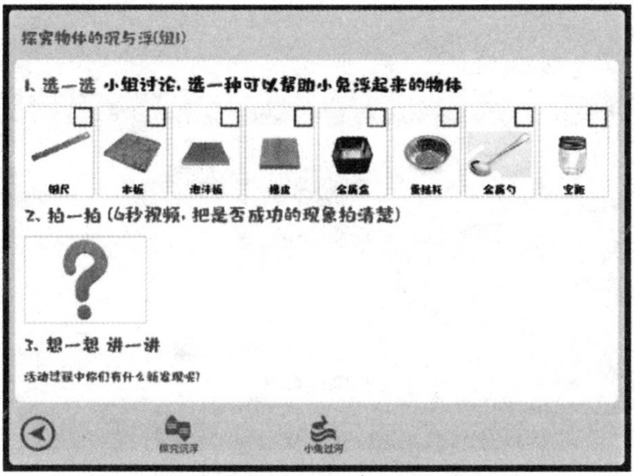

图 3－3－14　小组学习任务

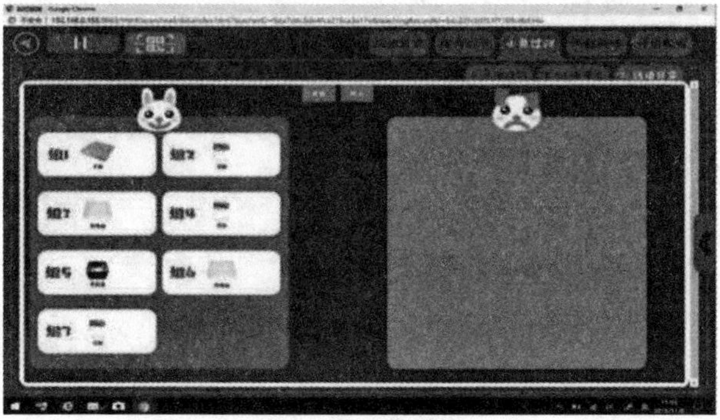

图 3－3－15　小组学习结果

【赛灵格教师端】大屏幕呈现学生勾选的汇总结果。

学生 1：木板可以浮起来，可以做木筏帮助小兔。

学生 2：金属盒像小船，只要口朝上放在水面就可以帮小兔了。

学生 3：我们选了蛋挞托，也是口朝上放，就可以做小船了。

……

教师：接着，请大家用选择的物体进行实验，看看是否可以帮助小兔玩偶。圈一圈实验结果，成功或失败。拍一拍，把成功或失败的现象拍下来，注意视频只有 6 秒钟。接着完成想一想和讲一讲，在活动过程中你们有什么新发现吗？也许失败的小组会发现更多奥

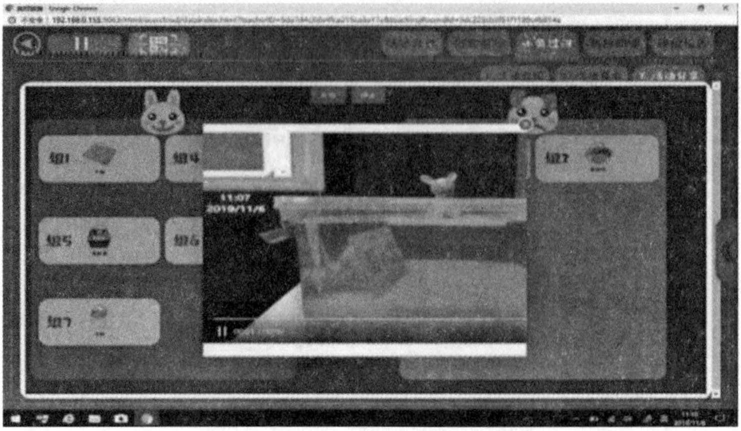

图 3－3－16　实验过程视频截图

秘哦!

【小组活动】开展实验，在赛灵格学生端通过勾选和拍摄视频完成实验记录。

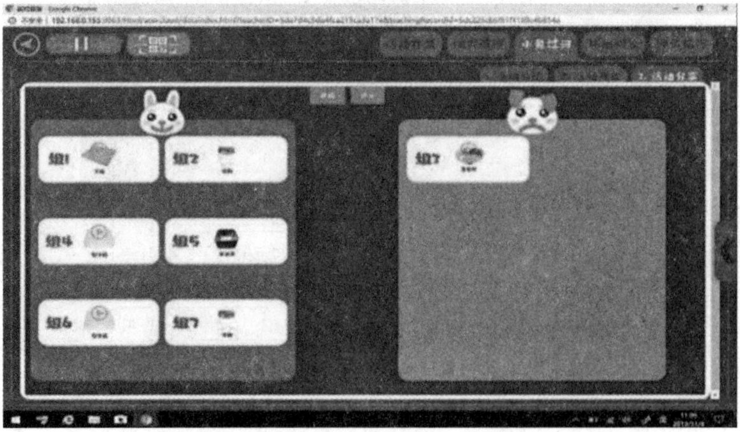

图 3－3－17　小组学习结果

【赛灵格教师端】大屏幕呈现学生记录的汇总结果。

教师：来分享实验结果和收获吧！要讲清楚三点：选择了什么物体？成功了吗？有什么新发现呢？

学生 1：泡沫板的确可以帮助小兔浮起来，我们发现小兔一定要放在泡沫板中间的位置上，保持平衡，否则小兔很容易摔下去。

学生 2：我们用的是蛋挞托，失败了。蛋挞托浮力有点小，小兔太重了，所以就沉下去了。

【赛灵格教师端】大屏幕呈现学生小组实验中拍摄的视频。

教师：看来不是所有浮起来的物体都能成功帮到小兔。

行动分析："帮助小兔玩偶浮起来"是更突出运用所学知识解决实际问题的学习活动。在真实情境下，利用课堂所学的结构化知识和技能、学科思维方式和探究模式，以及学科领域所孕育的价值观念，去解决现实生活问题和任务，从中表现出更高水平的素养。学生围绕"帮助小兔玩偶浮起来"这一科学探究问题，体验了科学探究与交流的过程，亲身感受了"提出问题、做出假设、制定计划、使用工具和搜索证据、处理数据与解释问题、表达与交流"的全过程。在科学探究与交流过程中，学生一方面对科学研究的过程有具体、真实的认识，另一方面认知结构的同化与顺应过程也更完整，他们建立的关于"物体沉与浮"的图式更准确、稳固。

(四) 拓展视频，激趣引思

教师：是不是所有沉下去的物体都不能帮助小兔呢？你们瞧！

【赛灵格教师端】大屏幕播放拓展视频"可沉可浮的可塑橡皮"和"可沉可浮的蛟龙号"。

教师：为什么沉在水底的可塑橡皮，捏一捏变一变就能浮起来呢？为什么中国设计制造的了不起的"蛟龙号"既能浮、又能沉到那么深的海底呢？

学生 1：可塑橡皮捏成了小船的模样，就可以浮起来了。我觉得沉浮还跟形状有关系。

学生 2：我觉得蛟龙号里面有个装水的地方，里面装满水就沉了，把水放掉就浮起来了。

学生 3：我觉得应该是有个充气的地方，充满气就像气球可以浮起来，把气放掉就沉了。

教师：小朋友们都说出了自己对于沉浮的一些想法，物体的沉浮还有很多奥秘值得我们继续去探究，有兴趣的小朋友可以在课后展开探究，看看能否为小兔造一架可沉可浮的"蛟龙号"。

行动分析：本环节中可塑橡皮改变形状后可以由沉变浮，与前几个环节学习的内容之间产生冲突，从而激发创造性思维；"蛟龙号"则让学生感受到我国科技的飞速发展，增强社会责任感和使命感。整个环节既呼应了开头，又升华了主题，提升了"科学态度与责任"这一核心素养。

五、反思性发现

（一）课堂教学结果分析

为了发展学生的自然学科核心素养，本课例以情境为载体，设计了探究物体在水中的沉浮、帮助小兔玩偶浮起来等学习活动，并对应每个学习活动设计了对应的过程性评价反馈。学生在情境当中，在任务驱动下，在问题解决过程中，通过作出假设、搜集证据、处理信息、表达交流、观看感悟、小组合作等学习方式，知道不同的物体在水中有沉有浮，建立初步的浮力概念，敢于表达不同的观点，感受实验验证等认识事物的方法，体会实事求是和严谨的重要性，提高运用科学知识解决实际问题的兴趣和热情，提高动手操作和勤于反思的能力，激发创造性思维，感受我国科技的飞速发展，增强社会责任感和使命感，发展了学科核心素养，包括科学观念及应用、科学思维与创新、科学探究与交流、科学态度与责任，较好地达成了教学目标。

（二）一体化设计教学目标、情境、活动与评价

基于学科育人的自然学科要抓住"一个核心＋三个关键要素"，即目标＋情境、活动、评价，从宏观上把握教学框架，确保不偏离核心素养目标。构建了"一个核心＋三个关键要素"的教学设计模式，整体框架见图3－3－18。

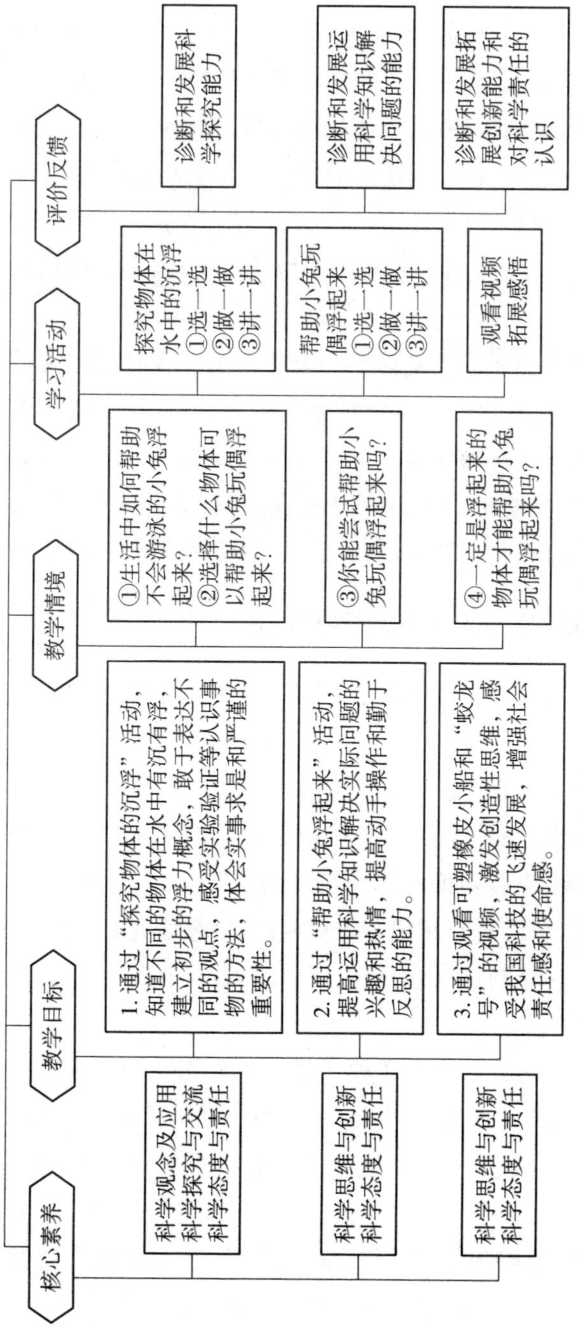

图 3-3-18　“一个核心＋三个关键要素”教学设计框架

目标与情境、活动和评价均指向核心素养，四者之间既相互平行又相互联系，建构了教学设计的骨架，贯穿教学全过程。其中，指向核心素养的目标统领教学全过程，确定了教学的出发点和落脚点，起到导教、导学、导评的作用。教学情境创设、学习活动组织和评价反馈设计的目的是落实教学目标，创设什么样的情境，组织什么样的学习活动，设计什么样的评价，均由具体的教学目标决定。情境、活动和评价三者既独立又相互渗透、相互交融：学习活动在一定的教学情境中进行，而评价也是与学习活动一一对应的。

基于"一个核心＋三个关键要素"教学设计框架进行教学设计有四个步骤：一是通过挖掘教学内容所承载的育人价值，基于核心素养确定教学目标，确保教学的正确方向；二是依据教学目标基于学生实际用多种方法创设有效教学情境；三是在情境中挖掘问题，基于问题的解决设置适切的学习活动；四是设计与教学目标、情境、活动相匹配的评价、反馈。

（三）扎实落实育人为本的教学实践

从《物体的沉和浮》教学课例可看出，育人为本的教学实践应该具有以下特点：

1. 育人为本的教学实践是源于情境中产生的问题，通过探究最终解决问题，提高认识，提升素养。教学实践从情境问题缘起，以解决问题为结局。如本课例"怎样帮助小兔浮在水面上"这样一个问题，激发了探究意识，学生提出问题、进行猜想并设计实验，最终解决了问题，在此过程中建构核心概念、形成科学观念；提升核心能力、发展高阶思维；孕育科学态度、落实立德树人。

2. 育人为本的教学实践是学生自主科学探究的过程。在探究过程中需要关注以下两个方面的问题：一是在探究过程中要尽可能涉及重要的科学概念、科学观念，促进学生对核心概念的理解和科学观念的提升。如本课例几个学习活动均围绕浮力这个核心概念。二是在探究过程中要尽可能让学生经历较为完整的科学探究的主要过程"提出问题与作出假设——搜集证据——处理信息——表达交流"等，让学生学习、体验科学探究。如在本课例中除了提出问题是教师承担之外，其他探究要素都是以学生为主体完成的。

3. 育人为本的教学实践需挖掘拓展资源，提升育人价值。科学家和科学史作为育人资源在人类科学发展的历史长河中，是一颗颗闪烁的耀眼明星。远，可以追溯到发明地动仪、发现环形山的张衡；近，可以联想到发明青蒿素的诺贝尔奖获得者屠呦呦。自然学科教学需要对此进行深度的开发和挖掘。如本课例中的“蛟龙号”，在潜移默化中让学生感受到我国科技的飞速发展，体会科学家为国家作出的突出贡献，着眼于学生的情感生成和价值观培养，用更高的教学立意去引领学生，提高自然学科教学的“高度”和“温度”，落实学科育人价值。

（四）赛灵格课堂管理平台搭建学科育人高效平台

1. 课堂管理平台呈现明确可行的任务目标

利用赛灵格课堂管理平台呈现明确可行的任务目标，既包括常规目标，也包括分活动目标，任务目标清晰指导做什么、怎么做、做到什么程度，以便学生明确活动要求、承担更多责任。

2. 课堂管理平台助力课堂教学环节衔接流畅

情境引入、探究实施、新知应用、拓展延伸，各个教学环节均整合在赛灵格课堂管理平台中，赛灵格数字管理平台《物体的沉和浮》课件框架如图 3－3－19 所示。

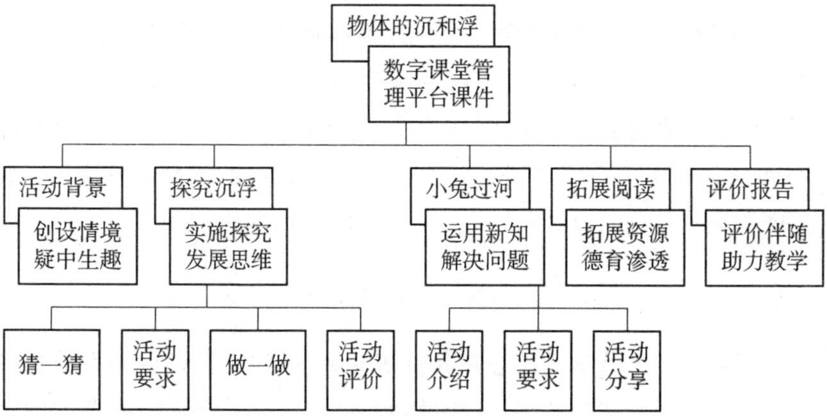

图 3－3－19 《物体的沉和浮》课件框架

3. 课堂管理平台实现师生数据交互顺畅便捷

在探究的实施过程中,无论是猜想还是实验的过程与结果,各组学生的数据都能够实时呈现在教师端和教室大屏幕上。每组的学生数据汇总起来,呈现为框架式的结构,统计形式更加直观,也更有利于学生对数据的分析与归纳。教师可以及时利用数据对每个小组进行精准指导与评价。数据的记录和统计同步进行,大大节省了原本汇总所用的时间,学生交流表达的时间更为充分,有效的交流表达更好地促进学生深入的思考,课堂教学时空有了变化。

4. 课堂管理平台助力小组自评和教师评价

有了数字课堂管理平台,学生评价以数字化的形式呈现,评价与课堂活动紧密贴合。评价起到了有效调控教学的作用,基于评价的教学活动前的预调控、教学活动中的即时调控、教学活动后的延续调控实施有度。保存汇总在数字管理平台上的评价记录了学生的学习历程。活动后,教师可以分析数据调整教学策略。

六、批判性建构

(一) 要确立以育人为导向的教学观念

观念是行动的指南,基于学科育人的教学设计与实践必须从教学观念的转变开始。基于学科育人的教学,教师必须有三个坚持:1. 坚持把立德树人成效作为根本标准,牢记教师不是教学科,而是用学科来育人;2. 坚持学生为教育教学的主体:学科教学的中心、重心在学而不在教,应该围绕学生来设计、组织教学;3. 坚持挖掘学科深度、拔高学科高度:教学不能拘泥于教材内容,而需深挖学科本质、拓展学科广度。

(二) 要建构学科教学内容与学科核心素养的对应表

专家凝练出自然学科核心素养总体框架,但四大学科核心素养如何与具体的教学内容相联系,是一线教师的薄弱之处。育人需要育人的资源,自然学科蕴含着丰富的育人资源,但需要我们有意识地去开发和挖掘。因此,建构学科教学内容与学科核心素养的对应表,将有利于一线教师在课堂教学中落实学科育人。

总之,在自然学科教学中要立足教育的本质,基于学科育人,从学生发展角度思考,引导学生从自然学科教学中获得滋养,在发展中感受、认识、体验、欣赏、改变、创造自然世界,使学科教学真正满足学生成长需要。

案例 3:提高科学探究能力　落实学科育人功能

——以初中科学《消化系统的组成及作用》为例

上海市闵行区君莲学校　孟祥阁

为贯彻落实立德树人根本任务,实现发展素质教育的现实要求,学科育人功能日益受到重视。不同学科具有不同的育人价值,究其本质而言均是发展新时代学生所必须具备的关键知识、能力和品格。

一、理解性认识

《上海市初中科学课程标准》倡导科学学习方式的多样化,突出科学探究,使学生体验探究过程的曲折的乐趣,并把实践体验与科学知识的获得联系起来[①]。科学探究既是基本的科学认知方式,也是重要的科学学习方式。初中科学课程旨在实现科学核心(科学探究)和教育目的(促进学生的发展)的统一,即通过课程探究活动提高学生的科学素养。因此,在初中科学的教学中,教师要引导学生提高科学探究这一学科关键能力,推动学科核心素养的培养,实现学科育人价值。

上海市教育委员会教学研究室编著的《初中科学单元教学设计指南》明确指出:初中科学学科核心素养包括科学知识、科学能力和科学价值取向。其中,科学能力是全面提升科学素养的关键,且科学探究能力是本

---

① 上海市教育委员会编.上海市初中科学课程标准[S].上海:上海教育出版社,2014:64。

学科的关键能力，主要包括做计划、获取与描述证据、使用证据等①。

二、解构性定位

（一）关于科学探究的分析

科学探究是科学的核心，科学探究能力的培养是全面发展科学素养的关键。通过科学探究活动，让学生体会科学的本质，体验探究的过程与方法，领悟科学探究的思想，培养科学探究的能力。初中科学课程中的探究活动由提出问题、形成假设、制定计划、收集证据、处理信息、表达交流等基本要素组成[2]，具体表现在：

表 3-3-7　探究活动的基本要素组成

1	提出问题	能从特定的情境中识别问题，并通过初步查阅资料、收集数据，以及与同伴间的合作与交流等活动，确定探究对象。
2	形成假设	初步学会针对所探究的问题，大胆做出猜想和假设，了解假设对科学探究的作用；根据已有经验和理解能力对未来发生的现象作出估计，并推测可能得出的结论。
3	制定计划	初步学会针对所探究的问题和提出的假设，设计简单的探究方案、实验过程；形成初步的实验设计能力和动手动脑的实践能力，并形成一定的实证意识。
4	收集证据	初步学会进行有目的、有系统、较全面的观察；会使用多种感官注意观察对象的个性特征、事件发生的顺序；会借助基本仪器深入了解有关细节；初步学会在观察中客观地作记录。
5	处理信息	初步学会根据观察对象相同的和相异的特征或性质将它们分组；初步学会对所有数据进行整理、筛选和分析解释，并能进行归纳、演绎；初步学会根据现有证据或经验，提出论据以支持自己对一些事件的预测。
6	表达交流	能够有条理地组织和整理资料，用口头语言、文字、符号与图表等形式清晰地表达科学解释及概念理解。能够通过协商进行简单的分工，能愉悦、顺利地与他人合作，能就方案设计和主要探究内容进行交流讨论。

---

① 上海市教育委员会教学研究室编著. 初中科学单元教学设计指南第 1 版[M]. 北京：人民教育出版社，2018：4。

初中科学探究活动，要从学生关注和感兴趣的问题出发，引导学生从身边简单、直观的现象的观察入手，尝试通过以上探究基本要素及方法，初步形成科学认识。在科学探究活动的设计中，要注意考虑不同水平、不同认知特点的学生在学习、掌握科学知识和技能方面的差异，要设计不同形式的支持性内容，围绕任务设计多层次的探究活动、丰富多彩的问题讨论、动手操作以及科学展示等活动，让学生进一步发展对科学的兴趣，并初步形成批判性思考的意识，从而将科学情感态度与价值观的培养以及学生的科学探究过程加以统一。

（二）关于教材的分析

《消化系统的组成及作用》属于《上海市初中科学学科教学基本要求》中生命科学领域“平衡与健康”主题中“营养与健康”的内容，学习水平为B级。针对教学消化系统的组成和各消化器官的作用，要引导学生着眼于“健康生活”经验去提出问题、解决问题并展示交流探究成果，从而形成对消化系统的科学认识，提升科学探究能力，培养学科核心素养，达到学科育人的目的。

（三）关于学情的分析

七年级的学生虽有一定的探究性学习经验，但是仍不够系统，所以要给学生提供一些解决问题的思维过程。带领学生针对“食物的消化”这一主题展开讨论，具体要探究什么？教材提出，消化是在消化系统内，将食物分解成小分子物质的过程。所以要了解食物的消化，就要探究食物在哪里消化，食物是怎样消化的。这两个问题的分解，使探究主题具象化，为学生指明了探究活动的方向。另外，本校七年级学生在之前的社会实践活动中，已经到上海科技馆“食物的旅行”场馆进行过游览，虽然当时未涉及相关知识的学习，但对场馆设置已有初步印象，知道该场馆与食物消化相关知识有关。

三、指向性设计

要提高学生科学探究能力，培养学生学科核心素养，落实学科育人目标，就要清楚课堂教学是培养学生核心素养的重要途径和渠道。课堂教学方式影响着科学探究能力的培养，要落实学科育人、提高学生科学探究能力，就要重视课堂教学方式的改变，将研究方式转化为教学方式。

在本次教学设计中，首先基于教材内容，确定总体要求，再基于科学探究要素，确定学生展开探究活动的流程，最后在问题驱动下，分解问题链，逐步开展子问题的探究。这样环环相扣的教学设计，重视学生综合素质的培养，厘清探究问题，明确探究任务，落实探究教学目标，将课外探究与课堂教学有机结合，通过外出走访、互动分享、情景剧排演与点评等多元化的学习形式，培养学生自主探究、解决问题的能力。

（一）基于教材内容的设计

学科知识是培养学科核心素养的载体，学科核心素养的形成，要从学科知识入手；学科大观念是反映学科本质及其特殊性的、构成学科框架的概念，是一种学科思维方式、学科思想方法，要让知识真正成为学科核心素养的载体，就要把握好学科大观念。

《消化系统的组成及作用》属于"平衡与健康"主题中"营养与健康"模块。在教学设计时，要先抓住背后基于营养与健康生活指向的科学大观念，即"结构与功能相适应"。在教学设计中，要围绕"消化系统各组成部分的结构特点与其功能特征如何相适应"展开。

（二）基于探究要素的设计

在教学设计中，要依据科学探究活动基本要素的组成，逐步开展教学活动：引导学生明确探究目标——了解消化系统的组成及作用；解析探究问题——消化系统的组成成分有哪些、消化系统的作用是什么；确定基本的问题链——"食物在哪里消化""食物是怎样消化的"；制定计划——到上海科技馆"食物的旅行"展馆，乘坐"食物旅行小车"在"消化道"中穿行，认识消化道和消化腺，了解它们的特点，获取关于食物消化的相关资料，再相互合作，将关于消化系统的组成及作用的过程编排成学生喜闻乐见的情景剧，最后在课堂中进行展示交流。

提出问题：食物在哪里消化、食物怎样消化

⇩

形成假设：食物在消化系统消化，消化系统内有帮助食物消化的秘密武器

⇩

制定计划：了解消化系统，将食物消化的过程编排、表演出来

⇩

收集证据：到上海科技馆探秘

⇩

处理信息：撰写探究报告

⇩

表达交流：展示探究成果、表演食物消化的过程

图 3-3-20　探究活动路径图

（三）基于问题驱动的设计

问题是科学研究的出发点，没有问题也就难以诱发和激起学生的求知欲，科学探究活动就无从谈起。在此模块教学中，依据学科知识背后的科学大观念，分解出相应的问题链：引导学生提出问题及假设——搜集探究证据及现场考察——数据处理与假设验证——形成结论并表达，以此不仅认识消化系统各器官的名称、位置及作用，知道“食物在哪里消化”“食物是怎样消化的”，还指导学生带着问题展开探究、归纳探究成果，再到课堂上以交流互动的形式，分享探究成果。

四、实践性行动

科学探究是科学学科核心素养的一个重要组成部分，也是科学概念形成的有效途径。给学生提供充分的探究式学习的机会，是在逐步培养学生收集和处理科学信息的能力、获取新知识的能力、分析问题和解决问题的能力以及交流合作的能力等，使其形成尊重事实、善于质疑的科学态度，突出学习能力、创新能力、实践能力以及批判性思维和创造性思维等能力的培养，从而达到学科育人的目标。

立足“营养与健康”大观念推进《消化系统的组成及作用》的教学，主要从以下 4 个方面展开提高学生探究能力、落实学科育人功能的教学实践：

（一）探究任务的设计

学生面对"到上海科技馆探究消化系统的组成及作用"的任务，起初非常兴奋，但当接到"设计探究具体任务"的要求时，却并无头绪。教师在指导学生进行探究任务的设计时，要让学生"针对所探究的问题和提出的假设，设计简单的探究方案、实验过程；形成初步的实验设计能力和动手动脑的实践能力，并形成一定的实证意识"。基于这样的原则，我们展开了讨论。

教师："消化系统的组成及作用"是几个问题？

学生1：两个：消化系统的组成，以及消化系统的作用。

教师：既然是两个问题，大家可以考虑分步解决。

学生2：科技馆"食物旅行的小车"会带我们经过不同的站点，不就是消化系统的各个场所吗？我们可以观察这些场所的特点，从而了解消化系统的组成。

学生3：我记得在不同的站点，都有关于消化知识的介绍，这应该跟消化的作用有关。

在教师引导下，学生将在科技馆的探究活动分两组进行：A组先行乘坐食物旅行的小车，关注食物"旅行"时经过哪些器官，即食物在哪里消化；B组与A组同学交流之后，再乘坐食物旅行的小车，关注小车在各站点的历险情况，即各消化器官的消化作用。

科技馆探究活动记录单（A组）

A组同学体验科技馆"食物的旅行"项目，关注食物在哪里消化，并记录：

	站点名称
第1站	
第2站	
第3站	
第4站	
第5站	

科技馆探究活动记录单(B组)

A组同学体验后，B组与A组同学交流，填写“站点名称”之后，B组再体验“食物的旅行”项目，关注各站点的消化作用，并记录：

	站点名称 (体验前，与A组同学交流完成此栏)	消化作用
第1站		
第2站		
第3站		
第4站		
第5站		

图3-3-21　探究活动记录单(A.B组)

教师注重分析教材，找出背后的科学大观念“结构与功能相适应”，分解出“食物在哪里消化”“食物是怎样消化的”这一问题链，指导学生完成探究活动记录单的设计。在此基础上，学生按照科学思维逻辑，分两组分别认识消化道和消化腺，且在活动的过程中，注重交流、互补，养成合作互助的品格。

(二) 探究证据的收集

科学探究活动中收集证据是指“初步学会进行有目的、有系统、较全面的观察，会使用多种感官注意观察对象的个性特征、事件发生的顺序；会借助基本仪器深入了解有关细节；初步学会在观察中客观地作记录”。

此次探究证据的收集，从客观地做记录开始。在老师的指导下，学生带着事先准备好的活动记录单，来到上海科技馆，分批乘坐“食物的旅行小车”，进入“消化道”，来到各个“消化器官”，并通过“小车”的颠簸摇晃以及各个站点的语音播报，感受各个消化器官的消化作用，对消化系统的组成有了直观的认识。

在完成既定任务的同时，学生发现场馆里还有人体消化系统标本，进行了自主观察。起初，学生的观察热情高却无序。在教师的指导下，学生按照从上至下、从外向内的科学观察方法，进行有序观察并记录，对消化道和消化腺有了进一步的认识。学生看到场馆里有志愿者讲解员，主动向前请教关于自身消化系统的日常保健常识，如饮食温度不宜过高、公筷使用可有效降低幽门螺杆菌的发病率等，对消化系统有了进一步的认识。

图 3-3-22　现场探究活动情况

传统课堂教学中的探究活动证据收集，往往只局限于观察记录实验数据等，此次课外探究活动的证据收集范围更广泛，不仅有客观事物的观察，还有在交流对话中的证据获取，增强了学生学习的自主性，提高了学生学习的主体意识，做到了全面观察、客观记录。

(三) 探究信息的处理

信息处理是探究性学习中较难的部分，要对收集到的证据进行整理、筛选和分析解释，并对其进行归纳、演绎。教师引导学生分组开展讨论，将各自获取的有关消化系统的资料共享，形成"食物在哪里消化""食物是怎样消化的"两个主题的探究微报告。

该主题教学重难点是认识小肠是消化的主要场所，而大多数的学生乃至成人，多认为胃是消化的主要场所。如何突破这一教学重难点？微报告的形式显然不能解决这一问题，我认为，还是要依托"结构与功能相适应"这一科学大观念，带领学生进行探究。在此组织同学根据科技馆的探究经历，结合课本内容，抓住几个主要消化器官的结构特点，自编自导情景剧《手抓饼的探险之旅》，把消化系统的结构与作用充分展示出来，以期突破本节课的教学重难点。

在情景剧的创编中，将在科技馆乘坐食物旅行小车的经历进行迁移，把手抓饼及各消化器官均拟人化，以"手抓饼"的角度体验消化系统各器官的"威力"，配合"胃大王""小肠姐姐""大肠弟弟"等消化器官的肢体表演及音效，将食物在消化系统内的消化过程表演出来。为突出小肠是消化的主要场所，几易其稿，增加"小肠姐姐纠缠手抓饼"的表演时间，增加"小肠姐姐"的台词，如"我这里这么重要，怎么能让你（手抓饼）轻易离开"，通过"小肠姐姐"撕扯"手抓饼"身上较多的"营养物质标签"等形式，将小肠的消化作用充分表达。

图 3－3－23　情景剧创编

在教师的引导下，学生在信息处理过程中，钻研探究活动获取的资料，互相交流、讨论，通过语言、动作、表情等多种途径表达对探究成果的理解，对教学重难点有了更加深入的认识，对探究成果也有了更加系统性的理解。

（四）探究成果的表达

科学探究的表达交流要"能够有条理地组织和整理资料，用口头语言、文字、符号与图表等形式清晰地表达科学解释及概念理解"，即在探究活动中得到的研究结果，要通过合理的形式进行公开交流、接受质疑，从而不断更新和深入。表达交流这一环节的锤炼，在科学探究中必不可少。本次探究活动分为两部分表达：

1. 我研我说

根据探究微报告的撰写情况，学生分 2 组上台交流探究活动情况。

第1小组代表介绍他们在"食物的旅行"展馆的体验，以及对人体消化系统实物观察的感受等，介绍食物是在哪些器官被消化的。

学生4：通过在科技馆的探究活动，我们了解到食物在口腔、食管、胃、十二指肠、小肠等器官被消化。

教师：这些消化食物的器官相连，共同组成了消化道。

在第2小组代表介绍他们的探究成果之前，先拿出一根透明的塑料水管，模拟中空的消化道，再把一粒花生从水管的一端投放进去，紧接着竖起水管，花生瞬间从水管的另一端出来，表示如果消化道只是一根管道，食物是无法被消化的。这样的模拟实验，激发了大家探究"消化秘密武器"的兴趣，然后再介绍他们探究活动中发现的食物消化的秘密。

学生5：通过我们的探究，发现口腔里的唾液会将淀粉消化成糖、胃里的胃液会初步消化蛋白质、小肠中的肠液以及胰液和胆汁会把大部分的营养物质进行消化。

教师：唾液、胃液、胰液、胆汁、肠液等统称为消化液，它们均是由消化腺分泌的。消化道和消化腺共同组成消化系统。

2. 我演我评

如果只采用课堂展示、分组汇报探究活动成果，这样的形式还是不够丰富，可能还是会回到"讲与听"的陈旧学习模式，并且食物的消化本身不是一个可视化的过程，学生即使了解了消化系统的组成及作用，对于食物在消化系统内到底是怎样消化的这一过程还是不够明确。针对这一问题，将研学成果以情景剧形式进行课堂汇报。再引导同学们针对"情景剧中涉及哪些消化器官""同学们是怎样表现出这些器官的特点及作用的"等问题进行热烈讨论，如：

学生6："手抓饼"的旅行中，先进入了口腔，滑过食道进入胃，又来到小肠兜兜转转，再进入大肠，最后经肛门排出人体。

学生 7:“手抓饼”在小肠这里逗留的时间最长,“小肠”与其他几个消化器官相比,撕掉“手抓饼”身上的营养物质(便利贴)最多,可以表现出来小肠是消化的主要场所。

以往探究活动的表达交流环节,经常停留在口头表述探究结果,而此次表达交流在“我研我说”分组汇报的基础上,再以“我演我评”的深层表达交流方式将食物的消化过程表演给大家观看,并引导学生讨论与学习重难点密切相关的表演内容。这样既推动学生深刻理解了消化系统的组成及作用,突破了教学难点,又提升了学生的思辨能力,是对通过探究活动落实学科育人的又一体现。

五、反思性发现

纵观本次教学,在如何提高科学探究能力上进行了有力探索,引导学生对探究活动进行长程设计,对活动范围进行了扩展,将课外活动与课内教学有机结合,让科学探究走出教室、走进场馆;引导学生拓宽获取和描述证据的路径,并将已获取证据进行加工整理、编排出情景剧,通过口头表达、面部表情、肢体语言等多种路径将证据进行描述;本次教学活动还为学生提供了思辨的机会,在辨析情景剧表演中的亮点和不足的过程中,加深其对科学概念的理解,增强交流表达的能力,既提升了对学科知识的理解,又得到了科学品质的锤炼,有效落实了初中科学的学科育人功能。

当然,还有一些不足的方面,主要表现在评价的科学性、探究的思路及生命观念的渗入等方面。

(一) 评价的科学性需进一步提高

科学的评价是引导教学活动开展的风向标,在本次教学活动开展过程中,主要侧重于在探究成果交流阶段对学科知识掌握情况的评价,而在探究方案的设计、探究证据的收集、探究信息的处理等环节中,缺乏必要的评价指引,不利于学生探究积极性的维持,是导致部分学生探究热情下降的原因之一。

(二)探究的思路需进一步拓展

面对新的教学模式的尝试,教师放得不够开,在教学活动中,难免对学生束手束脚,未全面打开学生的探究思路。为达到"课标"要求的教学目标,在探究活动的方案设计、探究成果的表达交流等方面均有教师指导的影子。

(三)可进一步渗入生命观念

《消化系统的组成及作用》是生命科学领域的教学内容,而健康生活的生命观念是构成生物学科核心素养的生物学特质。成尚荣提出:在学科及其教学中一定要见人,要让学生在知识中站立起来。学科育人不能离开知识,但知识的获取不是目的,知识毕竟是载体,人要通过知识让人站立起来,让人学会成为自己的主人,其中包括成为知识的主人①。该主题教学过程中,知识本位较凸显,学生作为知识主人的体现不够突出。

六、批判性建构

站在学科育人的高度,教学活动要提升学生学科核心素养,要全面培养学生的综合素质。教师要培养学生形成学科核心素养,通过探究活动的开展、学科知识的建构,达到学科育人的目标,要进行课堂教学方式的转变的同时,还要转变已有的教学观。

(一)科学运用评价,为学科育人提供保障

传统教学中,教学评价的开展往往是与学科知识的掌握情况相关联。本课例在探究活动的过程中,缺少必要的评价指引。教师应认识到,学科育人这一教学功能的落实,不能仅体现在学科知识掌握的学科评价上。要对学生采用立足于以核心素养的培养为落脚点的科学评价,引导学生将学习的重心转移到解决问题的能力上,转移到对学科知识的自主建构上,转移到探究方法和探究习惯的培养上。这样的科学评价,方能引导学

---

① 成尚荣.学科育人:教学改革的指南针和准绳[J].课程·教材·教法,2019(10):81—89。

生深入体验学习，切实提高学生解决实际问题的能力，从而落实学科育人的目标。

（二）拓宽探究思路，为学科育人创造条件

教师应对学生的探究学习能力充分信任，才能进一步激发学生的探究活动热情。如在科技馆，部分学生面对志愿者讲解员，主动请教关于食物温度对食道的影响等问题，就是在开展很好的拓展探究。要保护学生独立学习的能力，不越俎代庖，在肩负起指导责任的同时，还要注意开发学生的责任意识，从而达到育人目标。

（三）渗透健康生活的生命观念，将学科育人落到实处

消化系统的组成及作用教学，要达到通过教学让学生在知识中站立起来，不仅要通过探究活动，获取和描述证据，理解科学概念，还要将科学概念应用起来。如了解消化系统的组成及作用，对于我们自身健康有怎样的指导价值。在教学活动中，可以从消化系统各组成成分的结构特点发散到如何保护这些消化器官，如何健康饮食，以期配合我们人体消化系统的消化作用等。这样学以致用，让知识的获取发生在以人为本的基础上，从而进一步发挥学科育人功能。

案例 4：发展生命观念，凸显生命科学育人价值

——以《酒精对水蚤心率的影响》实验教学为例

上海市闵行区华漕学校　莫晓连

不同学科具有不同的学科核心素养，可以实现不同育人价值。关注“核心素养”是将立德树人的教育根本任务和学校学科课程育人的紧密融合。在《普通高中生物学课程标准（2017 版 2020 年修订）》[①]提到的四大

① 中华人民共和国教育部．普通高中生物学课程标准（2017 年版 2020 年修订）［S］．http://www.moe.gov.cn/srcsite/A26/s8001/202006/t20200603_462199.html，2020－05－13。

生命科学学科核心素养中，生命观念是独具生命科学学科特点的要素。所谓生命观念，即关于生命现象和生命本质的根本想法和普遍观点。对于如何培养生命观念，本研究尝试从学科核心素养为实验教学育人的根本出发，以具体、可操作的三维教学目标为实践靶向，优化“导学案”辅助的自主、合作式育人方式，以激发学生在真实的实验情境中思维的迸发，促进生命观念的逐步建立，为形成终身学习的必备品格和关键能力奠定基础。

一、理解性认识

(一) 生命观念是学科育人的关键核心

生命观念是指观察到的生命现象及相互关系或特性进行解释后的抽象，是经过实证后的想法或观点。对于初中生而言，生命观念是他们学习生命科学课程后获得的标志性的学习成果，不仅会直接影响学生的学习质量和学业成绩，更是衡量学生是否受到了良好生命科学教育的标尺，明显有别于其他学科的学习获得。在生命科学核心素养中，生命观念“身居”首位，凸显了生命科学教学育人价值的核心，能有效促进学生习得人类历史发展进程的社会本质、文化本质和精神本质。

(二) 实验活动是生命观念发展的重要情境

生命科学是一门以观察和实验为基本研究方法的自然科学，初中生命科学实验教学也是学生获取生命科学知识、掌握实验技能，由观察与质疑入手孕育分析与推理等科学思维的“实践场”，是不断提高生命科学知识水平和综合素养的重要学习途径之一。因此，实验教学对学生整体科学素养的提升具有重要的作用。生命观念是指人们对于自然界生命体的一种态度，属于世界观的范畴。生命科学实验与其他以实验为基础的自然科学实验不同之处在于——其实验都是以生命物体为实验对象。教师在实验活动(真实/模拟情境)中引导学生进行科学探究活动，解决现实问题，促进学生生命观念的形成。

二、解构性定位

观念是思维的产物，它总是指向具体的问题，而生命观念是生物学知识体系的核心，是人们在对生物学概念深度理解的基础上形成的对生命本质的理解。同时，《上海市生命科学课程标准(试行版)》中也明确指出：充实体验性和实践性训练促进知识和技能获得的同时，能有效地提高思维能力和解决实际问题的能力等。所以，如何将直观生动的实验活动导向基于问题解决学习的真实情境，激发初中学生基于生物学概念的思维活动产生，逐步建立生命观念？这需要对初中生命科学课程标准中关于实验活动的具体要求有深入的分析，并对学生的学习基础有清晰的了解。

(一) 适切的三维目标是生命观念形成“过程”的脚手架

生命观念是在个人学习的时间积累(阶段性)和知识、能力转化(内在性)两大要素作用下提炼形成的终身观念。那么，怎样的教学过程才能更有效地促进生命观念的形成呢？三维目标为培养学生的生命观念，提供了可“琢磨”和“捉摸”的分析框架，在经历丰富的生命科学学习的“过程与方法”中，不断积累“知识与技能”，培养、熏陶“情感态度与价值观”，融合三维(即全面)方向的基础之上逐步形成的。因此，生命观念是“虚化”的想法和观点，那么课程标准中的“三维目标”是生命观念形成的“过程”脚手架，有助于我们课堂教学的思考与行动。同时，杨九诠[①]指出三维目标是一个整体“座架”，三个维度的条列式表述只是分析性，任何一个维度都包含着其他两个维度，强调了三维目标不能割裂的特征。

(二) 良好的学习状态是生命观念有效发展的核心关键

佐藤学[②]指出：当我们用知识与技能维度分析时，知识与技能才能被赋予原本应有的“人称性质”；当我们用情感、态度和价值观维度分析时，

---

① 杨九诠. 三维目标，核心素养的分析框架[J]. 上海教育科研，2021(1)：卷首语。

② 同上。

才不至于走空场、走过场。因此，人的因素（学习状态）决定了实验课堂教学情境中问题解决、生命观念逐步形成的核心关键。初中二、三年级学生的学习状态主要有以下特点：

首先，初中生自主意识的形成有利于探究学习的开展。初中二、三年级的学生，逐渐进入青春期的中期，他们的自我观念逐步形成，自主意识越来越强，更喜欢与同龄人交往。基于这一特点，"自主、合作、探究学习"正适合这一年龄阶段的学生，他们容易在团队活动中形成思维的碰撞、实现知识的社会建构，有利于生命观念的形成。同时，初中二、三年级的学生，已经具备了一定的动手能力和实验技巧，在小学阶段的《自然》学科学习中，也储备了一些必备的科学常识。这些基础为开展初中生命科学实验探究活动奠定了重要的知识与技能基础。

其次，初中生思维发展水平有利于高效思维学习的开展。高效思维活动也是生命科学实验活动开展的必备条件。初二阶段的学生，正由丰富的形象思维向抽象思维发展的阶段。因此，教师可以积极地组织和引导学生从对实验事实、现象进行"观察、描述"逐步转向"分析、判断、综合等抽象思维"，丰富其学科思维活动，促进生命观念的形成。可鼓励学生带着对问题的思考进入有目的的实验活动，在思维碰撞中更好地理解生命的本质，形成利于终身发展的生命观念。

三、指向性设计

（一）教学育人路径

学科教学的实质就是学科活动。教育家杜威[①]指出：真正的知识应该是主体与客体对象在相互作用的过程中，主体与经验材料紧密联系在一起的结果。能力只有在需要能力的活动中才能得到培养，素养只有在需要素养的活动中才能得到形成。因此，站在利于学生学科核心素养形成的角度，育人路径可归结为"通过对三维目标的分析营造利于学生自主、合作、探究学习的学习环境，设计与学习目标相对应的、多样化的教学

① 石中英．杜威教育哲学论述的方法[J]．教育学报，2017(1)：3—9。

活动，促进学生生命观念的形成”。

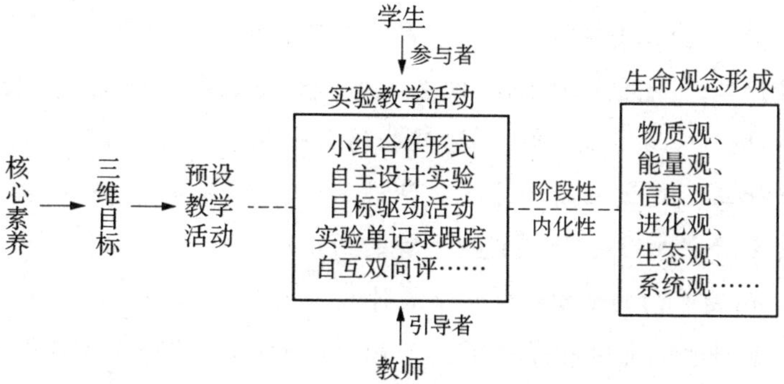

图 3－3－24 指向生命观念形成实验教学路径图

《酒精对水蚤心率的影响》这一实验活动在课程标准和教材中，其主要内容为：通过实验来了解外界环境（酒精浓度）的变化对动物行为的影响，培养学生的生态观。生态观是生命观念的组成部分，指人们对于包括人类在内的生态系统运动规律的基本认识。生物与环境是一个有机整体，生态系统中的各个组成部分都是相互影响的。在本课时的实验活动中，可以通过直观实践活动了解自然界的水质（如含酒精）等环境因素会对水生动物的生命活动产生影响，更可充分外延至人类的生存时刻受到环境的影响，进而辩证地看待个体与群体、局部与整体的关系，形成科学的生态观。因此，本课时围绕生态观的形成，确立适切的三维目标，预设以问题为导向的实验情境教学活动，引导学生进行“自主、合作、探究学习”，形成观察、归纳、分析等思维的“发生场”，促进生命观念的形成。

（二）实验活动环节思路

上海教育出版社《生命科学》初中教材第一册 P87“实验与实践 3.2：酒精对水蚤心率的影响”在课程标准中属于必做实验，同时也有明确的教学要求：“观察酒精、药物等对小动物的影响（实验）”属于“学会”（B 级）的学习水平。较 A 级的“初步学会”相比，B 级更注重独立完成观察、测量、验证和探究等任务。因此，在此基础之上，根据教学育人路径，设计符合课时的三维教学目标和主要教学环节。

1. 三维教学目标的确立

目标一： 通过观察、比较不同浓度酒精对水蚤(微小的动物)心率影响的变化状况，体会环境对生物生命活动的影响。

目标二： 通过小组合作，设置正确的对照组和实验组(不同溶液与浓度)并进行重复实验，学会科学实验的基础步骤。

目标三： 通过酒精水蚤实验结果的比较、分析和归纳，引发对酗酒等不良生活方式的反思，促进生态观的初步形成。

2. 问题导向的主要教学环节设计

根据以上三维目标设计了三个相对应的问题导向式的预设教学活动，旨在促进自主合作探究学习的形成，激发学科思维的产生，培植生命观念：

活动一：水蚤的心脏在哪里？

【查一查】(图片、资料)；

【看一看】(照片)；

【找一找】(实物投影)。分别请学生在屏幕上找一找水蚤的心脏。

活动二：怎样测定酒精对水蚤心率的影响呢？

【选一选】小组合作，选择不同的溶液。(不同浓度的酒精溶液)

【设一设】设置不同的浓度梯度。

【做一做】小组合作，排除其他干扰项进行实验。在各自的显微镜下进行实际操作，教师适时个别指导。巡视指导，关注：1. 小组合作模式；2. 实验操作的规范性。

活动三：通过实验，从环境与动物关系的角度，你获得哪些启发呢？

【组内研究】通过比较、分析，尝试在组内进行结论的归纳。

【小组互评】听取汇报，及时记录，并从多方面进行评价；

【总结与提升】1. 各组的误差分析；2. 实验细节的科学性；3. 评出优秀小组。

通过以上三个循序渐进的主要环节设计，形成了"问题导向"下的生态观形成路径：生态观的形成起始于知识学习的自主储备阶段；经由实验探究行动实践阶段，最后到达思维碰撞的互动生成阶段。详见下表：

表 3-3-8　“问题导向”下的生态观形成主要阶段

主要阶段	学习方式	利于观念形成的设计意图
自主储备阶段（活动一）	自主学习：水蚤的结构、显微镜操作要点	充分掌握实验对象与环境的特点，为观点形成准备知识基础。
行动实践阶段（活动二）	**合作学习** 1. 实验分工 2. 设置对照、重复试验	经历科学实验的准确过程，得出酒精对水蚤心率影响的准确结果，为进行讨论、深入思考提供科学基础。
	评价共进 1. 评价实验操作步骤 2. 评价规范操作	
互动生成阶段（活动三）	**讨论互动** 以实验结果为推理基础进行深入思考活动。	进阶思考生物与环境之间的关系：①宏观自然生态思考；②微观个人生态（健康观）思考。

四、实践性行动

通过以生命观念为前置顶层设计的《实验与实践：3.2 酒精对水蚤心率的影响》这一课时的实验活动教学，在基于生命观念下设计三维目标的具有针对性的课堂教学活动中，至少在以下生命观念培养的三个活动中都明显体现出了更清晰、精准的育人效果。

（一）观察显微镜下的水蚤

本次的实验探究活动对于初中二年级学生而言，最特别之处就是在显微镜下“活蹦乱跳”的实验动物——水蚤了。由于本校学生初中阶段之前，较少进行生物类实验，没有在显微镜下镜检动物的经历。往届学生完成该实验时，失败往往都出现在“学生观察显微镜下‘活蹦乱跳’水蚤”环节，其原因就在于学生对于实验动物的恐惧心理或过度兴奋状态导致了实验不能顺利进入到自主探究学习环节。因此，本实验的预设教学活动通过围绕“水蚤心脏在哪里”为主要落实目标，开展如下教学实践环节：

教师：水蚤是一种节肢动物，那么它和蝗虫一样都具有怎样的结构特点呢？请尝试结合资料找一找，然后来介绍给大家认识一下！

学生1：老师，在我们的导学案图片中，很明显就可以看出它的全身都分节，所有的附肢也是分节的。

教师：这么小的动物，它有心脏吗？

学生2：有的，图片上标注了。

教师：哦，请你指出图片中的位置。

学生2：指着心脏的位置。

教师：追问：那如果在显微镜下，你可以找到它吗？

学生3：当然啦，我现在就想到显微镜下来好好瞧瞧它。

教师：不要着急自己先动手，我们一起来先想象，它作为一种动物，它还会像植物那样一动不动吗？

学生4：应该不会。

教师：那就先通过老师的显微镜认识一下它吧……

通过以上教学过程，很明显可以发现，教师一步步地引导学生：①书面、图片认识、指认水蚤心脏的位置——②想象水蚤的状态——③教师演示实验——④学生实验，最终使学生在自然地接纳水蚤作为实验对象的状态，继续开展实验操作。通过这样一个分步引导的过程，教学改变了原先就事论事，直接让学生在显微镜下找到水蚤心脏的位置，或简单、机械性地教师讲解，而是充分利用指认图片、辨认结构等多种学习方式，大大降低了学生在显微镜镜检的学习过程中可能产生各种困难与困惑的概率。同时，也充分关注了"人的因素"，考虑到了学生对水蚤作为实验动物的心理应激因素，站在学生的立场，积极调动学生进行实验探究与知识建构。不仅高效地达成了第一个预设的三维目标，更是对生命体（实验对象）生命特征的进一步感知，也自然顺畅地为下一个教学环节打下了扎实的基础。

（二）活动单导引实验

有的放矢：评价驱动的活动单助力高效探究活动

"活动二"既是本实验中的教学重难点，也是需要学生自主动手实验的部分。通过设计实验活动单来突破教师高效指导、掌握每一组学生实操全过程这一大难点;学生在有限的时间内顺利完成多组不同酒精浓度下水蚤每分钟的心率的观察与测算这一个具有挑战性的任务。再利用组内相互评价来提高学生自主合作学习的活动效率。(详见表3-3-10)

表3-3-9 《酒精对水蚤心率的影响》实验活动单

序号	主要操作步骤	自评(ABCD)	互评(ABCD)
1	显微镜正确操作: 将显微镜摆放于观察者正前方,插上电源,打开电源键。 选取、调节目镜、物镜、反光镜、转化器等结构,使光线在一条直线上。		
2	水蚤临时装片的制作: 使用胶头滴管吸取少量水蚤溶液,滴加至载玻片,3—5个水蚤为宜。 用吸水纸吸净多余水分,固定2—3个水蚤。 用压片夹将载玻片固定于载物台上。		
3	水蚤心率计算: 利用秒表、打点计数(计数器APP)测算水蚤一分钟的心跳次数。 选取3只大小、活力等基本相同的水蚤,进行心率的测算。 算出水蚤每分钟心率的平均数。		
4	清理实验: 将载玻片从载物台上取下,用餐巾纸将水蚤溶液擦拭干净,摆放归位。 关闭显微镜电源,从插座上拔下电源线,显微镜摆放于桌面右上角。		
5	实验体验感: (请圈出以下符合此次实验体验感的词) 激动　兴奋　愉悦　害怕　紧张　讨厌		
6	请你对自己此次生命科学的实验打分(满分10分) ________		

首先,学生小组在拿到活动单后,按照活动单上"主要操作步骤"明确四大步骤:从"显微镜正确操作"到"水蚤临时装片的制作",再到"水蚤心

率的计算",最后是"清理实验";再从每个大步骤的分步骤"a、b、c……"进行准确、高效地具体的操作;同时,每组在每完成一个主要步骤后,需要进行自评和互评后再开展下一步骤的实验操作。

教师在整个"活动二"的部分就可以根据导学案来进行整体实验活动节奏的把控和个别化的精准指导。如:一组学生在实验中遇到了心率计算的困难,在进行指导的时候,教师直接找到步骤"3－a",分析问题的关键,然后意见填写在屏幕上的"3－a",便于其他组学习所用。就这样,师生利用"导学案"实现了自主学习的高效模式,不仅减少了教师原先需要进行集中讲解的时间,也发挥了学生自我的能动性。

(三) 实验结果与思考讨论

提升突破:逐步推理和综合分析激发生命观念初探

本课时预设了以问题启发为导入,以实验结果反思为问题解决的总结部分,前后呼应,以达到三维目标之三。但由于学生个体差异性的特点,这部分的课堂差异化生成最多,也是考验教师对学生进行价值观引导最关键的环节。在本环节的实施中,学生实验结果的分析与总结很顺利,但是在结论的推理和归纳部分,激发了学生对健康生活习惯和态度的深入思考,学生的反馈呈现了较大的差异性,生成了许多超出预期的成果。

【导入环节】

教师:"喝酒伤身"这种说法对吗?

学生:我觉得喝酒肯定对身体有不好的影响,会导致高血压。

学生:我觉得少喝一点应该没什么的,就是不能酗酒。

教师:今天我们就来探究酒精对水蚤心率的影响!看看你从实验中会获得什么启示。

学生:好的,迫不及待呢。

……完成了实验数据的归纳与分析。

【总结环节】

教师:同学们,现在回到我们最初提出的问题:"喝酒伤身"这种说法对吗?在完成了今天的实验后,你有了怎样的想法?

学生：我通过实验看到了酒精对水蚤心率的影响这么大，对人类心脏的影响应该也不小，所以人喝酒的话，应该会伤身的。

教师：那么，谁来根据人体内环境和各系统的特征，尝试着推理一下，酒精会怎样影响人体？可以举一例说明。

学生：喝了酒以后，酒精会被小肠吸收，然后进入血液，跑到全身上下的内环境去。然后全身的细胞都会"喝"到酒了。所以我们要少喝酒，减少对人体内环境的破坏。

……

教师：大家都说得很好，有理有据。道出了从人体内环境出发，维持内环境稳定需要我们每个人自己关注。其实不仅是酒精，还有外在的环境的粉尘、尼古丁、二氧化碳都对我们生命、对环境有很大影响。你们还看到哪些损害人类、地球健康的行为吗，对这些损害可以怎么办呢？

学生：比如吸烟，吸烟有害健康啊，要禁止吸烟。

学生：还有就是二氧化碳排放，应该减少二氧化碳的排放，这是我们外环境的重要因素。我们既要维持自己身体环境的健康，更要保护我们的大自然……

教师：大家的发现和想法都能够从**人体微观（内环境）**或**宏观环境（自然生态）**两个角度来重新认识自己和环境以及和环境之间的关系，形成健康观念和的可持续生态观念。

面对学生逐步拓展开的思维，教师在给予客观评价的同时，也一步步顺着学生的思路，激励他们不断深入思考，借机促进学生在逐步推理、综合分析中不断萌生生命观念的幼苗。

五、反思性发现

生命观念的建立不是一个课时、一个单元、一个模块教学所能完成的，需要学生在整个生命科学课程的学习中，逐渐丰富对生命观念内涵的理解，最终形成生命世界的基本思想和科学态度，具备解决生物学问题的基本方法和关键能力。

(一) 通过三维目标的落实达成了生态观建立的教学

学者杨九诠在佐藤学对课堂的研究基础上认为：从核心素养(生命观念)的立场出发，三维目标是一个整体"座架"，三个维度的条列式表述只是分析性的，其实任何一个维度都包含着其他两个维度。[①] 因此，作为虚化、庞杂的生命观念，需要通过三维目标设计的教学活动是融合了知识与技能维度，过程与方法维度和情感、态度和价值观维度来渗透核心素养的培养。也只有这样，课堂教学才能有目标、有方向地成为融合共生的育人实践场。尤其是通过可预设、可操作的三维目标作为独立的课堂"座驾"将生命观念的达成进行外显化、可评价、可操作。

(二) 典型经验提炼

1. 发展生命观念的教学需要自主学习模式的积极主导

生命科学作为一门实验性较强的学科，有得天独厚的优势以自主探究学习模式进行教学活动。也只有在自主动手实践的实验教育教学活动中，学生才能对生命、生命活动有更全面、更直接科学的认识和理解，生命观念才有机会在教师的旁敲侧击下不断地萌生，不断提高核心素养，真正实现课堂教学育人价值。在实践中也发现，自主探究模式的建立可以通过利用多种方法来实现，如：问题导向的学习单、评价单、教师产婆式的提问等等途径来充分调动、挖掘学生自主学习和合作学习的能动性，让学生真正成为学习的主角，积极探索生命物体的本质和内涵，领悟到生命世界的奥秘，使学生对自然界的生命体充满热爱并敬畏，提高自身的生命科学核心素养、综合素养。这也是学科育人价值走向全面育人的重要贡献。

2. 发展生命观念的教学倡导利用"人的因素"催化反应

通过本教学活动的实践发现，深入关注和研究"人的因素"，尊重"人的因素"，发挥"人的因素"，是生命观念在课堂教学中得以发展的一个加速催化剂。因此，学生学习基础的各方面都是我们需要密切关注的，尤其

---

① 杨九诠. 三维目标，核心素养的分析框架[J]. 上海教育科研，2021(01)：1。

是初中生正处于青春期初期极为敏感的人生阶段，他们的情绪易于激动，思维发展迅速，自主意识较高。教师要善于利用这些特点，引导学生产生积极、正向的实验情感，充分调动学生的自主学习行为。如在本课时的“活动一”教学中，通过产婆式的提问、教材说明、结构图片等的配合，一步步引导学生对水蚤结构与特征的熟悉程度，积极、正向引导学生充分了解实验动物。

（三）存在问题与不足

1. 关注核心素养的整体发展需求

本课时着重从生命观念的生态观方面出发，进行精准的目标制定、环节设计和教学活动实施，达到了提升学生学科核心素养的提升。但是，在整体教学活动中，学生作为完整的人进行一个综合性的实验实践活动，他们的思维和行为都是多样化的，能力发展需求也是多元化的。因此，需要教师在进行设计和实施的过程中，仍要关注学生的整体和元多发展。

2. 关注建立与单元、整体教学间的关联

本课时的设计没有从单元、章节进行整体性设计，因此出现的课堂生成性资源偏多。教师虽然进行了及时、有效的引导，但是如果可以从初中实验教学的整体性和本课时实验教学在原章节中的地位和功能，这两个方面进行生命观念的确立和三维目标的设计，学生在实验活动中可能会有更多的收获。

六、批判性建构

本实验教学活动中主要以生态观为顶层设计的同时，教师也需要关注核心素养的整体性。特别是在最后的“活动三”环节，设置开放性的问题，尊重学生之间的差异性，呈现不同的观念形成，体现个性化的学习与成长。

（一）后续教学改进

初中生命科学的实验共有 17 个，这些实验大多集中于教材第二册，都是基于各类生物的观察类实验，在实验目标、实验方法、实验用具的使用等方面都有着同质性。在育人的目标、内容等方面也有着可以协同共进的特点，因此梳理初中实验教学的整体特点，确立育人目标、学科素养(生命观念)和三维目标之间的关系，再明晰本课时的三维目标，并以目标为驱动设计教学环节，系统地、精准地落实初中实验教学的育人价值。

(二) 学科育人启示

生命观念不仅在学科中非常重要，也是培养学生生物学核心素养的关键，是教师教得有学科价值、学生学得有生命感悟的关键。

1. 以生命观念统领教学设计，有助于系统化学习

生命科学的知识涉及的学习内容因物质的多样性、结构的复杂而丰富多彩，同时为学习带来了知识点多而分散、专业术语聚集等问题。通过与学生的访谈和学习情况分析，通过以生命观念引领，可以帮助学生从统一的视角理解分散的知识，将生物学不同领域的知识建构为一个体系，也有利于他们运用整体和辩证的观点去认识生命的物质性以及生物界的普遍联系、发展变化、对立统一和质量互变的规律，发展生命观念，最终形成生物学核心素养。

2. 情境化学习，创设利于生命观念形成的氛围

(1) 关于情境的真实性

生命观念需要在真实的情境中构建，真实、复杂的问题情境为学生学习抽象的观念提供了直观生动的形象，可以帮助学生在解决问题的过程中积极地应用生命观念，实现观念的实践价值。本次的实验是基于教材建议而稍作改进，尤其是对于选择不同的溶液类型，改变原先的只负责教学起点或者某个环节的情境创设，仅仅把学生带入一种感兴趣或者思考的状态，造成了情境价值的有限性，而是将真实的情境作为实验的整个过程。

(2) 问题导向的学习模式

基于生命观念的教学要从实现情境设计和落实，更需要以问题解决型学习任务作为驱动。有了真实的学习情境后，学生的自主学习更需要教师精心设计的问题链或工具导向，如：导学单、评价表、操作步骤指南

等等，引导学生在兴趣之后，不断地探索、解决问题，达成学生个人知识的意义建构，形成生命观念。

案例5：提高学生科学素养，发挥学科育人价值

——科教版二年级《茎的秘密》一课为例

闵行区实验小学　张璐婕

自然学科的核心素养即是科学素养。科学素养指的是学生在学习、理解、运用科学知识和技能等方面所形成的价值标准、思维方式和行为表现等。小学自然学科的重要任务是通过提高学生科学素养发挥学科育人价值。

一、理解性认识

十八大和十八届三中全会提出要把立德树人的要求落到实处，2014年教育部印发《关于全面深化课程改革　落实立德树人根本任务的意见》，提出“教育部将组织研究提出各学段学生发展核心素养体系，明确学生应具备的适应终身发展和社会发展需要的必备品格和关键能力”。以培养“全面发展的人”为学生发展核心素养的核心理念，在总体框架中分为人文底蕴、科学精神、学会学习、健康生活、责任担当、实践创新六大素养。

教育部2017年颁布的《义务教育小学科学课程标准》[①]中指出，小学科学课程强调从儿童熟悉的生活出发，通过亲身经历动手动脑等实践活动，了解科学探究的具体方法和技能，理解基本的科学知识，发现和提出生活实际中的简单科学问题，并尝试用科学方法和科学知识予以解决，在实践中体验和积累认知世界的经验，提高科学能力，培养科学态度。

---

① 中华人民共和国教育部. 义务教育小学科学课程标准[S]. http://www.moe.gov.cn/srcsite/A26/s8001/201702/t20170215_296305.html，2017-02-06。

自然学科的核心素养即是科学素养，具体包括理性思维、批判质疑、勇于探究等基本要点。科学素养的提高可从科学知识、科学探究、科学态度等方面进行整合和落实。学生在小学阶段的自然学科学习过程中，不断积累科学知识、掌握科学探究的过程和方法、树立正确的科学态度，培养尊重事实、乐于探究、与他人合作的精神，促进学生的全面发展，体现自然学科的育人价值。

二、解构性定位

以上海科技教育出版社《自然》第四册教材第六单元《植物吸收和输送营养》的第三课时《茎的秘密》一课为例，开展"提高二年级学生科学素养，发挥自然学科育人价值"的教学研究。

（一）教材分析

《植物吸收和输送营养》单元属于《上海市小学自然学科教学基本要求》（试验本）[①]"主题 2　生物的形态与习性"的学习内容。本单元要求通过探究植物结构与其功能之间的相互联系，对事物的显著变化过程作简单的描述，形成尊重生命和保护环境的科学态度。

上海科技教育出版社《自然》教材中与"生物的形态与习性"主题相关的学习内容在低年段和中高年段都有呈现，体现科学知识、探究技能的螺旋式上升。通过一年级第一学期《丰富多彩的植物》、二年级第一学期《生长与变化》的学习，学生知道世界上有着各种各样的植物，知道了植物的组成部分及生长过程中的变化；通过本单元前两个课时《植物生长需要什么》《根的作用》的学习，学生知道植物生长离不开水、空气、养料和阳光，了解了植物的根具有吸收水分与养料、固定植株的作用。《茎的秘密》一课将对植物的茎的结构及作用展开探究学习。

① 上海市教育委员会教学研究室. 上海市小学自然学科教学基本要求（试验本）[M]. 上海：上海科技出版社，2018。

（二）学情分析

1. 对科学知识的掌握

二年级学生通过一年级对植物的认识，知道常见植物一般由根、茎、叶、花、果实和种子六部分组成，且对植物生长所需的条件已有初步了解，但对于植物各组成部分在生长过程中所起到的作用不是很了解。学生对知识与知识之间的关系，缺乏迁移和联系。

2. 对科学探究过程的理解

学生已经掌握了用不同的感官去感知身边的事物，并能利用简单的工具进行科学观察来认识事物的外表特征及现象。能依据已有的经验和科学知识，对问题作出简单的猜想。在前一课《根的作用》的学习中，学生运用对实验的观察、记录、比较等探究方法看到实验现象，知道了植物的根具有吸收水分和养料的作用，再通过视频和资料阅读，收集相关有效信息，了解植物的根还具有固定植株的作用。初步形成运用观察、比较、分类等方法得出结论的意识。要学会掌握更多样多元的探究方法和技巧，对二年级的学生而言存在一定的难度，具有一定的挑战性。

3. 科学态度的建立

二年级学生年龄小，对自然界的事物充满好奇心，对植物有着本能喜爱的情感，乐意参与探究植物的活动。同时，在日常的生活经历中，初步感知自然界、人类与动植物之间的关系，已初步形成保护环境的意识。由于年龄因素，低年级学生存在“盲从”现象，或是只看到表象，缺乏对事物深度的认识，缺乏探究能力，不能从多角度去思考问题、去发现现象的本质，主动思考、主动质疑的习惯尚未形成。

三、指向性设计

《茎的秘密》一课的学习内容主要包括三个方面：一是探究植物的茎具有输送水分和水中物质的作用；二是探究植物的茎具有支撑植株的作用；三是对防风林的认识，感受植树造林对人类和环境的意义。

基于二年级学生的学情特点，在《茎的秘密》一课的学习中，把学生在生活中常见的植物——芹菜作为探究对象，开展对芹菜茎的作用的一系列科学探究。首先，让学生对浸泡在红色液体中一段时间的芹菜的外表变化以及芹菜茎的横切面、纵切面的观察，知道植物茎所具有输送水分、水中物质的作用；接着，观察、分析各种植物的图片，并通过模拟实验，知道植物的茎还具有支撑植株的作用；最后，通过观看防风林的视频，知道植树造林的重要性，增强环境保护的意识。因此本课的学习目标、学习任务确定如下：

(一) 学习总任务分析

1. 学习目标

(1) 通过观察浸泡在红色液体中一段时间的植物，了解植物的茎能输送水分和水中的一些物质，提高学生观察和表达的能力。

(2) 通过各种植物的图片以及模拟实验的活动，知道植物的茎具有支撑植株的作用，提高观察、推理和分析的能力。

(3) 通过观看防风林的视频，知道植树造林的意义，提高环境保护的意识。

2. 教学流程图

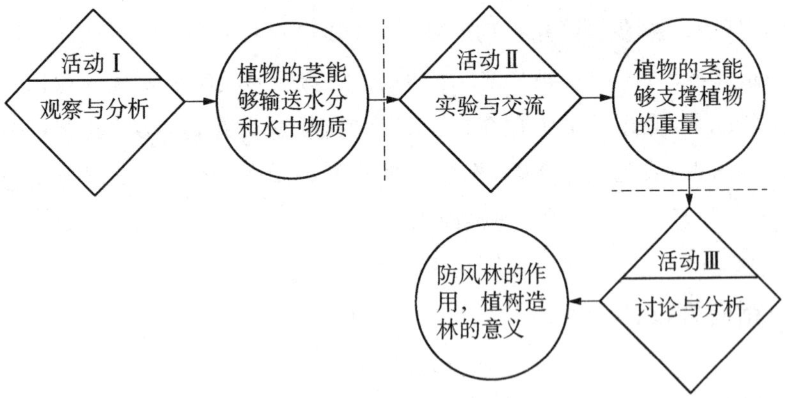

图3-3-25 《茎的秘密》教学流程图

（二）学习任务分解

为了完成上面的学习目标，每个活动需要确立对应的活动目标。学生在开展探究活动的过程中，完成活动任务、内化学科知识、提升学科素养。

1. 活动目标

活动一《探究茎的作用》：实验、观察、分析、交流。对浸泡在红色液体中一段时间的芹菜的根、茎、叶等外表进行观察，利用工具——放大镜对芹菜茎的内部、茎的横切面与纵切面进行观察，并对观察到的现象进行记录，了解茎的内部结构。通过交流发现、引导分析、鼓励学生细心观察和大胆表达，得出植物的茎具有输送水分、水中物质作用的结论。培养学生理性思维、多角度思考问题的能力。

活动二《认识茎的支撑作用》：观察、分析、模拟、交流。通过观察各种植物的图片，感知植物茎的多样性。利用吸管进行植物茎内部结构的模拟实验，体验植物的茎对植物所起到支撑植株的作用的结论。基于此，提高学生的知识迁移能力、科学思维创新实践能力的培养。

活动三《了解防风林的作用》，观察、分析、交流。通过观看《防风林》的视频，了解防风林的作用以及对人类的意义。通过交流，强化学生保护树木的意识和环境保护的社会责任感。

2. 教学过程

（1）活动一：探究茎的作用

表 3-3-10　活动一设计

学生活动	指导要点
1. 导入："白色康乃馨的梦想"：如何让白色康乃馨拥有其他颜色的花瓣？ 2. 观察：浸泡在红色液体中一段时间的芹菜的变化。 3. 交流与分析：芹菜的外表变化以及芹菜茎的横切面和纵切面。 4. 结论：植物的茎能将水分、水中物质输送到植物叶的部分。	*鼓励学生发挥想象。 *鼓励学生大胆提出猜想。 *引导学生有序地进行观察，鼓励学生仔细观察，将观察的结果进行记录。

(2) 活动二：认识茎的支撑作用

表 3-3-11 活动二设计

学生活动	指导要点
1. 观察：各种植物的图片。 2. 交流：说说自己的发现。 3. 模拟实验：用吸管模拟植物茎的结构。 4. 结论：植物的茎具有支撑植株的作用。	* 引导学生仔细观察和对比。 * 鼓励学生大胆地表达。 * 引导学生观察和比较。

(3) 活动三：拓展了解防风林的作用

表 3-3-12 活动三设计

学生活动	指导要点
1. 观看：防风林的视频。 2. 讨论：植树造林的意义 3. 小结：建造防风林带，不仅可以美化环境，还能抵挡风沙。	* 引导学生分析和交流。

四、实践性行动

基于以上的设计，《茎的秘密》一课的学习围绕三个子任务展开，下面节选了其中四个片段来具体分析学生的学习路径及行为表现。

(一) 案例片段一：《白色康乃馨的梦想》

教师：同学们一定见过各种颜色的康乃馨吧？谁能说说老师手中的这朵白色康乃馨有什么不同？

学生：它的颜色是白色的，不如其他颜色的康乃馨漂亮。

教师：是呀，这朵白色康乃馨觉得自己一身白色，没有其他的康乃馨漂亮，它有一个梦想，它很希望自己也拥有其他颜色的花瓣。小朋友帮它想想办法，大胆说出的你的想法，帮助白色康乃馨实现梦想！

通过“白色康乃馨的梦想”的驱动性问题，开启《茎的秘密》的科学探究活动，学生通过已有的生活经验和已有对植物根能够吸收水分的科学知识，发现与科学有关的问题，运用科学知识大胆交流，解决“如何让白色康乃馨拥有其他颜色的花瓣?”的方案。通过提出问题与作出假设解决实际问题，激发学生的探究兴趣，为下一步正式开展探究做准备。

（二）案例片段二:《探究茎输送水分的作用》

教师：昨天老师将几棵芹菜放进了滴有红色素的水中，请同学们猜一猜，浸泡了一夜的芹菜会有什么变化?

学生1：芹菜不放在水里第二天菜就蔫了，老师把芹菜放在水里，芹菜吸足了水分，还是很新鲜。

学生2：芹菜放在了红色的水中，我猜芹菜都变红色的了。

学生3：只有芹菜的根在红色的水中，我猜芹菜的根变成了红色，上节课我们知道了植物的根有吸收水分的作用。

教师：大家对浸泡在红色水中的芹菜变化进行了各种猜测，我们还是要对芹菜进行观察才能得出结论。仔细观察芹菜，看看有哪些变化?

学生1：芹菜长长的茎上有一丝丝的红色，从根部一直到茎的顶端都有。

学生2：芹菜的叶子上也出现了一丝一丝的红色，有几片菜叶变成了红色。

……

教师：大家都对芹菜的外表做了细致的观察，芹菜的内部也会有变化吗？请学生们使用放大镜观察芹菜茎的横切面和纵切面，看看有什么发现？并把你的发现记录在学习记录单上。

学生1：在芹菜茎的横切面上看到了很多红色的小点点，我猜这些小红点就是水杯里红色的水。

学生2：观察到芹菜茎的纵切面从底部到顶端有一条条红线。

学生3：我发现红色的水就是通过茎中这么多小细管的部分到

达芹菜的各个部分,所以茎里出现了很多的小红点和一条条红线。

通过本探究活动,学生从观察浸泡在红色液体中的芹菜外表变化,到利用简单的工具——放大镜进行茎内部变化的观察,了解茎的内部结构以及植物茎具有输送水分的作用。让学生有层次地进行观察、比较、记录、分析,从而发现茎的秘密。合理使用工具和观察记录是二年级学生要掌握的探究方法,知道借助工具有助于我们对事物的深入观察。用简单的文字、作图等记录探究过程和结果,在收集证据和处理信息的过程中,逐步养成尊重事实、用事实说话的意识。

(三) 案例片段三:《认识茎的支撑作用》

教师:请同学们观察不同植物的图片,比较一下有哪些相同之处和不同之处?

学生1:不同植物的茎的粗细、高矮都各不一样。

学生2:有些植物的茎虽然很细,像水稻、辣椒,但它们的茎能支撑起它们的果实。

教师:同学们发现有的植物的茎粗,有的细,有的高,有的矮,大家想一想,这些粗细不同高矮不同的茎怎样支撑起这棵植物的呢?

教师:老师准备了一些吸管,请同学们说说吸管和植物的哪个部分很像?

学生:植物的茎,通过刚才的观察,我们知道植物的茎是由很多一根根的细管组成的,水分和养分就是通过这些细管运输到植物各个部分的。

教师:说得真棒!请同学们试一试弯折一根吸管和弯折一把吸管有什么不同?

学生1:一根吸管很容易被折弯,而一把吸管就不易折弯。

学生2:我明白了,植物的茎就是有很多这样的小细管组成的,所以植物有了很强的支撑力,哪怕上面结了很多果实,茎也不太容易折断。

学生 3：茎比较细的植物，里面的细管比较少，它的支撑力会小，而有些植物的茎很粗壮，里面的细管数量很多，那它的支撑力一定很强。

教师为学生提供了不同植物的图片，引导学生通过比较、分类、归纳等方式感知植物茎的多样性，并促使其发现不同植物的茎都能够支撑植株。利用常见材料模拟植物茎的内部结构，体验、分析不同数量吸管的不同支撑力，探究植物茎的结构与其功能之间的相互联系，解释茎能支撑植物植株的原因。通过这个活动，学生学会科学观察的方式，以及用精练的语言进行准确的科学表达。

（四）案例片段四：《了解防风林》

教师：请同学思考一下，在十级大风中的一棵树会怎样？如果把树种成一排，又会有怎样的结果？

学生：如果是小树，一定被吹倒了，如果是大树，一定也被大风吹得东倒西歪。一排树，还是能被大风吹得东倒西歪。

教师：请观看视频，了解防风林。看完之后说说你的感受。

学生 1：原来成片种植树木能防风沙，防止水土流失。

学生 2：植物的根能牢牢固定在土里，茎能支撑树木，树木成林就不容易被大风吹倒了。

学生 3：植物还能净化空气，原来植物、树木对人类有这么大的作用，我们要保护植物。

……

借助《防风林》的视频，学生对已学习关于根、茎作用的知识点进行梳理及整合，对有效信息做收集整理，发现防风林能减小风力、防风沙等作用都与根、茎有着密切的联系。学生在观看视频和表达交流的过程中，体验运用学科知识分析、解决现实问题的价值和乐趣，感受植物以及防风林与人类生活的息息相关及对自然界具有的重要意义。使学生初步形成关心生态环境、保护生态环境的意识。

五、反思性发现

（一）学生的科学知识呈"点"状分布，缺乏知识点之间的迁移能力

由于低年级段学生的年龄特点，他们的认知呈点状，知识点与知识点之间的联系缺乏迁移能力，也对知识的理解容易停留在表面，较难灵活运用科学知识来解释现象。

学生在学习"植物根、茎、叶的作用"之前，已有一些关于植物的认知，能说出一些植物根、茎、叶等各部分的作用，但都是凌乱的、表层的、散点的认识，不能很好地将散点状的认知进行系统性关联，不能对表面出现变化的真正原因做合理的解释，不能将所看到的外表变化与学科知识点相联系，缺乏科学思维的深度和广度，科学探究意识不够强。

（二）科学探究技能薄弱，影响探究成效

自然学科的探究学习中，需要学生运用观察、比较、分类、分析、判断、归纳等方法进行探究得出结论，从而发展学生的学习能力、思维能力、实践能力和创新能力，这些能力是科学素养最核心的部分。而二年级的学生在观察事物、认识事物时，缺乏有序性、针对性、全面性。

如案例片段二中，学生对浸泡在红色水中芹菜变化的观察活动中，老师没有限定方法、角度等。在课堂活动中学生普遍能通过肉眼，对芹菜的茎、叶等表面部分呈现的变化进行细致的观察，能表述变化的特点，但对茎的内部变化缺乏探究意识。

观察植物茎的横切面、纵切面是二年级学生第一次接触观察物体内部结构的技能方法，也是本课的重难点之一。因此，需要老师通过直观、易懂的方式对横、纵切面进行定义，使学生感知在探究过程中可以运用不同的方法、工具来帮助学生对事物进行全面的认识，掌握多样的科学探究技能和方法，并加以规范。要让学生逐步掌握科学探究方法，也需要老师在过程中不断启发引导，学生在不断的实践中慢慢形成科学探究的技能

方法，逐步学会科学的、合理的探究学习。

（三）科学知识体系不完善，缺少对知识的系统把握能力

低年级的学生对科学知识的掌握，需要循序渐进的过程，通过对科学知识的积累，不断的叠加，逐步完善知识体系，在一堂课中亦是如此。自然课中的每个环节的探究，都具有关联性、递进性，每个知识点与知识点之间有着不可分割的联系。《认识茎的支撑作用》的探究活动环节，教材中只出现了一张“大树在台风中屹立不倒”的图片，并配有小结文字：植物的茎还具有支撑植物身体重量的作用。虽然前面的探究活动，学生对植物茎的内部结构有了初步的认识，但简单的一张图一句话，要让二年级学生去理解植物茎的支撑作用等科学知识有一定的难度。因此，老师在探究活动的设计上要做进一步的创新，探究活动要适合学生的经验和能力水平，为学生提供开放的、积极的思维空间，促进学生知识水平、理性思维和情感态度价值观的提升。

（四）生活经验不足，科学与生活联系感知不深

二年级学生的生活经验不丰富，对少量树木在大风中的情况有所感知，但对于防风林的认知较少，同时在日常生活中缺乏细心观察的习惯，对身边的现象缺乏主动进行深入研究的科学态度。

当老师提出：“一棵树在大风中会怎样？一排树在大风中又会怎样？”的问题时，学生对前一个问题能够给出较为统一的回答。而对后一个问题，学生的回答就存在不同的见解，一部分学生认为大风中的一棵树和一排树都会被吹得东倒西歪，没有很大的不同之处。也有部分学生认为两者是有差别的，但对两者存在差别的原因不能给出理解性的解释。由于学生生活经验不足，并不能将防风林的防风作用与本课所学的科学知识进行迁移，无法将科学知识与生活中的现象联系，较难找出关联之处。

六、批判性建构

在自然学科教学中，教师可以从设计符合二年级学生学习能力的教

学活动中，优化实验，利用资源等方面入手，为学生提供学习时间和学习空间。学生在自然课程的学习中，不断积累科学知识、掌握科学探究的过程和方法、树立正确的科学态度，培养学生尊重事实、乐于探究、与他人合作的精神，促进全面发展，从而达成科学素养的提高，体现自然学科的育人价值。

(一) 以科学知识积累为育人基础

1. 尊重"点状"认知，连"珠"成"串"

二年级学生的认知水平不足，元认知大多呈"点"状，知识与知识之间缺乏连接点。作为教师，应当尊重学生的元认知，并利用学生碎片化的认知做有机的加工和处理，让学生的知识串连在一起，同时生成新的认知。在课堂教学中要鼓励学生将自己的想法尽可能地表达出来，让教师能够了解学生的认知水平。通过教师的引导，配合科学探究活动，使学生在活动中能把散点状的知识联系起来，发现它们之间的连通性。

2. 运用模型结构，助科学知识的理解

在自然学科教学中，学生的科学思维与创新是不可忽视的关键能力，也是自然教学的育人价值所在。学生建立良好的科学思维，能够帮助他们更好地认识事物和理解科学知识。科学思维是指具有意识的人脑对科学事物(包括科学对象、科学现象、科学过程、科学事实等)的本质属性、内在规律性及事物间的相互联系和关系的间接和概括的反映。"科学思维和创新"主要包括模型结构、科学推理、科学论证、质疑创新等要素。其中"模型结构"是作为帮助学生认识新知的手段和思维方式，学生在对客观事物抽象和概括的基础上构建易于探究、能反映事物本质特征的方法。模型建构有助于学生感知事物的特点，加深对概念的理解，形成系统思维。

在案例片段三中，学生对植物的茎具有输送水分的作用和植物茎内部结构有初步了解的基础上，还要掌握植物茎还具有支撑植株作用的知识点，但对此知识点的认知存在一定的难度。教材中，以一张"大风中的树"的图片，以及"狂风吹来时，植物的茎可以起到什么作用?"的问题，按学生的元认知水平，很难将茎的内部结构与茎的作用相联系。

要突破这个教学难点，教师可以借助工具或材料，帮助学生进行科学知识点的理解，身边常见的材料——吸管，就起到了有效的作用。学生将吸管模拟植物茎里面的“细管”，通过模拟实验的比较，发现：只有一根吸管的条件下，吸管很容易被折弯，而一捆吸管就变得很结实，很难将一捆吸管折弯，能感知茎的内部有很多“细管”聚集在一起，可以增强植物的支撑性，不起眼的吸管能形象地解释“茎具有支撑作用”。教学中，运用模型结构，让抽象的知识点变得具象，有利于学生对科学知识的理解。课后还可以鼓励学生思考和尝试：还能利用哪些材料完成这个模拟实验？学生在动手又动脑的探究学习过程中，利用有结构的材料建立模型，不仅能帮助学生加深对科学知识的理解，还能使学生逐步形成科学思维和创新意识。

（二）以科学探究体验为育人途径

1. 鼓励质疑，促进学生科学探究的自主性

质疑，是培养学生创造性思维的方法之一。在课堂教学中，为学生创设情境营造学习氛围，让学生活跃思维，敢于质疑。

在《茎的秘密》一课开始，以充满童趣的“白色康乃馨的梦想”作为本课的热身，学生为白色康乃馨实现梦想设计方案：

学生 1：用水彩笔将花瓣涂上好看的颜色。

学生 2：把康乃馨花朵的部分浸泡在颜料里，进行染色。

学生 3：植物的根能吸收水分，把康乃馨浸泡在有颜色的水中，让它吸收有颜色的水分。

……

学生按照自己的想法给出了众多方案，在形形色色的方案中，有学生提出了质疑：老师准备的康乃馨没有根，怎么能吸收水分呢？可见，提出方案的学生已经掌握了植物的根有吸收水分的知识点，会将已有的知识进行运用。能质疑的学生有较强的学习能力和思维能力。同时，也给全班同学提出了新的探究问题：没有根的植物还能吸收水分吗？小小的质

疑点燃了全班同学对本课学习的热情。看似学生质疑提出的新问题与本课的探究点有些不同,但学生通过学习,对知识进行梳理,会发现两者有着密切的联系。质疑后的探究,学生会运用掌握的科学知识分析方案的可行性、合理性和科学性,学会运用所学的知识解决实际问题。可见,课堂中的主动质疑能让学生学会学习,促进学生的个性发展和思维发展。

2. 循序渐进,体验科学探究的过程与方法

对自然学科而言,科学的探究过程和方法是学科育人价值得到拓展和实现的关键环节。二年级学生的探究能力尚浅,无法依靠学生自身进行有效的探究,而且科学探究的过程和方法的掌握不是一蹴而就的,需要教师在探究活动中一步步地引导,学生才能感受科学探究过程的魅力,逐步掌握合理的方法,不断提高科学素养。

观察实验的过程既是认识的过程,也是学习和运用科学方法的过程。观察是科学探究方法中最为核心的技能之一,对事物做全面、深入、科学的观察,有助学生对事物形成更客观的认识。在案例片段二《对茎的作用》探究活动中,学生通过"提出问题—做出假设—收集证据—得出结论"的探究方式开展学习。以"浸泡在红色水中的芹菜会发生哪些变化?"作为本课探究的驱动性问题,学生首先对芹菜浸泡在红色水中之后发生的变化进行猜测。对于事物外表的观察,学生已有基本的探究能力,而对事物内部的观察和认识,缺乏认知。因此,需要教师积极引导学生对芹菜的内部做进一步的观察,对猜测进行证据的收集,用证据支撑自己的想法,再将观察到的芹菜外部、内部的变化相联系,分析芹菜发生变化的原因,得出结论。同样,在观察芹菜茎的横切面、纵切面活动中,学生对一个横切面或纵切面进行观察,所观察到的结果和得出的结论缺乏科学的严谨性,往往会以"点"概"面"。让学生从同一根芹菜茎上取不同位置的横截面,比较不同横截面中观察到的结果进行记录,比较相同与不同之处,发现茎的秘密。教师多为学生提供独特的观察视角,从多角度多维度的观察中,让学生经历梳理、分析、运用等探究过程,理解和掌握科学知识,使学生的科学探究变得更具科学性、严谨性,学生在科学探究中培养尊重事实、用事实说话的意识,树立正确的科学态度。

（三）以科学态度树立为育人宗旨

1. 参与课前准备，人人是课堂的主人

学生是课堂的主体，也是课堂的主人，学生应当更多地参与课堂以外的学习活动，并将课内外活动有机地结合，达到有效的学习目标。

在案例片段三，发现茎具有多样性的特点环节中，老师准备了若干张植物的图片，学生通过植物茎的特点进行分类。学生能按照老师的预设得出老师所要的答案，但学生的思维空间在很大程度上被限制，出现学生的思维过程被老师“牵着鼻子走”的现象。尝试将收集植物图片的任务交给学生，让学生在课前收集一张自己喜欢的植物的图片作为各组的学习资源。由于每个学生准备的植物图片各不相同，各组的分类结果和结论存在差异和争议，全班再通过对各组结论的交流和讨论，再得出最终的结论，这样能达到事半功倍的教学效果。一是学生人人都是参与者，此时学生会感受到自己是课堂主人，学习生长点被激发，有助于提高学生的学习兴趣，能使其从被动的学习转变为主动的学习。二是众人拾柴火焰高，学生有了更多的学习资源，在分类、比较、归纳的过程中，能够收集更多的证据，分析科学依据，获得共识，得出的结论更具有说服力，给予学生更多的思维空间和时间，有利于学生科学思维的发展，促进理性思维、批判思维能力的提高。

2. 回归生活本源，提升学生社会责任感

自然学科的学习要关注“人与自然和谐的意识”和“人类发展与自然的关系”，让学生从小确立人与自然和谐相处的意识，才能突显自然学科的育人价值。

《茎的秘密》一课，通过对植物各部分作用的认识，了解防风林对自然对人类的重要意义，建立学生的环保意识。在案例片段四中，学生在视频中收集到防风林的相关信息，并将本单元中所掌握的科学知识点运用和迁移，如根具有固定植株、吸收水分、养分的作用，茎具有支撑植株、输送水分、养分的作用，正是植物的各部分有着这些不同的作用，才能使防风林能抵挡住风沙，防止水土流失。同时，植物的叶能进行光合作用和蒸腾作用，这些作用能够净化空气等。

视频是一种学生输入信息的有效方式，但有部分学习能力弱的学生，不能理解防风林能防风沙的原理。在此拓展环节设计学生模拟防风林的小游戏，体验十人一排、五人一排与两人一排的抗外力的差别，帮助学生从感性理解转变成理性理解。同时，也让学生感受到集体的力量是无穷的。

通过这样的拓展活动，学生感知到植物对人们对自然界有着重要的作用，且与每个人的生活息息相关，引导学生从我做起，从小做起，争当护绿小卫士，让我们的家园更美丽，建立植树造林、保护树木的环保意识，形成正确的价值观和社会责任感。

从"教书"到"育人"，有着质的变化。将课堂教学作为学科教师"育人"的主阵地，以提高学生科学素养为目标，立足于学生的实际，积极调动学生的潜能。善于发现，善于挖掘，利用育人资源，充分发挥学科育人价值。

案例 6：劳技教学境脉化创设的思考

——以《尺寸标注》为例

上海市七宝中学　欧维嘉

促进学生发展，是学科教学的终极价值追求，也是课程与教学改革的价值支柱。从表面上看，学科育人的本质体现在促进学生学科素养的发展等功能上，但从实质上看，学科育人的本质是通过学科教育或教学来丰富学生作为人的社会本质、文化本质和精神本质，促进学生由作为自然生命的人向作为社会生命、精神生命的主体的转化。

一、理解性认识

技术是人类从需求出发，秉持一定的价值理念，运用各种物质及装置、工艺方法、知识技能与经验等，实现一定使用价值的创造性实践活动。劳动技术是指当代技术体系中较为基础、在日常生活中应用较为广泛、育人价值较为丰富并与专业技术相区别的技术，是学生适应社会生活、高等教育和职业发展所必需的技术。其所面对的真实世界，是自然世界与人工世界相统一的世界，是感性与理性共同把握的世界，是由学生的家庭生活、学校生活、社会生活所触及的自然与社会相融会的世界。马克思从技术的本质与人的本质的内在一致性出发，认为技术是人的本质力量的体现，技术在本质上体现了"人对自然的实践关系"。面向真实世界的劳动技术课程必然会助力学生的本质力量的真实呈现与真实发展。

劳动技术学科以立德树人为根本出发点，超越"工具主义"技术观念，整合"作为知识、行为、思维以及文化的技术"的思想，确立了科技与人文相统一的技术本质观。又从技术的基本知识、技能、思维、态度、经验积累以及人格熏陶等层面，挖掘技术教育对于学生程序性知识构建、实践能力培养、创造力发展与技术相关的社会性提升和良好人格建构等方面的独特价值。避免单一、机械的技能学习，强调技能的形成、思想方法的掌握、文化的领悟、人格的形成等有机统一和核心素养的养成。

（一）技术意识，表达之本

技术意识是对技术现象及技术问题的感知与体悟。技术既是人类发展的历史存在，是人类文明的重要组成部分，又是客观的社会存在，是当代社会无时不在、无处不在、无所不在的客观存在。意识是人脑对客观存在的能动反映。"没有技术和知识，你将无依无靠"，这生动表述了当代人对技术的依赖。基于此，当今学生应建立起适应以技术为主导的社会意识，包括对技术现象的存在感、技术发展的历史感、技术使用的道德感、技术评价的价值感、技术问题的敏锐性，对技术的目的性、实践性、规范性、双面性、综合性、专利性等方面的基本认知，对常用技术及产品的性能、结构、材料、工艺、安全可靠性、生命周期等能够做出严谨的评价、科学的选择、适当的应用和明智的决策，以及具备基于一定技术与技能基础上的亲近情感、理性态度和伦理精神等。

（二）图样表达，沟通媒介

图样表达是运用图形样式对意念中或客观存在的技术对象进行可视

化地描述和交流。图样是一种重要的技术语言，是根据投影原理、标准或有关规定，表达意念中技术对象的图形样式。在技术实践活动中，设计者通过图样表达设计对象和交流创意，制作者通过图样来了解设计要求和制作对象，使用者通过图样了解技术产品的结构和性能，进而进行操作、维修和保养。图样成为沟通技术创造者、使用者、管理者、评价者的社会媒介。

海德格尔曾认为我们生活在"世界图景"时代。这是指，世界已经成为技术科学理性的、系统化的、可再现的客体。从充斥街头的各种各样的广告，到公路沿边的各种图标，再到诸如汽车、飞机上的各种图示，以及建筑工地中种类繁多的图纸，图样语言已经与我们相伴并成为我们生活的组成部分，识读图样也成了适应生活的基本技能。

教师在课堂中需要引导学生体会技术语言的重要性，形成常见技术图样的识读与绘制能力，提高学生利用图样装配家用产品的能力，规范绘图和对日常生活图样的社会适应性。学生能依据草图、三视图、线路图、效果图、模型等，把自己的意念、想法转换成相应的图样，能在二维和三维图样的识读与技术表达中，实现有形与无形、抽象与具象的思维转换，与同学、老师、家长及社区成员交流创意和技术解决方案。

人的学习是在具体的境脉与情境之中产生的。境脉，是指上下文、语境、文脉或指"人或事存在于其中的各种有关的情况"、来龙去脉、背景、环境等。"境脉"一词是一个动态的概念，应用在不同的领域中，所表征的内容也是不同的。衍生到教学中，主题情境即为"境"，教学主线视为"脉"，"境脉"即创设一个主题情境作为教学脉络并贯穿首尾、前后呼应。基于学习者的主体性参与和学习者之间能动的交互作用的学习，它不是单纯地记忆知识的学习，而是能够运用已掌握的素质与能力活跃地应对种种问题并富有真实感支撑的学习。所谓的"学习"是指学习者作为当事者"参与"知识得以现实地起作用的真实的社会实践之中的活动。

"境脉化"的劳动技术课堂，需要以特定的教学目标为导向，设计能突出学生主体性、激发学生学习兴趣、具有动态生成空间又一脉相承的教学情境，从情境中衍生问题与任务，以问题的解决和任务的完成来实现对相关基本知识与技能的落实，提升学生的学科素养与能力。

二、解构性定位

(一) 核心素养理念下的学习方式变革

基于学科核心素养的学科育人，不再是书本知识的再生产，而是运用既有知识准确地拓展，进而把知识运用于新的情境中。于教师而言，仅仅让学生“知道什么”是不值得称赞的，学会“如何在现实世界中应用知识、怎样去求得适应”才是育人目标。

《普通高中通用技术课程标准(2017版2020年修订)》[①]中强调基于“大项目”“大概念”“大综合”的课程组织，而教学实施应以“面向真实世界的技术教育”为核心教育理念，坚持在“做真、做实”的基础上，“做精、做活”普通高中通用技术课程，为每个学生适应以技术发展为主导的未来社会、创造美好生活奠定坚实的基础。技术学科本质决定了通用技术课程的活动不来空的、虚的、假的，其活动对象是来源于真实世界、服务于真实世界的。通用技术课程是具有高度实践性与创造性的课程，学生只有经历真实的学习过程，才可能具有真实的技术体验、形成真实的技术素养。课程实施主题的确定、项目的设计、内容的选择都应结合国家课程标准和课程目标，因地制宜地从真实世界中完成。课程实施还应注重让学生承担真实的技术任务，经历真实的学习过程，以便通用技术课程在课堂真实地发生。

(二) 真实性学习境脉的创设

传统教学最大的问题就是“去境脉化”，即为了容易教授、容易考量，将真实世界作了简单化、碎片化的处理。但是劳技学科书本背后是纷繁复杂的现实世界，如果教学中不呈现复杂性，那么等到学生走出象牙塔后，就无法适应来自现实世界那耀眼的光芒，面对这个世界上形形色色的

① 中华人民共和国教育部. 普通高中通用技术课程标准(2017版2020年修订)[S], http://www.moe.gov.cn/srcsite/A26/s8001/202006/t20200603_462199.html, 2020-05-13。

问题一筹莫展，一切都要重新学。境脉化学习习得的是活化的知识，而去境脉化的学习习得的只是机械知识。两者之间的对比如下：

表 3-3-13　境脉化学习与去境脉化学习比较

	境脉化学习	去境脉化学习
问题情境	结合具体情境提出或界定问题	跳过这些环节，由教师代为完成
习得的内容	需要习得的是高位的概念或大观念，追求更深层次的理解，反映了专家思维方式，具有很强的迁移性	专家已得出的结论，或者是一些策略方法，但到现实生活千变万化的情境中，无论是结论还是策略方法常常是失效的
合作学习	在他人协同和合作中学习	通常是个人行为

因此，境脉化的学习更强调对话型教学，由教师引导围绕真实性问题解决的讨论，着眼于问题解决而展开的讨论，讨论不拘泥于形式，更为自由。

"尺寸标注"是高一年级上半学期"设计表达"章节中的一个教学内容，学科课程标准中对于"设计图形的表达方法"的学习要求是"学会选用合适的技术图样正确地表达设计的构思""利用手工绘图工具绘制简单的三视图，用恰当的技术语言与他人交流设计思想与成果""初步学会文字、尺寸的标注"等内容。

本学期创设的情境主题是"手机支架"的设计，在这一载体的基础之上，旨在引领学生通过学习并利用不同的图形表达方式来呈现各组学生的设计创意作品，学生通过该技术项目为载体的学习，经历技术活动的全过程，获得技术知识与操作技能，建立技术规范，掌握技术问题的解决方法，提高技术素养，形成正确的劳动价值观及良好的劳动品质，以期达到劳动技术学科的育人目标与价值。

（三）学生学情的定位

高一年级的学生已经掌握了三视图的投影规律，初步学会了三视图的绘制。通过对课堂学习过程及作品成果的观察，在所教的 13 个班级中，大多数的学生能够掌握三视图的绘制方法并利用三视图来表达一些自己的设计与想法。班与班之间并未出现明显的差异化，但同一班级中学生之间的差异性还是较为明显，具体表现在实际物体通过投影规律变为平面图形时的布局错位以及单幅视图表达的完整性与准确度等方面，学生个体之间对于物体在多维度的立体空间与一维平面间的知识构建与解读的快慢造成了这些差异的出现。通过尺寸标注一课中具体数值的介入，定量化地对平面图形进行描述，能够消减该认知的差异度。学生对利用图样进行科学、规范的表达有了一定的认知，提升较强的逻辑思辨与实践动手能力。

与此同时，高一年级的学生逐渐开始对知识所包含的内在价值会有一定的思考，经常会萌生“学这个有什么用”的质疑。促使教师在整体单元设计中以真实事件为背景，链接生活境脉，激发学习内需力。

三、指向性设计

在大项目的背景下，本学期创设的学习主题是“手机支架”的设计。在这一载体主线的引领下，旨在通过学习并利用不同的图形表达方式来呈现各组学生的设计创意作品。学生通过该技术项目为载体的学习，经历技术活动的全过程，获得技术知识与操作技能，建立技术规范，掌握技术问题的解决方法，提高技术素养，形成正确的劳动价值观及良好的劳动品质，以期达到劳动技术学科的育人目标与价值。

（一）学习目标分析

在这一学习过程中，学生想要完成“手机支架”的设计，所需要习得的知识与技能有“设计的一般过程、三视图、尺寸标注、图样”等。在学期之初，学生自由分组后，以“团队合伙人”的身份明确了设计的主题，继而在每堂课中学习生成用于表达“手机支架”的多元知识，体验如何去设计。“尺寸标注”一课便是整个境脉化学习中起承接作用的一课。

本节课教学的学习目标为：

1. 通过对简单图形尺寸进行表达的过程，知道尺寸由尺寸数字、尺寸线、尺寸界线及终端箭头组成；

2. 结合对矩形、圆形及球体等不同图形的图示与讲解，了解尺寸标注的一般方法与注意事项；

3. 借助对组合体的标注练习，了解尺寸标注的基本规定；

4. 通过挑战任务，对问题进行自我反思并修正，归纳并揭示尺寸可分为定形尺寸与定位尺寸；

通过真实问题的解决，理解技术规范的作用，体会视图表达完整与准确的意义，习得技术问题解决的基本方法。通过对尺寸组成与标注的基本规定的了解，提高学生对技术规范、标准的理解与主动适应，形成良好的技术责任意识。在对三视图尺寸标注的探索中，训练学生思维的严密性，提升学生的逻辑思维能力，感悟技术的普遍性与重要性。在尺寸标注的实践过程中，懂得欣赏自己和他人作品，乐于交流与分享，感受愉悦。

（二）学习内容重组

本节课的内容是三视图的尺寸标注，包括了尺寸标注的基本规定、尺寸的组成以及尺寸标注实例三部分的内容。尺寸标注是第一次出现在学生的面前，本课的首要任务是引导学生了解尺寸标注的规范，在学会进行相应的图样表达的同时实现学科德育的渗透，让学生能够对技术与规范的关系有初步的认识与理解，为实体设计表达的学习做好铺垫。

因此，根据课程标准的要求，对教材的知识进行梳理，对教学内容进行提取重组，让学生从尺寸的作用与组成入手，以上一堂课的三视图作业为载体，熟悉了解尺寸标注一般方法，在思维训练的强度和深度上梯级上升。从单一视图到整幅三视图的实践，体验尺寸标注的具体规定，并引导学生归纳尺寸的分类，帮助学生通过实践操作、体验技术与规范之间的关系，培养学生的技术意识与图样表达，满足学生成长发展的需要。

四、实践性行动

随着时间的推移，主题认知的淡化与所学内容的表象关联度逐渐变得不那么紧密时，学生对单一课堂的学习目标与学期所要达成的"手机支架"设计表达的目的开始变得模糊不清。教师的课堂讲授也开始回归到了机械式的教授过程中。为了避免这一内卷退化的现象出现，在《尺寸标注》一课中不再以书本中的动手实践案例为情境载体，创设真实经验境脉。藉由学校工程改造项目中国旗旗杆基座的改造设计这一真实问题作为课堂教学的支线任务，让学生变身为一名土木工程师，经历从改造任务订单的确认，设计样稿修改到具体尺寸参数的确定等各个环节，在真实的支线脉络下进行学习。

（一）片段一：尺寸的初认知

教师：前几天我们学校在工程建设项目中发生了一个小插曲，想和各位同学分享下，也请在座的设计师团队一起帮忙出谋划策。学校想更换现有国旗旗杆的基座，设计方有物色到一块大理石。为了保证原石的整体美观性，需要在现场完成切割后再运输到我校，因施工工期的原因，设计师无法赶到现场，该如何解决？

学生：老师，如果不能亲自前往，通过视频电话或者出一份三视图给对方就解决啦。

教师：其他团队也是这么想的，而且他们快速完成了那份三视图图纸，现在请我们在座的设计团队在发送前做下审核。

（学生依据拿到的图纸初稿进行讨论）

学生：老师，依据三视图的投影规律，这图画得没有问题。可是没有具体尺寸，需要做出说明，不然没法切割的吧。

教师：那就拜托各位设计师帮忙补全这份尺寸说明。

……

在这一环节中，学生不再游离在课堂之外，基于对身边所发生事件的好奇心理，学生自发并快速地进入预设的角色中进行思考，尝试以一名工程师的视角来审视自己所面对的问题，理解尺寸标注这一技术规范在实际问题解决中的意义与适用情境，并基于自己本节课的知识学习与原有认知结构基础提出对应的解决方案，体验根据技术规范补全尺寸说明的过程。

(二)片段二:技术的规范性

教师:各团队分别完成了旗杆基座的尺寸说明,在发送给现场施工人员之前有必要进行审核确认。我们相互交换下各自的图纸,看看是否都能看懂你面前的图纸呢?

学生1:我们拿到的图纸缺了2个尺寸。

学生2:他们图纸上圆的表示和我们的不一样。而且单位用的是cm,和我们的也不一样。

学生3:他们和我们的基本一样,就比我们少了些箭头。

教师:看来大家在审核过程中,都发现了不少的问题。在解答之前,想请教下大家,你们审核的依据是什么呢?

学生:这个好像没有,我没看懂就是标准吧。

教师:为了便于沟通交流,任何技术都有其规范性与标准,有国家标准也有国际标准。尺寸标注也不例外,让我们一起了解下如何规范地进行尺寸标注吧。

……

在这一环节中,学生沿着确定基座尺寸参数这一"脉"导向之下,将先前所学的基础知识运用于真实的"境"的过程中,遭遇了"尺寸杂乱不统一、读识不清晰"等新问题的出现,由此引发学生对尺寸标注规范性的讨论、思考与共鸣,继而生成尺寸标注的规范认知。在进一步深化对尺寸标注知识学习的基础上,培养基于技术规范对尺寸标注的材料进行判断的能力,以及对存在问题的材料进行修订、纠正的能力。

五、反思性发现

回顾本节课的教学过程,围绕《尺寸标注》,对学习内容进行了深入拓展,创设了真实情境来串联、优化教学流程,整合了多种教学资源,设计了多样化的活动促进学生学习。

从教学内容确定看，这节课的侧重点不仅在尺寸标注内容的学习与理解上，更在于让学生综合运用知识探索生活化问题的过程，让学生去体验设计表达的方法与过程，同时感悟技术与图样表达的魅力。

从教学环节设计看，本节课由情境创设、问题出现、探索之旅、深度思考等环节组成，学生步入真实旗杆基座的具体参数设计的“境”域中，沿着“在哪标注”、“怎样标注”及“如何标注”的足迹之“脉”，以一位新手工程师的视角参与设计方案的创作。在解决真实问题的过程中完成了尺寸认知与标注方法等基础知识的生成，但又不仅仅停留在基础知识的习得上，将知识转换为工具去完成更进一步的应用与探索，形成了“境”与“脉”互融的教学过程。

从课程资源整合看，本节课一改之前仅停留在课本内容介绍的低阶构建上，充分利用活化的“社会”资源，将职业认知与劳技学科的内容有机整合，使得教学内容丰富而跨界。让学生在对基础知识学习固化的同时，提高对知识的生成与综合运用的能力，引导学生体验质疑与反思的过程，很好地通过课堂活动培养学生的学科思维与素养。

从教学方法运用看，将教学内容转化为若干个情境问题，这些问题形成了既有递进性、又有系统性的脉络，并让学生通过代入、思考、观察和分析等多种活动方式获得问题的答案，有效地培养了学生的学习能力和学科思维素养。

六、批判性构建

(一) 基于学情，构建有意义的学习

学生对世界最直接的认识表现为两种形态：内与外。一个是内部世界的“我”，一个是外部世界的“你”，“我与你”组成一个有形的对象世界。世界的本质是关系，从教与学的意义思考，关系世界除了“我与它”，还有“你与它”“他与它”“它与它”彼此关联产生的关系世界。学习领域的研究关注自主的、能动的、建构的学习文化，这种新型学习方式，把学习定义为意义与关系的建构：一是建构学习对象与自我的关系，二是建构已知与

未知的关系，三是建构社会性与政治性的人际关系，四是建构自身内部的伦理关系。

基于以上认识，把"境"对应"对象世界"，指向内部世界与外部世界，把"脉"对应"关系世界"。"内部世界"与"外部世界"构成"境"，一个错综复杂又彼此关联的"关系世界"就是"脉"，当内部世界与外部世界产生关联，就形成了有意义的学习。基于"境脉"的学习，本质上是学生内部世界与外部世界建立相关联系，从而建构自己新的知识结构。结构是由关系来刻画的，整体理解知识间的关系是基于"境脉学习"的核心。当内外世界与第三世界——关系融在一起，建立脉络，就形成了新的建构意义的学习。

（二）立足课堂，深化学科育人价值

在面向真实世界的劳动技术课程实施中，学生不仅是一名社会的消费者，而且是一名社会的生产者。真实的情境与问题、真实的任务与过程，必然造就真实的成果。面向真实世界的通用技术课程强调学生的成果具有实用价值，主张学生的成果具有实用性。以往传统教学中，学生设计与制作的许多作品，其最终的归宿往往是学校的某个橱窗里，处于观赏状态。而随着"面向真实世界的劳动技术课程"实施理念的深入探索与实践，高中阶段学生所设计的作品将会纷纷出现在学生的家中、商场的橱窗里甚至是布展台中，回到了真实世界的各个真实情境，发挥着真实成果的真实功能。就如本学期的"手机支架"设计主题，学生在下半学期的学习过程中体验各种制造工艺与方法将各自团队设计的手机支架实物化，成为自己家里的日用品之一，或者作为馈赠好友亲朋的私人定制礼品。

劳动技术是以技术的设计学习、操作学习为特征的实践性课程，它有助于学生打开创新的翅膀，帮助学生发展面向真实世界的创造能力，培育和践行严谨细致、精益求精、追求卓越的工匠精神，让学生由简单的"动手做"走向有理念、有实践、有创新的"动脑做"。面向真实世界的劳动技术不是"就知识谈知识、就技能谈技能"，而是建构了有关真实世界的技术基础知识、基本技能、基本思想、基本经验、基础人格等学科价值结构，使学生学习的科学世界与真实世界不再分离。通过学习，学生"学中做、做中学、做中悟”，不仅在技术知识的学习、技术技能的习得、技术方法的运用等方面实现有形的转变，而且在技术经验的积累、技能的迁移、方法的融合、思维的发展、文化的感悟、情感态度价值观的积极建构等方面实现了无形的提升。

第四章

学科育人的逻辑梳理和发展思考

随着教育改革的深入推进，随着中国特色高质量教育体系建设要求的明晰，基础教育各学科如何聚焦“立德树人”的根本任务，从“育分”转向“育人”，已从理论探讨走向教育现实。新时代做好学科育人，需要从理论与实践、基础与发展等角度进行进一步探索和实践，以让所有的老师“会育人、育好了人”，让所有的学科“好育人、育成了人”。本章基于前期的调查研究、实践探索等，从“学科、教师、学生、条件、活动”等之间的关系出发，进一步探析学科育人的落实办法和发展要求。

第一节　学科育人的学术之思与实践之困

一、潜在育人价值：学科与学生

学科是人类对世界（自然世界、人文世界、社会世界）某个领域认知的阶段性结果，并以知识、方法、观念、思想等方式存在。它呈现的是整体的、领域的、阶段的、系统的经验和智慧。每个学科既是人类文化经验的积淀，也是人类在某个领域发展的结晶。

教育“从一定的价值立场和价值需要出发，对人类已经获得的知识进行筛选、传播和分配，从而促进人类知识的积累和发展，促进青少年个体认识能力和实践能力的提高"[①]。从促进人的发展角度看,学科教育既蕴含着通识性的发展价值,也蕴含着独特性的育人价值。例如科学领域学科教育的目的可以笼统地概括为:传播科学知识,训练科学方法,培养科学态度,理解科学活动,以便人们更好地认识自然、理解自然、利用自然、保护自然,以期建立一种良性与和谐的人与自然关系[②]。人文领域学科教育的目的则在于:唤醒和引导潜藏在学生身上的"人文需要",向他们传递一定的"人文知识",培养他们对自己、他人以及环境的"人文理解"与"人文关怀"意识和能力,促使他们树立高尚的"人文理想"和"人文信念"[③]。基础教育的每个学科都对学生的观念形成、能力养成、品格塑造、文化习得、立德立志等具有不可替代的涵养和促进价值。

基础教育是分学科教育为主的教育体制。基础教育要为学生终身发展奠定基础,关键是要把学科"潜在育人价值"真正落到"人"的身上并变成人发展的现实,让学科教育为人的终身发展服务、为国家的人才培养服务、为社会的持续发展服务。学科育人即要以学科知识体系为载体、以学科文化价值为基础、以独特育人价值为主体,在学科中解决"培养什么人、怎么培养人、为谁培养人"的问题。在此过程中,教师既要进行学科教学与指导,还要融合人格示范与引导,带领学生逐渐能够"立大志,明大德,成大才,担大任"。

学科是一种理性存在、历史存在、文化存在、社会存在,要让学科具有育人功能,其逻辑起点是构筑学生生命成长与学科之间的生动关联[④]。所以,要做好学科育人,首先要认识到学科存在的价值及其与人的发展关系,这是前提和基础。

1. 学科可以让学生更客观地感知世界

学科是对世界的阶段反映,其存在具有一定的客观性、真实性和发展性。它不是世界原来的拥有物,是随着世界的发展生成的,并成为世界的一个组成部分,其内容具有一定的境域性、价值性和思想性。其积累的经

---

① 石中英著.知识转型与教育改革[M].北京:教育科学出版社,2001:8。
② 石中英著.知识转型与教育改革[M].北京:教育科学出版社,2001:300。
③ 石中英著.知识转型与教育改革[M].北京:教育科学出版社,2001:311。
④ 郭元祥.论学科育人的逻辑起点、内在条件与实践诉求[J].教育研究,2020(4):4—15。

验和成果推动着世界的持续发展。学科教育虽与学科不完全相同，但它来源于学科，包括了这一学科基础性学科语言（符号、概念等）、学科原理（规则、原理、规律）、学科方法（实践的方法、思维的方法）、学科思想（精神、本质、理想）等。它们与学科同源、同质。学生一旦与它们相遇，会渐渐学会从经验视角到专业视角、从个人视角到公众视角认知世界。

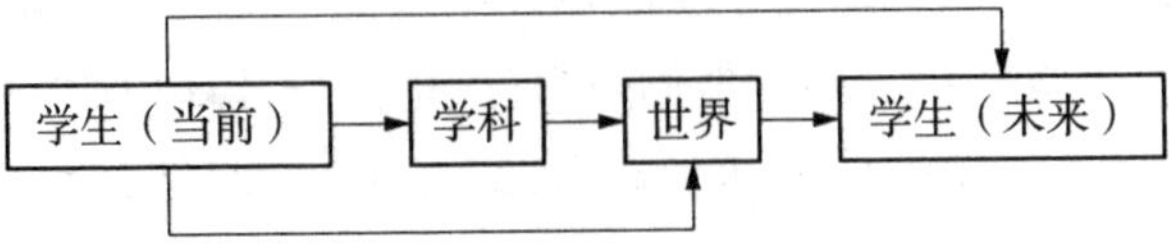

图 4－1－1　发展视角的学科与学生关系

学科可能给予学生"文化的视角、科学的方法、专业的知识、发展的方向"等。学科教育可以让学生更好地走进这个世界、更好地认知这个世界，从而促进其未来更好地参与发展这个世界。

2. 学科可以让学生更全面地认识自我

所有学科都是人类认知的阶段产物，其发展过程中凝聚了"人"的智慧和汗水，都是"人"不断突破自我认知局限获得的。所以，每一个学科既反映了"人"的创造结果，也彰显了"人"的发展能力。学科间的协同，既说明了世界是什么，也阐释了人是怎样的。学科的发展过程、结果、思想、方法等丰富了学生对"人"的认知，这必然会促进学生改变对"自我"的认知。不同的学科引导学生从不同的维度和倾向来认识自我——作为自然态的我、作为生命体的我、作为国家一分子的我、作为家庭成员的我、作为社会参与的我、作为情感承载的我、作为时空存在的我、作为文化表达的我……

人的成长过程，就是努力让自己成为更好的自己。人是自己成长的主体，它既是一个顺其自然的过程，也是一个主动发展的过程。学科让学生既可以认识到自己的过去和未来，也可以认识到自己的所长和所短，还可以认识到自己的潜能和责任。学科教育引导学生与过去握手，与未来相遇；不断超越自我、提升生命质量。

3. 学科可以让学生更科学地参与生活

学科世界里既描写了人类从懵懂到智慧的成长过程，也呈现了世界从原始到文明的蜕变过程。不管是结果还是过程，不管是技术方法还是思想观念，学科都蕴含了“让生活更美好”的目标追求。不同学科对生活的参与角度、作用方法等是不同的。无论是物质的还是精神的，自然的还是社会的，微观的还是宏观的，抽象的还是具体的，直接的还是间接的，复杂的还是简单的……这些成果和成效最后都能凝聚到当前具体的生活中。学生可以从生活境遇中找到它们的存在，发现学科在生活中的表达表现、应用办法、发展方向等。

学科不是独立于生活而存在的，学科教育也不是外在于学生的生活世界而实施的。学科可以让学生“或点状、或系统，或发现、或创造，或体验、或改造，或简单、或复杂，或短暂、或持续”地参与生活，并使生活经验从量变到质变、从个别到整体逐步升华。

二、育人现实困难：教师与学生

学科育人，知易行难。这不仅是因为育人对象的复杂性、群组性、差异性等特征，还因受应试教育影响导致的教师优势经验与学科育人要求的差异性。教师是落实学科育人的关键。教师的学科观、学生观、教学观及其教师的决策力、设计力、行动力直接影响着育人实效。

1. 教师擅长研究学科知识的系统，更需擅长研究真实存在的学生

在分科教育体制下，教师的角色和责任跟学科、学段紧密相连。学科教师的职责就是立足学科、完成教书育人的任务。学科教师间相比，其显著性差异不是学生的不同，而是学科的不同。学科教师对本学科课程中知识系统地把握、理解和应用是学科教师的关键能力，是学科教师专业素养的重要组成部分。知识的关系、难度、广度，各知识在教学、评价等不同环节的表现和应用办法等，成为学科教师日常研究的主体。

知识作为公共的、客观的存在，学科教师要让学生与学科知识相遇。“相遇”的办法不是一成不变的，需要根据学生经验、基础、需求、性格等进行精心设计和研究。学生在学科学习过程中，是个体经验走进公共知识的过程，是个人意识走进群体思想的过程，是混沌经验走进系统结构的过程。在此过程中，学科更为强势、更为完整、更为高阶、更为权威。而且，

"传统的学科割断了两个联系：一是抽象的书本知识与人的生活世界的丰富复杂联系；二是抽象的书本知识与人发现问题、解决问题、形成知识过程的丰富复杂联系"[①]。这导致过去在"现实的教学活动大多只是把学生投入到知识的海洋里，而不是把知识引入学生的生命世界"[②]。学科育人导向下，需要教师、课程、资源等将强势的、完整的、高阶的、权威的学科变为能够促进学生理解的、融通的、发展的、生成的价值载体，从而实现人的发展，完成"立德树人"。

学科育人的有效性与有限性是相生相伴的，只有找到了本学科育人的边界所在，才可能在边界内寻找到有效的教学方法[③]。教育的本质不止于知识的获得，更在于德性的引领；德性引领，才是学科育人的行动路径，才是"立德树人"的实然之举[④]。教学需要超越把知识仅仅作为学习的对象、作为孤立于社会和文化之外的符号来占有，追求知识对学生的成长意义[⑤]。学科教师不仅要研究学科和学科知识，更要研究真实而非抽象的学生，这样才能真正立足学科本体，把握育人边界，建立学科与人的紧密关系，把对知识系统的研究所长转化为育人所长。

2. 教师擅长研究学科教材的结构，更需擅长研究学生成长的规律

学科教材（或教科书）是根据国家课程方案和学科课程标准编写的供学科教师使用的教学用书。学科教材是学科课程标准的具体化、系统化表征，它体现了课程内容、课程难度、教学进程等课程核心要素及其相互关系，并对教学方式、教学资源、教学场景等做出了建议。在一定程度上，学科教材具有"法"的规定性。学科教材是学科教师履行学科教育任务的主要依据和核心资源。对学科教材的理解、解读和挖掘，进而对其进行应用、落实和创生，是学科教师的重要任务。由此，学科教师渐渐成为学科教材的研究专家。

当前，学科教材依然是以纸质为主的、静态的文本性表达。一般来

---

① 叶澜. 重建课堂教学价值观[J]. 教育研究，2002(5)：3—7，16。
② 郭元祥. 论学科育人的逻辑起点、内在条件与实践诉求[J]. 教育研究，2020(4)：4—15。
③ 周彬. 论回归立德树人的课堂教学建构[J]. 中国教育学刊，2020(4)：48—53。
④ 屠晓东. 德性引领：学科育人的行动路径[J]. 上海教育科研，2020(8)：60—63。
⑤ 郭元祥. 论学科育人的逻辑起点、内在条件与实践诉求[J]. 教育研究，2020(4)：4—15。

说，学科教材是以抽象的学生为假设对象，按照国家相关规定，由一批专家合作编写而成的。其遵循的是部分学生的学习进程和需求，但更侧重“教”的标准和要求。所以，教材的结构并不是人的学习发生结构，更不是人的生命成长结构。要把静态的教材文本转化为动态的教学行为，要把教材蕴含的潜在育人目标转化为具体的现实性育人目标，需要关注人的心理、精神、经验，需要研究人的变化、发展和成长。

学科教师要从教材解读者变为真正的教材使用者，要把教材从教学依据转为育人载体，关键是对学生成长规律的理解、尊重和把握。基于对学科与学生关系的研究，从教材中挖掘出育人价值，探求到育人依据，寻找到育人载体，规划好育人进程；基于学生成长规律的研究，把潜在的育人价值、显性的育人载体转化为具体、持续的、有效的育人活动。学科教师既要擅长研究学科课程标准和教材，更要擅长研究学生的成长和变化，两者相结合，把“教”转为“学”，把“文本”转为“活动”。

3. 教师擅长研究学业质量的差异，更需擅长研究学生生命的特性

教、学、评是学科教育的核心环节。长期以来，为持续提升学科教育教学质量，教师以“学业质量”为抓手，通过不同阶段、不同难度、不同形式、不同范围的学业质量测试来诊断、评估、预测教与学的发展情况，基于此，对教学进行及时性、阶段性总结、反思和改进。以“评”促“教”，以“教”促“学”。但因学业质量评价标准的模糊、常模的缺失等原因，学业质量更侧重“差异性”分析。由此，个别与个别、班级与班级、学校与学校的差异成为学业质量分析的主要维度。进而如何抬高底部、提升均值、缩小差距，成为教师研究的重要目标。与此关联的学业质量测评的载体、工具、抓手、模型以及相关的管理办法等都成为教师关注的重点，如课堂内外的作业设计、各类纸笔测试工具的开发、分析反馈的制度、学科教研的制度等。

不可否认，高的学科学业质量是学科教师的重要职责。但是，学业质量不是学科教师的全部职责，更非最终职责。学科教师更应关注学科育人质量的高低。不能把育人质量从学生的生命成长质量窄化为学业质量，再由学业质量窄化为学业水平，再由学业水平窄化为考试分数。

无论是测评还是教学，都是按照国家相关要求，以学科为载体，为了

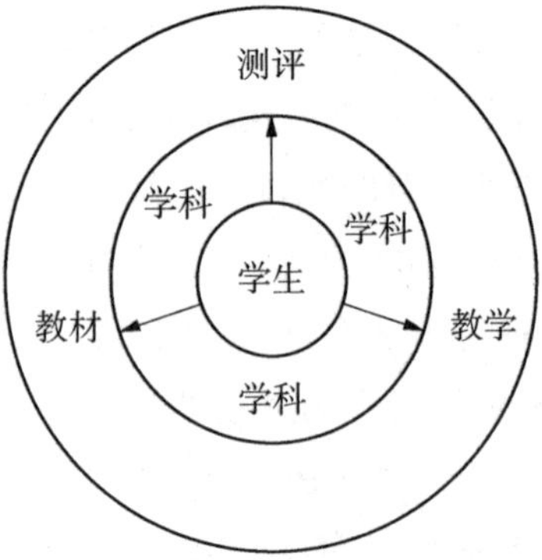

图 4-1-2　学科教育行动中的部分关系示意图

学生生命质量的提高而开展的教育活动。学业质量的差异视角要转化为"尊重每一个学生的生命特征、助推每一个学生的生命发展"。在当前依然以"班级"为主要教育单位的背景下，教师要在教学、测评等过程中，聚焦学生生命成长，挖掘关键因素，从相对差异探析走向个性特征探究，从标准化建设走向适性发展。学科教师要转变观念、优化行为，要让学科教育不仅有质量，更要有温度，多方协同、逐渐走向全方位育人。

第二节　学科育人的实践经验与发展取向

一、学科育人的实践路径

学科育人不是点状的渗透，需要整体性思考、结构化设计、系统性实施。学科的知识、观念和思维是学科学习的重要内容，但它们不是学科教学目标本身，而是达成育人目标的载体①。学科育人伴随学科教学全过程，是学科教育的核心任务。所有学科的育人总目标就是培养德智体美劳全面发展的社会主义建设者和接班人。每个学科立足本学科属性和特

① 束婷婷、陈佑清. 培养"专业人"或"普通人"——两种不同取向的学科育人目标分析[J]. 教育学报，2021(3)：75—84。

征，开展基于学科、高于学科的育人实践。

1. 学科育人的基本结构

学科育人是"立德树人"的学科化要求，即以学科为载体落实"立德树人"，突出各学科对人发展的独特价值。课堂教学是落实学科育人的主渠道。为此，教师要按照立德树人的要求、根据学科课程标准规定，定位育人方向，明确育人目标；基于学科教材基本结构和教学内容属性，挖掘具体育人价值；根据育人环境和条件，探寻各类育人载体；立足学生经历和经验，设计具体育人活动；整合多类资源，开展丰富有效的育人实践；着眼学生发展和教学改进，评价学科育人实效；聚焦人的生命成长，持续推进学科育人。

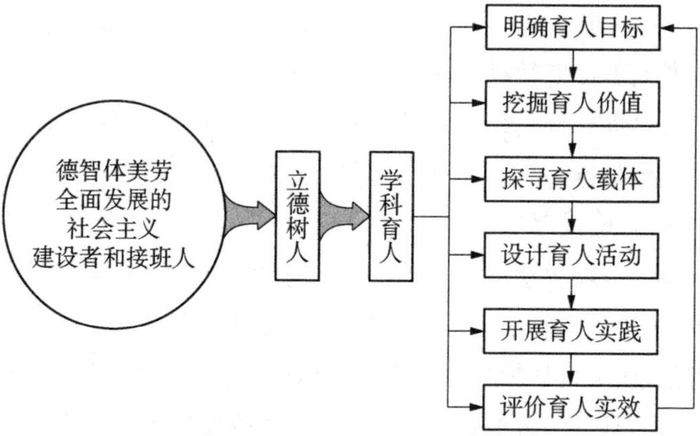

图 4-2-1　学科育人结构示意图

其中，学科育人目标与三维目标、学科核心素养、学生发展核心素养、学科德育不是矛盾的，更不是另外架构一个学科教育教学系统。它们是不同视角、不同维度的不同表达形式，是相融相生的。学科育人更强调回归教育本源，更聚焦"人的发展"与"人才培养"角度设计和实施学科教育。

2. 学科育人的实践办法

学科育人的关键是把学科知识、学科方法、学科精神和学科思想等通过学生能真正体验和经历的过程让其从简单习得到灵活应用和综合创新。通过教师的设计和指导，让学生的"点状学习"变成其"持续发展"的过程，让学生的"知识、技能、方法的学习"成为其"观念形成、能力养成、品格塑造"的过程,进而促使其能立足社会、基于专业、面向未来,"明大德,立大志"。

(1) 实现两个转变

学科育人不仅需要学生立足学科,将学科知识、技能、经验和思想变为与自己有紧密关联、重要意义的学习对象,进而形成学生能够理解、应用和创造的知识、技能、经验和思想,将作为客体的学科变为作为人的主体的一部分。同时,还要将其基于学科的所得升华为不拘泥于学科的(跨学科、超学科)的"社会参与、文化传承、自主发展"的意识、观念、态度和能力。

所以,教师要从关注"如何教"到聚集"如何学",从关注"双基"的学习到导向"深度学习"。中小学所有学科的教育教学都要以人的发展为目标,让学习真正发生,让创新成为可能,实现学科育人。

(2) 坚持五个原则

学科育人需要把学科潜在的育人价值转为现实的育人过程,这就需要对学科教学进行育人化改进或再造。按照学科育人基本结构和流程,需要实现五个坚持。第一,坚持学科知识结构化,改变孤立、碎片、不连续的知识点学习,促进系统建构;第二,坚持学科内容价值化,厘清载体与目标、过程与结果,促进意义发生;第三,坚持学科活动连续化,通过关联性、可持续活动,让学生的学习经历变为经验,促进智慧成长;第四,坚持学科应用情境化,让学科从抽象变为真实,成为学生生活的组成部分,促进能力建设;第五,坚持学科表达多元化,让教师的教学表达和学生的学习表达更加多元,促进创新发展。

五化原则,促进教师把"教书"与"育人"融为一体,让教师从传统学科教学任务的完成走向现代育人目标的实现。

(3) 突破课时单位

学科育人需要长程设计、精细落实、跟踪评估、持续发展。这是一个持续深化、逐渐实现的过程。但当前学校教育中的工作量、教学任务等都是以"课时"为单位进行计算的。课时的"时间长度、内容广度、空间限度"等与学科育人的持久性、深刻性、发展性等相矛盾。以课时为单位的设计制约了学科育人的落实。

学科育人的架构和设计要突破"课时"单位的局限性,转而以单元(包括多单元)、学期甚至学年为单位进行规划。可以以“自然单元”为单位，也可以以“大概念”或“大观念”为单位。具体以哪个为单位进行设计，取决于一定长度的学科体系中所蕴含的育人价值类型和要求、及其与此相关的学生生活经验的丰富程度和学生原有水平的高低。

二、学科育人的关键环节

从当前教育教学实践来看，各学科都会沿着学科核心素养的方向，基于学科知识、方法等，培养学生的人生态度、价值观念、学科思想、关键能力等。从当前学科育人的落实实践来看，在此过程中，教师除了按照学科育人的基本结构和要求进行规划外，其关键环节的设计和落实异常重要。

1. 进阶式学程的设计

学习不是一蹴而就的，人的发展更需要有序的规划设计、介入干预。学生任何一种观念的形成、品格的养成、能力的发展，都需要持续的、螺旋式的教育跟进、实践强化和经验积累。所以，在聚焦某个方面的育人落实过程中，不同水平、不同类型、不同范畴的学程设计非常重要。一般将其称之为“进阶式”的学程设计。即按照一定的方向，运用不同育人载体，引导学生逐层达成最终目标。如“基于区域认知的初中地理单元教学实践研究——以七年级(上)《中国地理·区域篇》教学为例”就较好呈现了聚焦“区域认知”的进阶式学程设计办法。

2. 挑战性任务的设计

学习不是被动接受而是主动建构的过程。学科育人更是学生在与学科相遇的过程中，边“破”边“立”，让生命价值实现主动发展、主动建构的过程。以任务为载体、任务驱动下的发展是常规办法。所以，“任务”的设计非常重要。不是所有的任务都能激发学生发展的内部动力，也不是所有任务完成的经历都能转化为学生的态度、品格和能力。任务既必须具有一定的“亲和力”或“趣味性”，即吸引学生愿意完成；也必须具有一定的“艰巨性”或“挑战性”，即超越学生当前舒适区，促进学生思维、态度或能力的跃进。其挑战性既可以侧重某一方面，也可以综合性的。如“着眼生活细节和实践的生命环境教育——以《食物链》单元教学为例”中有一定思维挑战性的任务促进学生主动建构;再如"从学生的发展需要谈图像识读的育人价值——以《标志设计》实践教学为例"中的"校徽设计"即为综合性、挑战性任务。

3. 实践性活动的设计

学习的方式是多元的,"人"的生命成长也是在多类经历中汇聚而成的。学科教育内容常以静态的知识呈现于文本之中。当其转化为具体的教学过程时,不能止步于文本的复现和识记,而要转化为丰富多彩的实践活动,即以"学科实践"为主的各类实践性活动。这些实践不仅将知识、技能、方法活化;更多的是让学生在真实的环境或场景中与学科真正相遇。让学生置身于环境、参与活动,在人与人、人与环境、人与知识、人与活动、人与经验的互动中,锤炼思想、拓宽视野、提升能力、增长智慧、实现发展。如"提高科学探究能力 落实学科育人功能——以初中科学《消化系统的组成及作用》为例"中学生从学校到科技馆再到情景剧的实践性活动,让学生的生命意识、科学精神得以强化。再如"小学自然学科实验教学育人功能的实现——以《声音的传播》为例"很好地呈现了学科实践的设计和实施办法。

4. 链接性问题的设计

人的每一次观念的形成、每一类能力的获得、每一种品格的养成,都要经历一次又一次的质疑与批判、实践与验证、突破与发展。在此过程中,"问题"如同灯塔,照亮思维的方向;如同阶梯,导引发展的脚步。所以,在学科育人过程中,教师设计"什么内容的问题、设计多高难度的问题、设计多少数量的问题、设计怎么关系的问题"等显得异常重要。一般来说,孤立的或独立的问题难以激发持久的学习,需要具有一定关系的系列问题引导学生不断跨越思维瓶颈、突破认知局限、调动多元经验、深化学科逻辑,从而完成自我建构和自我发展。"链接性问题"的设计,可以让学生走向深度学习。如"真学·真懂·真信·真用——以《我国的生产资料所有制》为例"中,学生在一系列问题的引领下,分析情境、探索规律、寻求答案,从而让知识转为观念内化于心。

5. 应用性情境的设计

学科的价值不仅在于其蕴含的思想和精神,也在于其在社会和生活中的各种应用和表达。过去,因诸多原因,经常把已趋于抽象的学科知识变得更加抽象,从而让学科渐渐失去育人的魅力和活力。学科要更好地实现育人功能,要让学生接触到“具体、真实、灵动、有用”的学科,而非“试题中的学科、课本中的学科、历史中的学科”。为此,教师要从学生视角,设计各类情境,让学生走进学科,在探究其表达、深化其应用中习得学科知识、把握学科逻辑、认知学科价值、内化学科思想、形成学科品格。当然,情境有简单的,亦有复杂的;有熟悉的,亦有陌生的;有草根的,亦有专业的。教师在教学中具体使用什么样的情境、引导学生展开什么样的应用性探究,取决于育人目标、学生状态及育人时机。如“小课堂践行大智慧——《活出生命的精彩》教学实践和反思”中的真实情境就给予了学生很好的思维激荡。再如“基于学科育人的自然学科教学——以《物体的沉和浮》为例”的实验情境和过程让小学生初步建立起尊重自然、严谨求实的专业态度。

学科育人是个复杂而系统的工程,除以上几点外,还有其他环节也值得关注,如面对不同育人要求和载体的学习组织形式、不同情境和任务下的师生关系建构、不同时机和进程中的评价反馈方法等。

三、学科育人的发展建议

改革开放 40 年来,我国基础教育改革从以基础知识、基本技能优先的学科价值阶段,逐渐演进为以发展学生素质、发展学生核心素养为核心的育人价值阶段①。学科育人的落实,需要全方位转变思想,需要多渠道协同,方可形成“立德树人”引领下的学科育人新格局、新生态、新面貌。

1. 教材开发要更“指导”学科育人

学科教材是教师落实学科育人的主要依据和重要资源。《中小学教材管理办法》(教材〔2019〕3 号)规定:中小学教材必须体现党和国家的意志,中小学教材编写要“体现科学性和先进性”,要“引导学生树立正确的

① 张良.从学科价值走向育人价值——改革开放 40 年基础教育改革知识价值论的演进与融生〔J〕.课程·教材·教法,2018(12):54—59。

世界观、人生观和价值观"，要"着眼于学生全面发展，围绕核心素养，遵循学生成长规律，适应不同年龄阶段学生的认知特征，紧密联系学生思想、学习、生活实际，将知识、能力、情感、价值观的培养有机结合"。中小学教材既包括教科书，也包括配套的音视频、图册和活动手册等。

课程、学科教学的内容缺乏生命色彩，这是造成学科教学育人价值贫乏化的更深层次的原因①。这首先要从教材上得到根本改变。中小学教材除了满足传统功能之外，要与时俱进，顺应教育改革和发展要求，进一步提升教与学的指导功能，保障学科育人质量的提升。一方面，要继续体现科学性、系统性和时代性，另一方面，要强化开放性、实践性和发展性。学生不仅在教材中看到由"符号、概念、方法、规则、史实"等组成的学科世界，也能通过"活动、图表、示例、事实、故事"等看到与学科关联的真实世界。教材中的"活动"能驱动学生主动学习，能启发教师进行"类比开发或迁移设计"；教材中的"故事"能激发学生主动建构，能指引教师灵活"选择和把握育人载体"。教科书和其他教材资源协同指引教师把握育人方向、落实学科育人。

2. 教师培训要更"聚焦"学科育人

学科育人质量如何，关键还是"教师"。教师观念上要转变，行动上更要跟进，尤其在课堂教学和考试评价中要充分体现学科育人的思想和要求。过去，因诸多原因，课堂教学在过程与方法上的"热闹"，但在育人层次上的提升和课堂教学科学性上的提高仍然困难重重②。要让素养在课堂落地，要让育人真正实现，仅仅依靠教师自己的实践探索是不够的，还需外力和合力。需要各级各类的专题培训、主题研修、项目研究等聚焦学科育人，助力教师落实学科育人。自主式学习和他主式培训相结合，专题化学习和嵌入式研究相呼应，让教师的经验对接育人的要求，促其思想逐渐转变、能力逐层提高。

聚焦学科育人的培训要有几个注意。第一，要注意教师的起点经验。因为大部分教师还处于改革适应过程中，更需要经验的连续改进和持续

① 叶澜. 重建课堂教学价值观[J]. 教育研究，2002(5)：3—7，16。
② 周彬. 论回归立德树人的课堂教学建构[J]. 中国教育学刊，2020(4)：48—53。

生成。如：如何从三维目标走向育人目标、如何从学科标准视角走向学生发展视角，这些都是融合性发展而不是颠覆性改革，这也需要教师的渐进式发展。第二，要注意学科间、学段间的差异。因为不同学科的育人目标、育人特点、育人基础等有一定差异，各学科教师对学科育人落实的困难预计、心理挑战也有所不同。区域调查结果充分说明此现状。第三，要注意方式方法的多元。学科育人对教师的挑战是多方面的，要从多个维度、运用多个方式、基于多个团队、嵌入多类实践、利用多个抓手，让教师从理论到实践、从宏观到微观、从设计到落实，全方位落实学科育人。

3. 资源建设要更“助力”学科育人

资源是学科育人的重要保障，也是学科教育教学的重要组成部分。传统意义上的资源非常丰富，有供教师直接应用的教学设计、也有供教师选择应用的视频库、素材库、试题库等。而且随着信息技术的发展，教师可以借助互联网更加便捷、快速、精准地搜索到所需资源。这些丰富的资源既丰富了教学形态、提升了教学质量，也降低了教师的工作负荷、促进了教师专业发展。但是，这些资源中有一部分依然带有较强的应试教育特征，不是非常匹配“双新背景”下学科育人的新要求的。

建设的资源要有助于教师理解学科育人要求，有助于教师挖掘学科育人价值，有助于教师设计学科育人活动，有助于教师评估学科育人实效。所以，新建的资源，既要有高结构的育人实践的示范（例如具有育人特征的教学视频或教学设计案例），也要有低结构的育人资源的供给（例如便于学科实践的场景或学科实践切片案例）；既要有助推教学改革或保障教学运行的教学性资源，也可以有提供给学生非正式合作学习或独立学习的资源；既要有学校在学校空间内的教学资源，也可以有基于互联网、基于社会场馆的教学资源。让资源开发、资源供给、资源应用成为育人生态的有机组成部分。

4. 教育评价要更“导引”学科育人

教育的根本目的是“培养人”，学习的根本目的是“学做人”。学科育人是回归教育本源，顺应国家和时代要求，立足学科本质和优势，开展让“每个学生”都得到“最大化”发展和“最优化”成长的教育。学科育人的提出彻底扭转“唯分数、唯升学”的不正确评价导向。但是，学科育人能否真正落地并得到可持续发展，关键还要看"评价"，需要更加科学性、专业性、客观性的"评价"。通过评价既服务国家选才，也引导教师教学；既让学科育人实效得以展现，更让学科育人的有效行动得以持续。

"评价"要体现教育的核心价值，要以"核心素养"为主要内容，要建构"任务情境、学科内容、素养水平"等之间的相关性。为此，开发的评价工具要体现"基础性、综合性、应用性、创造性"，评价实施的过程要更显人文关怀、更显激励促进、更显发展成长。学科育人导向的评价不仅能测评学生"学习了什么、学得如何"，还可激发学生意识到"为什么而学、该怎么学习"。

指向"立德树人"的中小学学科育人还处于起步探索、转型发展阶段。在此过程中，不可避免地会遇到"理论与实践"的落差、"理想与现实"的落差、"经验与要求"的落差……这些落差需要各方协同，合力解决。未来，随着教育改革的进一步深化，尤其随着各学段"双新课程"的推进，相信中小学学科育人会得到更系统、更全面、更高效的落实。

后　记

立德树人是发展中国特色社会主义教育事业的核心所在，是培养德智体美劳全面发展的社会主义建设者和接班人的本质要求。如何按照五育并举的育人体系，做好新时代中小学各学科育人的设计和实践，这既是健全“立德树人”机制的必然要求，也是中小学所有学科教师的现实任务。为此，本书立足教育教学实际，理论和实践相结合，对当前中小学“学科育人”的内涵与要求、现状与需求、结构与方法、路径和策略、条件和保障等进行了探索。

课堂是学科育人的主阵地。由此，本书着重从教学角度探索学科育人的落实办法。一方面，从实践层面，基于中小学具体学科的课程与教学要求，聚焦16个案例，从“理解性认识、解构性定位、指向性设计、实践性行动、反思性发现、批判性建构”六个方面，理解学科育人的价值定位、明晰学科育人的内容要求、说明学科育人的设计思路、表征学科育人的具体过程、思考学科育人的实践成效、探析学科育人的改进办法。另一方面，从理论层面，进一步厘清了学科育人的内涵和外延，说明了基于学科育人要求的课堂教学改革方向；同时，基于学科育人的区域调查和校本实践，分析提炼了当前学科育人的基本结构、主要机制和关键举措；并对学科育人的进一步深化落实提出了发展建议。

本书是上海市第四期“双名”工程・闵行区首届“科研”种子基地的成果。全书由基地主持人何永红进行策划、设计和统稿。全书执笔者有：陆玉梅、杨爱娟（第一章）；张贺华、刘春香（第二章）；彭尔佳、陈逸群、沈意、赵玲、居明华、任熠、李燕珍、孙红艳、刘翠、吴震、朱祎丹、胡升级、唐祁军、刘依婷、孟祥阁、莫晓连、张璐婕、欧维嘉（第三章）；何永红（第四章）。

最后，衷心感谢朱靖、龚耀昌、董学平、俞琳、兰平、刘厚萍等专家对本研究的指导和支持。本书成稿仓促，加上本人水平有限，难免有不当之处，望同行批评指正！

何永红

2021 年夏于上海市紫龙路

图书在版编目(CIP)数据

中小学"学科育人"的实践行动与理论思考/何永红主编. —上海:上海三联书店,2022.6
ISBN 978-7-5426-7720-4

Ⅰ.①中… Ⅱ.①何… Ⅲ.①中小学教育-教育研究 Ⅳ.①G632.0

中国版本图书馆 CIP 数据核字(2022)第 099323 号

中小学"学科育人"的实践行动与理论思考

主　　编 / 何永红

策　　划 / 王爱军
责任编辑 / 杜　鹃
装帧设计 / 一本好书
监　　制 / 姚　军
责任校对 / 王凌霄
出版发行 / 上海三联书店
(200030)中国上海市漕溪北路 331 号 A 座 6 楼
邮　　箱 / sdxsanlian@sina.com
邮购电话 / 021-22895540
印　　刷 / 上海惠敦印务科技有限公司

版　　次 / 2022 年 6 月第 1 版
印　　次 / 2022 年 6 月第 1 次印刷
开　　本 / 640 mm × 960 mm　1/16
字　　数 / 310 千字
印　　张 / 20
书　　号 / ISBN 978-7-5426-7720-4/G·1637
定　　价 / 86.00 元